小学生時代の吉田茂

学習院高等科時代

奉天総領館領事補（1907～09）時代

駐イタリア大使時代、ムッソリーニらと（左から５人目が吉田）

1910年、駐伊大使館三等書記官時代。妻・雪子（右）、長女桜子と（中央は付き添い看護婦）

中公文庫

吉田茂とその時代（上）

ジョン・ダワー
大窪愿二訳

中央公論新社

目次

日本語版への序文　8
謝辞　20
第一章　明治の青年紳士　25
家系／さまざまな教育／婚姻の成果
第二章　「伝統外交」――一九〇六―二二年　51
見習時代／ヴェルサイユの教訓／皇太子への忠順

第三章　帝国の経営――一九二二―三〇年　80
「満州経営」／帝国意識――一九二七―二八年
吉田・田中「積極政策」／対海軍工作――一九三〇年

第四章　新帝国主義の説明――一九三一―三七年　130
満州事変と国際連盟／「待命」のころ――一九三二―三五年
グルー大使と振り子理論／組閣をめぐって――一九三六年
日本の立場の対米説明／日独接近に反対
イギリス人向けの歴史と政治の講義

第五章　吉田・イーデン秘密計画――一九三六―三七年　195
希望の表明――第一次吉田案
希望、軽視される――イギリスの対応と吉田の屈辱
希望、打ち消される――第二次吉田案／帝国意識――一九三七年

現実主義と道義主義——帝国意識補論

第六章　虹を追って——一九三七—四一年　262
協調外交——一九三七—三八年
パイプラインと振り子——一九三九—四〇年
必死の外交——一九四一年

第七章　「吉田反戦グループ」と近衛上奏文——一九四二—四五年　315
近衛渡欧案——一九四二年／「吉田反戦グループ」——右翼の裏をかく
舞台裏の政治工作——一九四二—四五年／近衛上奏文／投　獄

注　374

下巻目次

第八章　「革　命」
第九章　帝国日本と「新生日本」
第十章　単独講和、再軍備と「従属的独立」
第十一章　新帝国圏における協調と対立
第十二章　一九五四年の吉田外遊と時代の終焉

訳者あとがき　大窪愿二

解　説　井上寿一

吉田茂とその時代　上

日本語版への序文

この訳書が出版されるにあたって、日本の読者にお断わりしておかなければならないことが、いくつかある。

第一に、本書はもともと欧米の読者を対象としたものであるから、日本ではすでにかなりよく知られている事件や逸話を数多く取り入れているように思われるであろう。この点は読者に大目にみていただかなければならない。欧米人で二〇世紀の日本史の大まかな輪郭をしっかり理解している者はきわめて少なく、吉田茂の人物像を記憶に入れている者にいたってはさらに少ない。だから西欧に対して日本を説明するにあたっては、ものごとを細心にはっきりと説明することが必要であり、また実際、これが私の手法に合っている。というのは、私は個々の細かな事実について特別の愛着をもっているからである。そこでこの日本語版の読者が、本書から得られる知識の一部にはすでに精通しておられるとしても、それより、欧米の資料からとり入れた知識とか、解釈が一定の構成をもって提供されていることとか、また本書はある面で一人の欧米の歴史家が他の欧米人に日本について語りかけている見本として読むことができるという事実そのものなどといったほかの要素に、大きな意味を見いだされることを望むばかりである。

本書の由来について、第二に指摘したいのは、研究と執筆が一九七〇年代末に完了したことである。したがって、ごく最近、特に日本語で発表されたいくつかの研究は、この原本を構成するうえに利用されていない。しかし、読者も気づかれるように、私は細かい事実に愛着をもつばかりでなく、一次資料を特に好むものであるが、私の知るかぎり、吉田についての重大な文書がここ数年のうちに新たに発見されたとは聞いていない。実のところ、吉田に関する最も生き生きした一次資料で、本書の刊行以後に読んだものとして若干の書簡がある。それは吉田がマッカーサー元帥夫人のもとへ、たとえば一九四五（昭和二〇）年一二月には花を、翌年六月にはメロンを、同一二月にはりんごを、つづいて翌年五月にはトマトを、八月には桃といったように、つつましい贈物を心やさしくせっせと持参していたことを表わしている。また、早くも一九四五年一二月二二日には、吉田は天皇と皇后からの凝った贈物に彼独特の手書きの英文を添えて、マッカーサー元帥夫妻と子息に伝達していた。こうした資料には好もしい個人的な味わいがあるけれども、それは吉田の歴史上の役割と意義をどう評価するかという大きな問題について、私が提供しようと試みた解釈を変えるものではない。

このことは本書の原版について注目すべき第三の、おそらく最も難解なことがらに導く。

それは英語版が一冊本として出版されたことである。英語の原本は六一八ページあって、そのなかばあまりは一九四五年以前の時期にあてられている。英語版を二冊に分けるほうが便利だったかもしれないが、一冊本の形をわざわざ選んだのは、研究者としての問題点を象徴的に明示するためであった。問題点といっても、外見上はむしろ単純なことで、それは、日本を「戦前」また「戦後」という視点から分けて考えると誤解におちいりやすいということである。英語の原文を一九四五年を境に二冊に分けることも考えられたが、そうすると、降伏前の歴史と根本的に手を切った「新」日本という欧米の定型概念を補強するだけになる。英米の日本研究の文脈でいうと、本書はこの点でいくらか独自なものである。本書は、一九四五年以後の時期を論ずるために公的記録を利用し、今世紀のはじめから一九五〇年代なかばまでをひとつの単位として論じている数少ない歴史研究のひとつである。

しかしながら、日本語訳は上下二冊で刊行されるから、以上のような関心に反するように思われる。だが、私はこれを大きな問題とは思わない。

なぜか。

その答えのかなりの部分は、言語と歴史意識の相違に求められる。たとえば、近代日本が天皇および天皇の治世（元号）との関連において、それ自体を時間と歴史のなかに位置づけることにしているのは、重大な意味をもっている。だから、日本語では、昭和年代という図示的な概念が一九四五年以前の時期とそれ以後の時期のかけ橋となっている。「戦後」の意味とか、一九四五年の前と後の連続と非連続の問題とかは、日本の知識人のあいだで活発に論議されているけれども、「昭和」という表示は今でもすべての日本人に一九四五年の以前の日本と以後の日本のつながりを、なんらかの形で意識させている。このことを理解できる欧米人はまれである。実のところ、欧米人一〇万人のうち一人でも、昭和の意味を解き当てることはありえないのである。

同様に、この日本語訳のために選ばれた表題『吉田茂とその時代』は、それに対応する英語を読む欧米人には思い浮かばない心象を、日本語を読むたいていの人に伝えるだろう。吉田の「時代」といえば、日本人ならたいがい、それが昭和のみならず明治、大正年代にわたることはすぐわかるのである。だが、この人物についてはっきりした印象をもたない欧米人の心には、「その時代」という表現は、ほとんど何も映し出さないか、あるいは、たかだか吉田とマッカーサー、吉田とジョン・フォスター・ダレスというようにぼんやりした映像を与えるばかりで、半世紀に及ぶ一連の印象を呼び起こすことはない。

このようにいうと、言語や民族性がわれわれの日本史理解を時として規定することを思わないわけにいかないが、しかし、本書は結局のところ、日本人も日本人以外の人もひとしく理解できる問題を提起しているのである。それは、第二次世界大戦後の歴史過程をどう評価するか、またその過程は一九四五年以前の時期にどうつながるかの問題である。研究者としての私をはじめに吉田茂にひきつけたのは、評伝そのものへの特別の興味よりも、まさにその種の問題であった。簡単にいえば、吉田は、歴史家が戦後日本の明白な逆説を解明し、そうすることで戦前期と戦後期とを橋渡しするための恰好な中軸を提供すると思われた。吉田がその「逆説」と「かけ橋」の生き生きとした象徴であるのみならず、本物の権力ブローカーであった事実は、この人物を研究対象として二重に魅力的にした。

戦後日本の「逆説」は、たとえば新日本と旧勢力とが同時に語られるときのように、占領期の慣用句のいくつかにきわめて生き生きと表現されていた。旧勢力の実例として、降伏直後の数年間にマッカーサー元帥をはじめ総司令部の導入した主要な進歩的改革のほとんどすべてに反対した吉田にまさる者はいなかった。また、マッカーサー時代につづいて吉田時代が出現した事実は、戦後日本社会の性格に関して最も深刻な問題を提起している。たしかに、一九四八（昭和二三）年末の第二次吉田内閣に始まり、一九五四（昭和二九）年一二月までつづいた吉田時代の全期にわたって、国内的、国際的に生起した事態は、きわめて重大な意味をもつものであるから、将来の歴史家たちが、戦後日本史の時代区分において一九五二年四月に占領が終ったことの意味を低く評価し、その代わりに占領プラス吉田時代をひとまとまりとして強調するとしても、あながち無理ではあるまい。

降伏直後の時期においても、多くの観察者たちは、保守政党、大企業、官僚の再結集と復活を予想していた。しかし、吉田が自ら政治の頂点にのぼると予見した者はほとんど一人もいなかった。反対に、政治通の日本人もアメリカ人も、吉田は年をとりすぎているし、その政見は時代錯誤だから、「新」日本に地位を占めることはあるまいという意見に、大体一致していた。近衛文麿が一九四五年九月に「吉田君の意識は『大日本帝国』時代の意識だ。これが戦争に敗けた日本のこれから先うまく行くだろうか」といったのは、そういう意見を表わしたものであった。それと同時に、アメリカ国務省の練達の日本専門家ジョーゼフ・バランタインは、一九四六年のなかばに、吉田を「伝統主義者の冉米」の一例と呼び、その吉田が真の民衆的民主主義のなかで長く生き残れることに疑問を表わした。一九四八年四月になっても、マッカーサー元帥は、吉田は「大変な怠け者で政治に不適格だ」としていたほどで、まもなく「吉田時代」が来ることを予想していた様子はまったくなかった。

日本の歴史の形態について、吉田は「振り子理論」という考え方が気に入っていた。彼の説明によれば、日本は政治的方向性のひとつの極から他の極へとくりかえし揺れ動いてきた。国際関係では、このことは鎖国とさかんな海外活動が交互に起こったことに現われていたし、国内的には、激しい変動と保守的な反動とのあいだを振り子が一定の間隔をおいて揺れ動く、というのであった。この暗喩を借りるならば、吉田がほとんどだれもの予想に反して、一九四八年以後に日本の支配的エリートの最重要な代弁者となりシンボルとなった事実こそは、日本が降伏し、総司令部がいわゆる「民主主義革命」を宣言してからいく年もたたないうちに、振り子がどれほどまで保守主義の方向に揺りもどしたかを測る尺度であったといえる。

この視点からすれば、吉田が戦後に占めた重要な地位は、日本社会における保守勢力の強さを目のあたりにうかがわせるものとして、歴史家にとって大きな意味をもっている。そこで本書のかなりの部分は、戦前から戦後への保守主義の遺産の研究にあてられる。しかし、お断わりしなければならないが、この「保守主義」は複雑であるから、本書ではいろいろの面からこれに取組んでいるのである。

たとえば、ワンマンのあだ名が暗に示すように、吉田は日本保守主義のいくつかの系統のうちのひとつを代表したばかりでなく、保守主義の思想と方法にかなり無愛想な、特異な個人的特徴をつけ加えた。だから、吉田を通して、日本の保守支配ばかりでなく、保守主義内部の派閥対立と衝突をものぞき見ることができる。

それればかりでなく、吉田は、戦前期の「帝国の経営者」としても、戦後期の日米軍事経済関係の設計者としても、日本の世界的位置の問題を何よりも念頭においていた。そして、国際問題と国内問題の推移のあいだに存在する弁証法的関係を見失うことがなかった。したがって、吉田時代の保守主義を語るにあたっては、第一に、この保守主義は国内的（社会経済改革より経済成長を重視）にも、国際的（非武装と中立との放棄、日本のアメリカの平和《パックス・アメリカーナ》っていたことを認識する必要がある。第二に、国内、国際の両面は独立したものでなくからみ合っていたことを認識する必要がある。

さらに、吉田の首相時代に樹立されたサンフランシスコ体制が冷戦の生み出したものであることは争えないが、その時点で分析をやめることは、二〇世紀の国際秩序のより広義のダイナミックスを無視することになる。この点でも、吉田の個人的役割は示唆に富んでいる。なぜなら、吉田自身のサンフランシスコ体制への理解は、戦前の「帝国経営」の経験と、「協調的帝国主義」をいかに実行するかについて当時彼が尊重していた理論とによって、強く規定されていたからである。したがって、帝国と帝国主義（単なる「外交」とか「対外関係」とは対立して）の問題も保守意識の不可欠の一部としてここに生起するが、それはなお、日本の戦前と戦後の関係の問題の不可欠な一部でもある。たとえば、一九五一―五二年以来の日米関係を規定している二国間安全保障条約の重大性は、吉田がそれを過去の一九〇二―二二年の対ロシア日英同盟の視点からどう見たかを理解するときに、新しい意味を帯びてくるであろう（これが単なる机上の空論でないことは、日米関係がはたして同盟であるかないかをめぐって、一九八一〈昭和五六〉年の春、日本に大論争が起こったことで、わかるであろう）。同時に、サンフランシスコ体制に対する吉田の過大評価は、アジア政策をめぐってアメリカ当局者とのあいだにかなり緊張した不一致がつぎつぎと起こったことから、割り引きされることになった。こうした緊張はたしかに当時の具体的争点を反映したものではあったが、本書にみるように、吉田が戦前の経歴全体を通じてアメリカの外交を全般的にいささか軽蔑していたことも事実である。

戦後の一〇年間に日米両政府のあいだに異常に錯綜した網の目状の関係が展開したことを前提にすれば、吉田時代の保守主義はアメリカのイデオロギーおよびアメリカ版保守主義を測る試金石にもなる。吉田を称賛する者も批判する者も、ほかの点はともかく、この老ワンマンが政策問題について概して原則的であり頑強であったという一点では、おそらく一致するだろう。吉田は意見をはっきり述べて動かなかったし、「逆コース」が始まってからは、多くの重要案件についてアメリカ政府が彼の思うとおりに事を運ぶのをみて満足した。

この関係からみると、吉田の保守主義は、二つの重要な面で、一九四五年以後のアメリカの政策を映す鏡となる。第一に、占領初期の改革に対する吉田の鋭い批判は、日本現代史と戦争への「逸脱」についての単純ながら一貫した解釈にもとづいていた。この解釈は要するに、過去のものとなった保守的歴史学の通俗版にすぎず、アメリカの初期の政策立案者たちが日本の「民主主義革命」の予定表の基礎とした根本的、構造的な分析とは、ほとんどあらゆる点で矛盾していた。このような見解の対置――本書では吉田の「つまずき」論に対して、総司令部の「根底」論として述べているが――は、占領初期におけるイデオロギーの衝突を異例なほどはっきりとのぞかせ、歴史意識が実務に携わる政治家の政策をいかに規定（あるいは少なくとも合理化）しうるかを明快に示している。

第二に、吉田の保守主義がアメリカのイデオロギーを明らかに浮かびあがらせるのは、いうまでもなく占領の中後期においてである。この時期になるとアメリカの政策は変化し、ほんの少し前まで吉田を偏狭な反動と呼んでいたアメリカの役人たちは、吉田こそ好むと好まないとにかかわらず、「日本駐在の代理人」であると考えるようになった。しかし、この点でも、吉田内閣とアメリカの各行政府の政策は接近こそしたものの、決して完全に一致はしなかった。両国政府のあいだには、実際上、イデオロギー上の不一致がなおひきつづき存在し、時には（中国政策や再軍備問題などのように）、吉田がアメリカほどに保守的でない立場をとっているかにみえる場合が少なくなかった。

もちろん吉田が国内でも国際的にも個々の政策問題ですべて勝利をおさめたわけではなく、吉田時代の保守権力再強化は決して「新」日本という概念を無意味にしてしまいはしなかった。反対に、吉田の保守勢力を論じるためには、吉田やその支持者たちが闘争相手とした保守以外の勢力とはいったい何だったのか、それはどうなったのかを問わなければならない。このような問題の立て方をすれば、「民主主義革命」の諸相が実に多くの形で今日までつづいていることが浮かびあがってくるだろう。たしかに、戦後の改革（たとえば農地改革とおそらくは憲法）は、吉田の黙認のもとに既成事実として生きつづけたのであって、この意味では一九四五年以後の日本保守主義が多くの点でそれ自体「新」しく、戦前の日本を支配した保守主義よりも自由主義的であることは、だれでもある程度は認める事実である。しかしながら、それよりきわだった事実は、まさに日本国民の大多数の反対によって、吉田をはじめ保守派は占領初期の改革についてほしいままに「行きすぎを是正」できなかったことである。したがって、この点で日本現代史において保守勢力を相殺する第二の対抗力、すなわち下からの民主主義的願望と闘争の遺産の問題を提起することが適当である。

たしかに、政治的保守派を研究する一種独特の魅力のひとつは、彼らが現状に対する下からの脅威について異常に敏感で、かつ明確な考えをもっていることにある。彼らは一般民衆を信用せず、その社会の革命ないし根本的改革を求める潜勢力について、時には革命家や改革者よりも確実な見通しをもっている。吉田とその同僚の場合は、一九四〇年代と一九五〇年代はじめにそういう変革の危惧が特に強く感じられていたから、本書では主題のひとつとして、その認識がかならずしも根拠のないものでなかったことを論究する。変革を求める大きな勢力が降伏前の日本に湧きあがっていたからこそ、占領当局が課した最初の民主的改革は、民衆の民主主義への希求の潮流に乗ることによって成功した点が大きい。保守派はその支配力を再強化したときでさえ、その潮流を食い止め、別の方向に向けることはできても、まったく押しもどすことはできないことを知ったのである。

この訳書は、サンフランシスコで対日講和条約が調印されてから三〇年、吉田時代が終ってから優に四半世紀のちに刊行される。日本はそれ以来大きな変化をとげたが、その変化の多くは、本書で論じた事態の推移によって深刻な影響を受けた。この研究が「吉田茂とその時代」ばかりでなく、今日の日本の性格と問題にも解明の光を投げかけることを、私は希望する。ここに論じた比較的近い過去の歴史は、国内的にも国際的にも、現在に対して多くの教訓を与えていると思うからである。

一九八一年六月

ジョン・W・ダワー

謝辞

この原稿を完成するについては、個人的に大勢の方々にお世話になっているので、ここにそれを記して感謝を表わすのは喜ばしいことである。この研究書は“Yoshida Shigeru and the Great Empire of Japan”と題する博士論文に始まり、一九七二年にハーヴァード大学で歴史学と極東語学を合わせた学位を申請するために受理された。アルバート・M・クレイグ、エドウィン・O・ライシャワーの両教授が論文校閲にあたられたが、このお二人とハーヴァードで日本研究に携わる同僚の方たち――ハワード・ヒベット、ドナルド・H・シャイヴリー、エズラ・ヴォーゲルの各教授は、予想外に長期にわたった研究課題に惜しみない支援を与えて下さった。日本の大蔵省「昭和財政史（終戦から講和まで）」研究に参加された秦郁彦博士をはじめ共同研究者の方たちは、一九七二年から七三年の在日研究の期間に、豊富な資料の閲覧、利用を可能にして下さった。同じ期間に、吉田国際教育基金の佐々木善之助氏は同財団所蔵の吉田茂関係切り抜き類の利用を許可され、猪木正道教授と西村熊雄氏は吉田についていろいろ考えを聞かせて下さった。一九七五年から七六年にかけて、今津晃、松尾尊兊両教授には、京都で厚遇にあずかり、おかげで京都大学の図書館施設を利用することができた。藤井譲治助教授は数百ページに及ぶ吉田書簡を読みやすい日本語に書き直す労を取って下さった。

この研究の初期の段階で、フランク・コワルスキー大佐は初期の日本再軍備に関する啓発的な回想記の最初の草稿の閲覧をお許し下さった。そしていく年にもわたって、左記の知友がこの研究で取りあげる題目の多くについて資料や情報を分け与えて下さった。すなわち、ゴードン・M・バーガー教授、ハーバート・P・ビックス教授、ウィリアム・S・ボーデン、チャールズ・P・ディヴァイン、チャールズ・S・メイアー、ジョー・B・ムーア博士、ディック・カズユキ・ナント教授、大窪愿二、ハワード・ションバーガー教授、マーク・セルデン教授、キム・カーペンター・スティージ、ウィリアム・レイ教授の各氏である。原稿の整理にあたられたフロレンス・トリーフセンは多くの思慮深く貴重な示唆を与えられた。本書の刊行者であるハーヴァード大学東アジア研究所理事会は、私が古い出版経験を生かして装幀や組版指定をすることを許された。この仕事にあたって、ホーン・アソシエイツのデイヴィッド・ホーンは遠距離にもかかわらず辛抱強く有益な助言を与えられた。また、索引をつくるについては、キャサリン・フロスト・ブラナーの援助に感謝する。

最も世話をかけたのは妻の靖子で、私は難しい日本語資料の一部を一緒に検討した。

研究資金は、ほぼ一〇年に及ぶ期間に、ハーヴァード大学のチャールズ・H・スミス基金およびタイトルVI・プログラムにもとづく合衆国政府からの大学院生援助金をはじめ、多くの方面から受けた。この研究に目的を限定した援助をナショナル・エンダウメント・フォア・ヒューマニティーズ、日本国際交流基金、ウィスコンシン大学大学院、ハーヴァード大学東アジア研究所、ソーシャル・サイエンス・リサーチ・カウンシルから受けた。こういう支持がなければ、この研究は不可能だったであろう。

最後に、おびただしい図書館、公文書館、資料館を通して資料を手に入れることができ、関係図書館員や情報資料を提供された人々に対し感謝にたえない。日本では、いく冊にものぼる戦後財政史刊行に関連する日本語および英語の占領関係資料のすぐれたコレクションをもつ大蔵省財政史室、吉田が戦前岳父牧野伸顕にあてた書信が保存されている国会図書館、元外交官の団体の内部的月刊通信である「霞関会会報」に四年にわたって掲載された追想記をはじめ、吉田の伝記資料が保存されている吉田国際教育基金、経済安定本部の記録については、経済企画庁、また京都大学の各所に分散している図書館、これらの関係者に感謝したい。

アメリカで、資料を入手した先は、つぎのとおりである。

the East Asian collection of the Harvard - Yenching Institute

Harvard's Houghton Library (the Joseph Grew papers)

the John Foster Dulles collections at Princeton University
the Joseph M. Dodge papers at the Detroit Public Library
the oral - history materials on occupied Japan at Columbia University's Butler Library
the archives of the Supreme Commander for the Allied Powers, Japan, maintainedunder the National Archives in Suitland, Maryland
the Library of Congress (especially for microfilms of the captured archives of the Japanese Foreign Ministry for 1927-1928 and 1936-1938)
the Center for Research Libraries in Chicago
the libraries of the University of Wisconsin, Madison

なお、ロンドンの公記録館が、一九三六年から三八年にかけて吉田が駐英大使として活躍した記録をはじめ、イギリス外務省の貴重な記録類を閲覧する便宜を与えてくれたことを付記する。

凡　例

一、本書は John W. Dower, *Empire and Aftermath : Yoshida Shigeru and the Japanese Experience, 1878-1954.* の全訳である。
一、原書の「序論」は割愛し、「日本語版への序文」に代えた。
一、資料からの引用文は、原文の読み方を崩さないかぎりにおいて、漢字をかなに、正字を新字に、かたかなをひらがなに変え、また句読点を適宜補って読みやすくした。
一、固有名詞は、原則として新字を使用した。
一、年号は西暦を主とし、適宜和暦を補った。
一、原注は一括して各巻の巻末においた。
一、訳注は本文中（　）内に割注で示した。
一、原書の明らかな誤りと思われる箇所は訳者の責任において訂正した。

第一章　明治の青年紳士

吉田茂といえば、だれでもある意味で日本近代史の全体を視野に入れるであろう。ただ全体とはいっても、それはこの時代の歴史がエリートや政策決定者の視点から見える程度においてのことである。

吉田茂の実父と養父は、若い武士として一八六八（慶応四、明治元）年の明治維新をはさむ激動の数十年間に名を成した者たちであった。その養母は徳川期儒学の誇り高い所産であった。吉田自身は明治の若い紳士として養育され教育され、結婚によって明治の寡頭支配者たちとの人的つながりと、また天皇の側近にまつわる一団に仲間入りする手段とを獲得した。

吉田は一九〇六（明治三九）年、日本が日露戦争の勝利につづいて世界の強国としての役割を負うことになった、ほとんどまさにそのときに、外交界に入った。当時は二八歳で、一九一二（明治四五）年に明治天皇が逝去し明治の世が四五年で終ったときは三四歳になっていた。吉田は三〇年にわたって、自国の帝国主義的な成長と安全の探究に参加した。アジアと西欧のいずれにも勤務し、ロンドン駐在大使を最後に一九三九（昭和一四）年に退官した。それは日本が中国に対する「抹殺戦争」の深淵にとびこんでまもないときであった。一九三〇年代と四〇年代の初期を通じて、吉田は日本の戦争か平和かの問題を決めようとしていた知名人のあいだで行動し、真珠湾攻撃ののちには敗戦を予言する先見性をもった。太平洋戦争の最後の年になると、戦争に荒廃した日本に革命的混乱が生ずればまさにこの世の終りになろうという幻想をいだき、そのような最終的大変動が起きる前に和平を求める政府を成立させるため、いささか的外れな策動に加わった。一九四五（昭和二〇）年、日本が降伏したとき、吉田茂は六七回目の誕生日を迎えようとしていた。

日本の降伏から一九五四（昭和二九）年にいたる一〇年間に、吉田は日本の最有力な政治家にのしあがり、歴史にその名を残した。それは、明治維新にもおとらず劇的で混乱にみちた時期であり、占領と改革論議に始まり、主権の回復と保守エリートの再結集、安全保障と海外発展のための新しい機構の確立とをもって終った。それはまた、吉田集団が明治の先例、明治の遺産と明確かつ積極的に関連させながら、多くの具体的な政策に取り組んだ時期でもあった。ふりかえってみれば、歴史家たちはそのすべてにひとつの論理がつらぬいているのを見わけることができよう。だが、吉田がはじめて戦後の舞台に姿を現わしたときは、多くの人びとは金持の門前に食を求める病気の貧者ラザロ（聖書ルカ伝など）に似ていたのではなかったか。いずれにしても、吉田の影響力は、池田勇人、佐藤栄作という弟子たちが総理大臣となったことで、一九六〇年代、七〇年代に生きつづけた。そして、一九六七（昭和四二）年に吉田の死によって、日本は最後の重臣政治家を失ったばかりでなく、いわゆる明治世代のうちで真に影響力をもった最後の一人を失ったのである。

家　系

吉田は、一八七八（明治一一）年九月二二日横須賀に生れたといわれる。父親が反政府陰謀に加わった科で長崎で逮捕されてからまもないことであった。竹内綱の一四人の子のうち五男として生れたが、実母の身元はいまでもはっきりしない。母親は芸者だったらしく、竹内の投獄後に東京へ出て竹内の親友、吉田健三の庇護のもとで茂を生んだのである。竹内の次に生れる子が男子ならば、子のない吉田夫妻の養子にするという取決めが両者のあいだにあったから、吉田茂は生れて九日たった一〇月一日に新しい両親に引き取られていった。

吉田が実母の名を知らなかったのはありうることであり、そのような事情は吉田の生涯を通じて思い出すのも不愉快であったようである。初期の戸籍は明らかに母「不詳」としているが、吉田の存命中は、竹内の本妻に生れたという虚構の説が公に唱えられ、出生をめぐる回想のなかでも、吉田は実母に言及することを用心深く避けている。しかし真相は知られていなかったわけではなく、そこから素人的な心理考察が行なわれるようになった。吉田の内妻は、吉田が周知のように芸者の宴席を好んだわけを、「芸者の子は芸者好き」という見方で説明したといわれているが、これはエディプス・コンプレックス風な手がかりとして興味深く、吉田の場合は特に有力な示唆を与えるものである。吉田は正妻が亡くなる前から、元新橋芸者の小りんこと坂本喜代と内々の、どこからみても親密な関係ができ、しかもそれが長くつづいたからである。別の方向からみると、吉田をほめないほうでは人後に落ちない一人である評論家の阿部真之助は、吉田が座談の名手であることは認めながら、しばらく聞いていると誰に対しても冷たく人を受けつけない無関心なところがあることに気づいていた。阿部はこの点を手練れの芸者の性格に見立てている。芸者とのあいだに子供ができることは明治時代の日本の上流階級ではめずらしくなかったし、日本人の目からは格別恥ずべきことでもなかった。それにしても、吉田が自慢できることでなかったのは明らかである。[*1]

竹内綱と吉田健三はきわだって時代の子であった。二人とも武士の血を受けながら活動的で適応性もあり、すすんで新しい時代のなかにとびこんで、一世代前ならとうてい考えられないような仕方で生涯を切り開いていった。竹内は土佐の高知の人で、藩の若い武士の一人として、幕末期には勤王派を積極的に支持して、徳川政権の崩壊を実現するために力をつくした。土佐藩の活動分子の多くがそうであったように、竹内もやがて新政府が薩長閥に支配されていることに幻滅を感じ、一八七〇年代に入ると、板垣退助とともに日本最初の政党運動である自由民権運動に加わるようになった。吉田茂の誕生直前に起こった竹内の逮捕は、明治初期の政治的反対派の急進的で多義的な活動のひとつに加担したためである。それは一八七七（明治一〇）年に立志社の過激派が、西郷隆盛の率いる疑いもなく反自由民権の薩摩の反乱と時を合わせて、政府打倒の陰謀を企てた事件である。この陰謀で竹内がどのような役割を果したかははっきりしないが、その投獄期間はいずれにしても短かった。彼はやがて一八八一（明治一四）年に板垣の創設した自由党幹部の一人として再び姿を現わした。[*2]

一八八七（明治二〇）年、伊藤博文内閣の時代に、政府は初期の治安立法のなかでもひときわ悪名の高い保安条例を公布した。この条例は、政治的反対派を打ちくだくためのものであった。反政府勢力はきびしいデフレ政策、西欧諸国との不平等条約改正の失敗、憲法発布と国会開設の公約をめぐる論議への一般民衆の参加を拒否したことについて政府を攻撃していたのである。条例は公安を脅かすおそれのある人間を東京から追放することを認めたもので、竹内はこのとき実際に首都から退去を強制されたほぼ六〇〇人のなかの一人であった。[*3]しかし、三年後に竹内は日本の最初の議会選挙に当選し、一八九二（明治二五）年の第二回選挙にも選ばれた。

第一通常議会会期中に山県有朋首相に金で抱きこまれたと報道された事実をのぞいては、竹内は議員として名をあげたことはないようである。[*4] しかし、少なくとも議員に選ばれた事実は、彼が金持だったことを表わしている。立候補または投票するためには直接国税を少なくとも一五円納めることが必要で、このために有権者数は総人口の一パーセントあまりに制限されていたからである。竹内は武士、志士、政治家、陰謀家、議員とさまざまな面をもっていたが、これに加えて、事業家でもあった。彼の政治上の先達である板垣でさえ、かつて竹内の商人的心性について辛辣な評を下したことがある。[*5] さきに長崎で捕えられたとき、竹内は、政府から岩崎（三菱）へ払下げになり苛酷な労働条件で悪評のあった高島炭鉱の経営者として雇われていた。[*6] 一八九四（明治二七）—九五年の日清戦争のあと、竹内は広い世界に打って出て、京城（現在のソウル周辺）—釜山間の京釜鉄道の社長となり、海外発展に目を向け、「大陸経営」の初期の主唱者になったが、この大陸経営の構想こそ、その後数十年にわたる日本帝国主義の発展に基礎を与えることになったものである。[*7] アジア大陸への経済的関心の根はここにあり、それは一九四五（昭和二〇）年以前も以後も、吉田茂自身の主要な先入観念となっていくのであった。

この息子が父親から何を引き出したかをいうことは+できないし、親も子も一時期の投獄を経験したというひねくれた見方以上のものを吉田自身は語っていない。竹内もその家族もこの余計者の五男と親しい接触を保っていたようにはみえない。一八八七（明治二〇）

年、竹内の東京追放と吉田健三の不時の死が同時に起こったとき、九歳になっていた茂を竹内や家族と一緒に高知へやってはどうかという意見も一時はあったが、結局これは実現しなかった。しかし吉田が外務省に入ると、竹内は「官吏となって心すべきことは贈収賄等の誘惑が多いことである。そのような誘惑はこれをもって断ち切れ」という格調ある言葉につけて、家伝来の関兼光の刀を茂に与えている。それからまもなく、吉田がはじめて海外勤務を命じられたとき、竹内は息子のために先輩あての紹介状を書いてくれたが、吉田がこれを取り扱った態度には、のちに特異と考えられるようになる彼の性格が表われていた。彼はこの紹介状を転任になるときまで相手に渡さなかった。なぜかときかれて、親の七光のおかげをこうむりたくないと、このとまどった先輩に返答したのであった。

竹内の初期の政治活動と、吉田ののちの「オールド・リベラリズム」とのあいだには一脈の影響が認められるのではないかという意見がある。しかしそれよりも、吉田がのちに実父の回想で強調しているように、「反抗的」とか「アウトサイダー的」とかいう気質すなわちあまのじゃくの気味が、この二人の性格をつらぬいていることに注目するほうが正確に近いのではなかろうか。だが、竹内が若いころ薩摩の反乱と首領の西郷に共感し、土佐派と板垣の率いる初期の政治的反対派の運動といろいろ関係をもったにもかかわらず、あるいはそのゆえにこそ、吉田は息子を拒否した父親への拒否反応として、西郷や板垣のような人物にもその理想にも、戦前日本の後期の政党運動にも、ほとんど関心を示していない。それどころか、彼は明治の巨頭たち、また竹内の初期の政治活動が対立目標としたと同じ薩長閥に対する尊敬と一体感とを育てていた。晩年、吉田は伊藤博文ゆかりの五賢堂を滄浪閣から移して大磯の邸内に再建し、岩倉具視、三条実美、木戸孝允、大久保利通といった伊藤が尊崇していた維新の設計者たちの写真に、伊藤と、のちには西園寺公望の写真を加えて祀り、伊藤の誕生日に記念のパーティを催すことまでしている。保安条例が公布されて吉田の父が東京から追放されたのが伊藤内閣の時代だったことが、個人的にほとんど意味をもたなかったのは明らかである。[*8]

　吉田茂が吉田健三の家に養子となったことは、ふりかえってみれば、彼の導きの星が気まぐれではあったにしても大体において恵み深かったことの最初の兆候であった。吉田は、なみの裕福な家の五男でしかも庶子でいる代わりに、たちまち相当な資産家——吉田はのちにふざけて「吉田財閥」などといっている——の嗣子となったのである。しかも九歳で家督を相続したのだった。一八八七（明治二〇）年吉田健三が四〇歳ばかりで死んで、養子に五〇万円と評価される財産を遺した。五〇万円といえば当時の標準では莫大な額で、吉田茂の死去当時の評価では約二〇億円にあたる。[*9]したがって、吉田は生涯を通じて貧乏や実生活の困苦を知らなかったが、吉田家の養子となったことの意味はこれだけではなかった。吉田家のなかで、彼は子供のときから実業の雰囲気と、儒教的でありながらイギリスびいきで、ものの見方が国際的という環境に置かれていた。

吉田家の両親は性格の強い人たちであった。吉田健三の家系（と本当の家名）ははっきりしないが、福井から維新のころ脱藩し、医学と洋学を学びに長崎へ行った若い藩士が大勢いたなかの一人であった。彼は一八六〇年代後半にどう話をつけたものかイギリス軍艦に乗り、イギリスへ渡って二年間滞在した。竹内との交友が始まったのは長崎でのことで、しばらく竹内の高島炭鉱の経営をたすけた。しかし竹内逮捕の少し前に吉田健三は横浜へ移り、イギリスの海運会社ジャーディン・マセソン会社の支配人をつとめた。吉田茂の子どものころの思い出によれば、ジャーディン・マセソン会社の敷地で遊んでいたという。比喩的な意味では、彼はその敷地内から遠くへさまよい出ることは決してなかったといえよう。

そのあと吉田健三は自営の海運代理業を始め、明治政府に協力して軍艦や兵器を西洋から買い入れた。早世する前、新聞、英学塾、不動産業などにも手を出し、一八八四（明治一七）年、大磯に大邸宅を構えて少人数の家族をそこへ住まわせた。日本が西欧と接触した初期の時代に、野心的な青年企業家がどれだけなみはずれた好機にめぐまれていたかは、吉田健三の財産がわずか一〇年のあいだに築かれたことからも知ることができる。後年、吉田茂は養父のことを回顧して、ラフカディオ・ハーンは、日本の新興階級の国民意識は企業家精神となって現われるから、新しい条約港に来て足場を築こうとした西欧の商人も彼らに太刀打ちできなかったと書いていると述べ、そういう日本商人の手本が吉田健三であったといっている。もっともこの養子のほうは、のちに実業にたずさわる考えを捨てたのはその才がなかったからだといっているが、吉田茂はやがて国際政治の実際家としての経歴のなかで、養父健三のように特に西欧との競争的通商関係と国際金融関係の樹立を格別に重視するようになった。[*10]

吉田健三の早世は幼年の息子に鮮やかな思い出を何ひとつ残していないようにみえる。吉田茂は後年そういう思い出にひとつだけ触れて、父は猟に行くのが好きだったので一緒に行ったことがあるが、猟は性に合わなかったと述べている。[*11]こうして、生れる前から実父に捨てられ、九歳で養父を失った吉田の幼年時代は、養母から最も深い影響を受けることになった。

養母、吉田士子《ことこ》は佐藤一斎の孫である。一斎は一八四一(天保一二)年から五九(安政六)年に死ぬまで江戸の昌平黌で教えた著名な学者である。士子はどこからみても、厳格で、気位が高く、自信の強い女性であった。その孫吉田健一はのちに、この祖母のことを本当の「江戸っ子」で(しかし、江戸っ子のもつ活きのいい明るさに欠けていたようだが)、きびしく意志の強い人だったといい、また浄土宗の熱心な信者だったといっている。[*12]吉田茂は晩年になっても、自己分析を語ること、ことに幼年時代については驚くほど用心深かったけれども、幼児期、ことに母親の影響の大切なことについては、ほんの束の間ながらチラリと素顔をみせているのである。

養母は士子といった。コトコと読む。漢学者の家に生れたのだから、何か理由のある名だろうと思うが、特にきいたことはない。学者の家に生れ、学問の素養のあることを心ひそかに誇りとしていたらしい。そのためか、気位の高い人であった。ところが、その養母が私についていては「この子は気位の高い子だ」とよくいっていた。しかし、私には母のほうがよほど気位の高い人だったように思う。

不思議なもので、気位の高い子だとしばしばいわれていたせいか、いつか本当に気位の高い子になってしまった。養母を想い出すたびに、私は気位の高い子になったのは養母のお蔭と感じている。これが他人の目からは傲慢と見られ、我儘と思われ、ワンマンなどといわれるような性格になった所以であろう。

しかし、一方には他人の威圧に屈しない、やせ我慢の強い、威圧に対してむしろ反抗的な人間になったとも考えられる。そうした反骨というか、頑固な性格は父の遺伝かも知れぬが、同時に養母の影響力も強かったように思われる。養母はまたよく「この子は間違ったことをしない」といってくれた。これが私には自尊心を植えつけることになり、自信の強い人間にしたかもしれない。これもまた養母のお陰というべきであろう。幼い頃から我儘をしてずい分厄介をかけた私だが、年をとってくると世話になった往年のことをしきりに想い出すのである。[*13]

遠くからみると、少年時代の吉田の生活は張りつめた静けさにつつまれていたように思われる。養子であることは知らされず、成人期になってはじめて、あまり親切ともみえない外部の人から偶然そのことを知らされ、今から思っても、まことに妙な気持だったと、彼は追想している。一八八七（明治二〇）年に吉田健三が亡くなり、茂を実父と一緒に高知へやる話がとりやめになったので、彼は一家の「若主人」として士子のもとにとどまった。家には召使もいて、母はことに犬が好きであった。夏になると、吉田士子は健康を理由に箱根や伊香保に逗留し、茂はそういう保養旅行のときいつもお供をさせられた。また二人は隅田川のほとりにあった佐藤一斎の屋敷へ出かけることもあって、吉田はのちにそういう若いときの小旅行についてチラチラと光るような心象を描いている。彼は、隅田河畔へ夏の大雨のあとで行くと、近所の屋敷の金魚や鯉が自分の屋敷へ流れ込んでくるのを、自分のほうの魚も近所の池へ逃げていくのに気づかずに、大喜びしていたことを記憶している。

しかし、そのような甘い回想には一面ほろ苦さがあった。「養父の死後は塾から家に帰れば養母と私の二人暮し、淋しい家庭に淋しく暮す月日が何年となく続いた」。それは物質的には何不自由ないけれど、温かみのない、そしてたしかに近ごろの学者が「典型的」日本人の性格形成について強調する息のつまるような母親への甘えを欠いた幼年時代であった。*14

さまざまな教育

性格の特徴とならんで、愛国心と伝統主義とが、吉田士子によって、また吉田が通った学校で授けられる教育によって、深く植えつけられた。佐藤一斎の残した影響が、孫娘からどの程度まで吉田家に伝えられたかを考えてみるのは好奇心をそそるが、確かめることはできない。吉田士子は、名士たちが訪ねてくるようなとき、茂のいる前でこの傑出した祖父について話し合うことがよくあったが、そうするうちにも、かなりの知的関心と複雑性をもった学者の姿を生き生きと描き出していた。幕府の儒官としての一斎は、建前では保守的な朱子学正統派を代表していたものの、実際にはもう少し個人主義的な王陽明派の新しい儒学にひかれていたようである。そういう一斎だったから、社会的保守主義とならんで、良心とか個人的行動主義とかに――つまり「武」の概念に代表される武士的精神とともに、「文」の尊重に含まれる学問の伝統に関心をもっていた。一斎の門弟のなかには、幕末期のすぐれた改革者、たとえば佐久間象山、大橋訥庵、横井小楠がいたが、また藤田東湖や徳川末期の真に革命的な人物である大塩平八郎などとも文通があって、個人の行動が公に重要な意味をもつことを力説していた。このような多様で活力に富む知的「伝統主義」は、若いころの吉田茂に直接にはあまり大した思想的影響を与えなかったかもしれないが、養母士子が知らず知らず一種の鏡のように茂の手本になっていたのではなかろうか。その鏡には官僚吉田茂の後年の因習打破が、表向き正統学派の教師であった一斎の初期の因習打破を反映し、それと二重写しになっているようにみえる[*15]。

九歳から一〇歳のはじめにかけて、吉田は鎌倉に近い藤沢の漢学塾に通った。ついで、皇太子の倫理の個人教師であった杉浦重剛の経営する麻布の日本中学に四年間通った。吉田の漢籍の知識と漢文の素養は大体この数年のうちに身についたものである。成人してからの吉田の書は非常に尊重されているし（もっとも現在の日本人には読みにくい場合が多いようだが）、彼は中国古典思想への尊敬を表明してやまなかった。吉田にとって、中国人の天分は人間関係への深い洞察にあった。「抽象的な議論は西洋に学ばなければならない。しかし漢詩を含めて、我々の日常生活に関することがら、人間と人間との交渉の上でのことならば、何でも漢籍に求められるという気がする」と、彼はのちに書いている。中国詩文の伝統へのこのような尊敬は、いうまでもなく、彼の世代に特徴的なものであったが、のちに見るように、そのことが吉田やその同僚たちが実際に中国ないし中国人と交渉する際に、内心の優越感をもってのぞんだ事実をあらためるには、あまり役立たなかったこともまた特徴的である。それ以上に初期の学校教育と、とりわけ吉田士子と杉浦重剛の影響は、吉田の尊皇心を鍛えたるつぼだったと一般にいわれている。このことの意味の深さと重要性はいくら強調しても強調しすぎることはない。尊皇心こそは、ほかのいかなる要素にもおとらず、吉田の戦前と戦後の世界への対処の仕方を規定し、またその焦点となったものである。[*16]

吉田の少年期の教育に儒教的要素があったことは、ともすれば過大評価されやすいが、後年、侍を主人公にした小説類や落語、講談やテレビの連続捕物帳やターザン映画などが特に好きだといっていることは記憶にとどめておいてもよかろう。[*17]彼がはじめて正式の学校教育を受けた藤沢の学校は漢学を教えることになってはいたが、実際は表看板よりもっとさまざまな教科を授けていた。この学校ははじめ耕余塾という名で、維新後にもとの姫路藩士で学者の小笠原東陽が、たぶん吉田健三も含めて藤沢近在に住む隣人多数の援助を得てつくったものである。茂が入学したころ小笠原はもう亡くなっていたし、名前も福諭吉の慶応義塾にあやかってか耕余義塾とあらためていた。吉田の通っていたころの塾長は慶応を出た人だったようで、ほかにもう一人、慶応から英語を教えに定時に通ってくる教師がいた。[*18]

八〇歳になったころ、吉田は意外な経験をした。ある人が彼のはるか少年時代に漢文で書いた「作文」を見つけて贈呈してきたのである。その作文というのは、いろいろな学問を混ぜ合わせたもので、筆書きのところへ先生が評釈をつけているが、(「極楽園」という文中では)孔子、孟子からテニソンとかフィヒテ、サミュエル・ジョンソンの『ハッピー・ヴァレー』のなかのラセラスまでが論じられている。この発見された書類はとりとめない断片にすぎないけれども、たとえそうであるにせよ、吉田の少年のころには善良な愛国者たちが彼らの最も大切なものについて学んでいたことを示している。「国家の礎、急務」という一文で、一三歳くらいになっていた吉田は、「このごろ名士は政治狂いになって、産業を怠っている」事実に腹を立てているが、これには、戦前の官僚時代に、また半世紀後の占領期間に吉田が自らの戒めとした基本的な立場が簡潔な言葉に要約されている。そのわきに彼の先生は「名士顔色なし」と評釈していた[*19]。

「漢学」塾はその名が暗示する以上のものであったが、当時としては決して異例なことではなかった。昔の断片的な作文に表現された感想は、吉田健三の世代にめばえて、一八九〇年代までに日本の民衆文化のなかで強い潮流になっていた実業崇拝というか流行というかをうまくとらえている。当時、政教社や民友社に集まったような批評家や論客たちは、政治家を手きびしく批判するかたわら、「個人主義的」実業家の勤勉は強力な国家の建設に通じるとして、これを尊崇することに血道をあげていた。それはサミュエル・スマイルズの『自助論』が日本でベストセラーになり、福沢が慶応を発生期資本家の牙城として、経済人の愛国的徳性をほめそやしていた時代であった。また、不平等条約をめぐる関心が高まり、中国への最初の攻撃の基礎がためをする時代でもあった。この点、青年向けの大量の文書をはじめ、社会の各層で高らかに喧伝されたスローガンは、のちの吉田を理解するうえに有益である。企業家精神と工業化、商業主義と貿易とは、彼の全生涯を通じ一貫して世界観を支える柱であった。これに反して、政治は――確立されたエリート支配および政府への献身的奉仕は別として――よくいって腐敗したもの、悪くすると国家の究極目標を破壊しかねないものであった。この見地からすれば、何を優先するかは問題になっていなかった。[*20]

藤沢の学校はまた、吉田が経験した生活スタイルの点でも興味がある。それは田舎の寄宿学校で、もともと農家の子弟のなかに将来地域社会の指導者になる者を養成することを目的としていた。だから吉田家の若様といってもなんら特権があるわけでなく、学業のあるうちは八畳間にほかの四人と同室で、みなと同じ粗末なもの（上等の魚などなく、ふつうアジ、サバのたぐい）を食べていたといわれる。学校では生徒を二〇歳くらいまで教育したが、吉田は一番年が若かったし、身体つきが小さかったためもあってか、年上のたくましい同級生にだいぶいじめられたといわれる。吉田は自分でそういう経験を語ったことはなく、少年時代について口が重かったから、低い社会層の人びととじかに接しつらい経験をしたことが、彼の処世観にどんな影響を与えたかははかりがたい。

ただ彼は寄宿舎で、渡辺広造という農家の息子と親しくなり、この友人関係は死ぬまでつづいた。吉田が一九六七（昭和四二）年に死んでから、当時九〇歳になっていた渡辺は少年時代を追想し、吉田が当時学校の雑誌に寄稿した歌を公表した。その歌は、

帰りなんとて家もなく
慈愛受くべき父母もなく
みなしご書生の胸中は
いかに哀れにあるべきぞ

というのである。後年、渡辺は、休暇で大磯に帰った吉田に会ってこの歌を口にすると吉田は渋い顔をしていた、と回想している。[*21] たしかに、胸を痛くさせる歌で、だれにとっても思い出したい創作とはいえないけれども、のちに養母との生活を回想しているときと同じように、個人的感情をかくそうと努めたその固い殻のかげに、めずらしく素顔をのぞかせている。それはまた、吉田の少年時代が、富と実業家の環境、伝統的またアングロ・サクソン風の影響にばかり特徴づけられていたのでなく、実母を知らず、実父にはうとまれ、九歳にして養父を失ってまったくの父なしとなり、一三人のはらからがありながらひとりっ子として育ち、強く立派ではあってても過ちなくよそよそしい養母をもった事実にいろどられていたのを、またしても想い起こさせる。

日本に関連するたいていの評伝とか社会史とかのなかで大きな比重を占める「家族」の概念は、吉田にあてはめると価値があやしくなるように思われる。若いころの歌が示すように、吉田は自分を家も家族も失った者と思っていた。彼はやがて、外務省に一種の疑似家庭のようなものを見いだし、さらに、ほとんど心理的補償作用のように、天皇と皇室を温情主義的に理想化してむさぼるように受け入れたにもかかわらず、生涯を通じどんなににぎやかな舞台の上でも何となく孤独な人物として立っていたようにみえる。後年、吉田が権力を握ったとき、孤独なワンマン的スタイルを堅持して国務にあたり、日本の伝統的政治行動の規格イメージに反することを意に介しなかったのはあまり驚くにおよばない。その一方で、日本人ならだれでも生涯のいずれかの時期に少なくとも歌のひとつぐらい詠んで人生のあわれについて感懐をもらすところだが、吉田はいかにも鋭いユーモア感覚とはげしい誇りとをもって身を起こしたから、自分をあわれんでいる暇などなかった。渡辺広造はもうひとつ、若いころの吉田が大磯の森で馬に乗り弓を引いていたことをつけ加えている。後年の吉田は愉快そうに東京では政敵を、大磯の屋敷ではバラをつくっているのを、人は見るのである。

藤沢の学校を終え、さらに杉浦重剛のところで勉強してから、吉田は前後の脈絡を欠いた一時期を過ごす。そういう時期は一生のうちかなり規則的にくりかえし起こることになるのだが、最初の時期は一〇代のなかばから一八九七（明治三〇）年に学習院へ入るまでつづいた。その前は一時、実業学校（のちに一橋大学となる）に通って、養父が敷いたコースに沿って家業をついでいく考えをもっていた。だが吉田のいうところでは、ソロバンを扱うようにはできていないと決めるまで一カ月あまりしかかからなかった。こうして、養子になって生涯引き受けるはずの役割を、数週間ためしただけでやめてしまった。つぎに、高等学校へ進学するのに必要な単位をとるため芝の正則中学へ半年通った。それから病気になり、ほぼ一年自宅で療養して、一八九七年にいよいよ学習院へ入ったときは一九歳と、同級生よりいくつも年をくっていて、しかもどういう方面に向かうかをまだ決めていなかった。[*22]

吉田の学習院時代は、国家主義が高まり、アジア大陸への関心が強まった時期とかさなっている。日本の君主が、遅ればせながら天皇という神秘的な響きをもつ言葉で呼ばれたのにみるように、意識的に半神格化が進められたのは、一九世紀末年になってからで、明治一〇年代や二〇年代ではない。「日本主義」とか「国体」とかの心情的なスローガンがはじめて広く使われるようになったのも、同じ時代のことである。[*23] 吉田は日清戦争（一八九四―九五）と屈辱的な三国干渉のすぐあとで、高等教育の課程に進んだ。それは国民的情熱が国家のための企業という温和な考え方を乗り越え、列強に伍して植民地帝国を建設するという荒々しい思想に進んだ時代であった。しかも、清国がすでに完敗したときにあたって、帝政ロシアの東アジアにおける野心に関心が向けられていた。

学習院の理事者たちも、こういう権力と威信をめぐる大ばくちの超然とした観察者ではありえなかった。この貴族学校は一八八四（明治一七）年から宮内省の管轄のもとにあって、国家と天皇と、選ばれた少数者の運命が相互にしっかり結び合っているという認識をいよいよ深めるように教え込むことを使命としていた。軍事と伝統倫理を教える課目が教科のなかで大きな部分を占め、院長は最高級の軍人から選ばれることが多かった。吉田が入学したときの院長は近衛篤麿公爵であったが、彼は文麿の父であり、当時、将来の外交官を養成するために付属の専門学校を設置する最中であった。近衛は自らドイツ、オーストリアに六年間留学したことがあったが、もっぱらアジア政策に関心をよせ、「亜細亜保存」の標語のもとに西欧の進出に対抗するアジアの連帯を強力に提唱していた。彼はこの目的のためにいくつかの組織をつくったが、そのなかには東亜同文会、国民同志会があった。清国に一九〇〇（明治三三）年の義和団の蜂起があってから、近衛は満州からロシアを完全に排除することを唱え、そのために国民同盟会と対露同志会をつくった。[*24]

近衛の前の学習院長、三浦梧楼も近衛におとらず大陸進出積極論者であり、一八九五（明治二八）年には駐韓公使として韓国王妃暗殺の策動に中心的な役割を演じた経歴をもっていた。この乱暴な企ては韓国におけるロシアの勢力を阻止し、日本の地位を安泰にすることを目的としていた。三浦院長の時期にはこうした関心に直接関連する「東洋史」の課目が学習院にもうけられた。一九四五（昭和二〇）年にポツダム宣言と日本の降伏条件を受け入れた内閣の首班、鈴木貫太郎海軍大将もまた、吉田たちの学級で当時の軍事問題について講義していた。[*25]このようにして、吉田の学校教育の最終数年間は、経済拡張政策、軍事的安全、排外的愛国主義の使命、理想主義的な汎アジア主義など、複雑に入り組み、たがいに矛盾する要素をかかえこんだ日本植民地帝国のイデオロギーを生み出するつぼのなかで行なわれた。吉田は、天皇中心の国家主義と強硬な帝国主義的膨張政策とを計画的に吹き込まれた最初の世代に属していたのである。

吉田は学習院高等部を終えたあと、近衛の新しい外交官養成学校へ進むように説得されて入学したが、第三学年の一九〇四（明治三七）年、近衛が四一歳で急死し、養成学校は廃止になった。その結果、一九〇五年、彼は東京帝国大学法学部政治学科に転じ、翌年七月に学位を得た。二八歳の年であった。同じ卒業生のなかには広田弘毅がいた。吉田は一九三六（昭和一一）年にこの広田の組閣をたすけることになるのだが、第二次大戦後、首相在任中とその後の政策決定の責任を問われた広田は戦犯として絞首刑になった。学習院と帝大の学生時代に、吉田の学業成績は終始目立たないものだったが、生活スタイルは目立っていた。東京に家を構え、馬に乗って通学したのである。[*26]

卒業の二カ月後、吉田は外務省の外交官領事官試験を受け、一一人のうち七番で合格した。一九〇七（明治四〇）年のはじめ、奉天の日本領事館勤務を命じられ、はじめて日本の土を離れた。[*27] それまでも明治の青年紳士としてエリート・コースを歩いてきたが、いまや同じエリート主義の進路でも日本の外交官僚としてのそれを将来に保証されていたのである。この段階でこの保証以上になすべきことといえば、それは幸先よい結婚をすることであった。そこで一九〇九（明治四二）年六月、吉田は牧野伸顕の長女雪子とまさにそのような縁組をしたわけである。牧野はのちに外務大臣また宮内大臣、内大臣となった、天皇が最も信頼した側近の一人である。

婚姻の成果

青年外交官吉田にとって牧野伸顕が義父として魅力ある存在だったことは明らかだが、この方程式の反対側——なぜ牧野は吉田を女婿に選んだのか——は決して明らかではない。吉田は特に有望な学生というのではなかった。一九〇六（明治三九）年の外交官試験の出来ばえをみても、少数の同期入省者の首位に近くはなかった。そのうえ、牧野は薩摩藩士大久保利通の息子であり、大久保といえば一八七八（明治一一）年に暗殺されるまでは明治初期の巨頭のなかでも真の実力者にのしあがっていたのである。こういう背景から、牧野は誇り高い薩摩の長い伝統のなかで最良の血を代表するとともに、日本の新興エリートの最上層部を代表していた。牧野が出身藩による差別意識をもっていたことは吉田の回想にはっきり出ている。「牧野伯にとっては、私はその女婿であり、外務省の後輩でもあるので、恩顧を受けたことはもちろんであるが、亡くなられるまで、私は他国者扱いであった。……本丸には入れられなかったのである。よく伯の親戚の人々が集ったところへ、私が出た場合でも何かお国めいた話が出ると、二言目には『吉田君の前で言うのはなんだが……』という前置きがかならずつくのである」[*28]

婚姻が成立した一九〇九（明治四二）年までに、吉田は威勢がよく短気なところがあるという評判をとっていた。だから誇り高い牧野がこのことを前もって知らなかったのなら、婿のほうはそれを思い知らせるのに時間を要しなかった。吉田は自分の結婚披露宴に顔さえ見せず、入院を決めこんでいた（伝えられるところ「ノイローゼ」の治療ということだが、おそらく大陸勤務のきびしさのなかでかかった性病のためでもあろうか）。牧野としては吉田の堅固な意志力をほめ、彼が思想上から自分の意見に同調していけると認めただけかもしれない。それよりも、牧野を何よりも信用させたのは、その財力と娘雪子に経済的安定を保証する能力だったのではなかろうか。いずれにしても、吉田は御しやすい夫ではなかった。結婚披露宴にあたってのなみはずれた行動は、明らかに一九四一（昭和一六）年に妻が死ぬまでつづいた夫婦間の無関心を予告したものであって、書かれたことはないがよく知られている。しかし、国務の問題については義父と女婿は本質的に一致していたし、この点で結婚は吉田の後年の活動と世界観にとってはかりしれないほど重要であった。[*29]

イデオロギーのうえで、あるいは象徴的な意味で、牧野との関係は、基本的価値観や人とのきずなを固め、外交官として政治家として吉田を終始導くようになった。たとえば、結婚を通じて大久保の系統に属したことで、吉田はある意味では明治維新と深く結びついた。この結合のせいか吉田は、日本の戦争突入を明治変革の性質そのものにまでさかのぼって追求する見解を、一九四五年以後においても素直に受け入れようとはしなかった。大久保とのきずなはまた、政治的分類および比較の一般的視点として示唆に富んでいる。従来、日本で政治的レッテルをはり分ける場合、大久保は維新の実際的、官僚的、「現実的」系統を集約的に表現し、同じ仲間でも西郷（無私の士族反対派）や板垣（忠誠な政党反対派）の「理想主義的」行き方とは対照的であった。この枠組からみると、吉田自身の後年の政治的「現実主義」がきわめて自然に大久保の伝統に属することに、日本の論者はたいてい同意するであろう。[*30] そこで、大久保との婚姻関係は、少なくみても個人的なものと政治的なものとの融合について微妙な暗喩を提供している。それは、外からの観察者に対しては、吉田が維新の成果をいかに誇らかに見ていたか、また特に維新の設計者たちのなかの「現実主義者」とどれほど密接な一体感をもっていたか、を具体的に想起させる。

牧野の場合も当然これと同じ愛着をもっていた。のちの吉田と同じく、牧野もはっきりした尊皇主義、国家主義、膨張主義のために働くとともに、英米両国との友好を公然と表明していた。娘を吉田に嫁がせる少し前、文部大臣であった牧野は、公立の諸学校で道徳心、愛国心を吹き込むうえに顕著な役割を演じた（吉田もこういう目標を戦後に支持することになる）。[*31] 牧野はまた練達の外交官で、一九一九（大正八）年のヴェルサイユ講和会議には日本の次席全権委員となり、吉田は彼に随行した。一九二〇年代に広がりはじめた一部右翼団体、たとえば一九二四（大正一三）年に大川周明の創立した行地社[*32]などと関係をもちながら、一九三〇年代のテロのときには親欧米であるために、超国家主義者らの主要暗殺目標の一人にされ、「君側の奸」とも目された。吉田自身の軍部との関係も、かなりの程度まで、有名な義父牧野の当時の軍部との関係に影響されたのであろうし、一九二〇年代、三〇年代の軍国主義者、国家主義者に対する吉田の態度は、かなりの程度まで、牧野の態度と同じくどっちつかずであった。

しかしながら何よりも大きな意味をもったのは、牧野を通じて吉田が皇室への近接性（丸山真男の言葉でいえば「天皇への距離」[*33]）を確立し、それが彼の尊皇心に個人的な側面を加えたことである。ことに一九三〇年代以後、吉田は上層社会のみならず華族と宮廷貴族のなかに入っていった。天皇位は彼にとって、牧野にとってと同様に、日本国家の本質であったから、敗戦による一大崩壊が訪れたとき、彼の最大の関心が向けられたのは、まさにその点にあったのである。

第二章　「伝統外交」——一九〇六—二二年

吉田は財力、教育、婚姻と有利な条件にめぐまれていたにもかかわらず、外交官として目立った出世街道を歩いたわけではない。ふりかえって、青壮年期についてせめてもいえるのは、中国というもの、外交官や軍国主義者、大陸浪人や政治家などを埋解する要領を会得したことであったという。[*1] こう片づけてしまってはいかにもひねくれているばかりでなく、人を誤らせる。なぜなら、吉田は回想のなかではまったく無視してはいるが、少なくとも一九二七（昭和二）—二八年と一九三六（昭和一一）—三七年と二度にわたってかなり興味ある外交案件に参画しているからである。にもかかわらず、吉田の同輩、同僚の多くは、悪名を立てた者も、（幣原喜重郎のように）尊敬された者も、戦後まで吉田よりは国際的な声望を保ったのであって、吉田の活動は大きな事件の周辺部で行なわれたにすぎず、特定の人々の範囲外では、彼は日本の国内でさえよく知られていなかった。

だが吉田の戦前の役割が比較的小さかったといっても、歴史家にとって意味がないということにはならない。当然ながらそのことは、一九四五（昭和二〇）年以後に、思いもかけず二〇世紀日本の卓越した政治家として姿を現わしたこの年輩の人物の、個性とその後の活動を明らかにしてくれるのである。またそれ以上に、吉田は個人的特異性にもかかわらずその時代の代表的所産であった。彼は一九四五年以前の日本にとっては事態の成行きに決定的な影響を与えたわけではなく、ある重大な局面では基本政策に反対した。しかし、日本の発展と帝国支配の追求には熱烈に参加しているから、その活動を通じて、戦前日本のエリート意識ばかりでなく、日本帝国主義のダイナミックスと矛盾をのぞき見ることができる。

一九四五年の末、近衛文麿は、戦争犯罪容疑をかけられ自殺する少し前のことだったが、幣原内閣の外務大臣に吉田が考慮されていることを知り、つぎのような吉田論を述べたという。「吉田君に対して好意をもっている点では人後に落ちない。だが吉田君の意識は『大日本帝国』時代の意識だ。これが戦争に敗けた日本のこれから先うまく行くだろうか」[*2]「大日本帝国」の名称は明治の造語であるが、当時は対外膨張が行なわれる前のことであるから、天皇のもとにおける国家統治の意味であった。一八八九（明治二二）年の憲法は正式には「大日本帝国憲法」であった。二〇世紀に入って、大英帝国のように海外領土の意味が加わった。近衛は吉田について語るとき、天皇制と海外領土を含む帝国とを、戦前世代のたいていの日本人にとっての心情的内容とともに、意識していたことは間違いない。

近衛の右のような評言は、ちょっとみると、いささか見当ちがいのように思われるかもしれない。自ら公爵であり、一九三七（昭和一二）年から四一（昭和一六）年のあいだに三次にわたり内閣の首班をつとめ、対中国「抹殺戦争」の開始とアジアにおける日本の覇権のための標語として「新秩序」の言葉の意味を変えた当の近衛の口からその言をきくとは。だが結局のところ、吉田は、欧米のたしかな友人、反軍国主義者、国際政治における「現実派」、「オールド・リベラル」、個人行動では一種の異端者という一般の評判をもって、第二次世界大戦後に浮かびあがった少数の官僚の一人であった。「大日本帝国時代の意識」というようなレッテルには、あまり公平でも合理的でもなく、心情的かつ国威発揚主義的でけしからぬという意味がこもっている。

それにしても近衛は吉田をよく知っていた。彼の性格描写はほかのイメージや印象にくらべて適切さにおとるものでなかった。そして、表面では矛盾するかにみえるレッテルがこのように調和するところにこそ、吉田の戦前の行路が「ワンマン」個人の一生以上の興味を帯びるわけがあるのである。親欧米の心情は帝国主義の妄念と完全に両立しえていた。反軍国主義はかならずしも軍事介入や侵略への反対、あるいは既成事実外交への抵抗を意味しなかった。外交における「現実主義」は妥協や和解の政策よりも粗暴な政策を助長しやすかった。国内では、「オールド・リベラル」たちは、まじめな異議の抑圧に賛成することを安易で適当と考えた。

しかし、そのような、いろいろの態度の複雑な結びつきを、日本独特なものとみなすのは誤りである。吉田が研究対象として興味をひくもうひとつの理由は、彼が別の国民や人種の場合だったらこうしただろうという姿を容易に想像できる点にある。たとえば、インド帝国でなら旦那様として短い乗馬用の鞭を手に気取って歩く姿、フィリピンでならアメリカの行政官として褐色の小柄な兄弟たちに説教し君臨する姿、アルジェリアでは植民地司政官として栄光と弾圧を同列におき、ロンドンの王様を崇めワシントンの長官に万歳を叫び、また西欧世界のドレフュスたち、サッコ・ヴァンゼッティたち、ボーナス・マーチの復員軍人たちを馬上から猟犬で狩り立てる姿などである。吉田は西欧から明快で感情ぬきの教訓を引き出しており、敬愛の表明よりは権力の実践に関心をもっていた。この点で、近衛の観察は拡大解釈できる。すなわち、大日本帝国の意識を反映する吉田は、帝国主義（および王制主義）意識一般の多くの面を体現していた。そのような素質と態度をもった吉田が第二次大戦後に権力の頂点にのぼるのを妨げなかったことは、戦後日本の政治と社会ばかりでなく、そうした人物の生き残りと存続とをたすけた国際環境、ことにアメリカの政策をあらためて説明するものである。

戦前の時代を評した文章のなかで、吉田は「伝統外交」と、日本の後年の侵略的、破壊的政策とのあいだに、はっきりと一線を画している。この論法でいけば、日清戦争（一八九四―九五）、日露戦争（一九〇四―〇五）、韓国併合（一九一〇）、青島占領（一九一四―一二）、対華二十一カ条要求（一九一五）、シベリア出兵（一九一八―二二）および中国山東省への派兵（一九二七―二八）は、のちの日本軍国主義となんら包括的関連をもたなかったことになる。その重大な分岐点は一九三一（昭和六）年の満州事変であったが、「伝統外交」への致命的な一撃は、一九二一―二二年のワシントン会議において起こった。そのときまでは日本の外交政策は二つの原則にもとづいていたと吉田は主張する。その二つの原則とは、日英同盟（一九〇二―二三）の維持と、日中の問題を「相互に満足すべき」方法で解決する決意であった。[*3] 一九二三（大正一二）年に日英同盟が廃棄され、国際協調という漠然とした理念がそれに代わったとき、日本外交はしっかりした足場を失い、中国との関係は、帝国主義国を相互に争わせる中国のたくみな外交によって混乱に陥った。「日英同盟がなくなって東洋の安定勢力が失われたとき、日本の軍部は満州、支那に手を出し、ついに第二次世界戦争になった。これはイギリスのためにもよくなかったのみならず、支那も混乱に陥り、日本は敗戦の憂き目を見た」。[*4] 歴史上の大悲劇の一例をこのように息づまるように圧縮してみせるなかに暗示されるのは、帝国主義諸国間の協調と衝突の不安定な均衡に関する力強い指摘であり、同時に戦後吉田を対米相互同盟に導いた歴史の「教訓」である。

以上のような主題は、戦前の外務省内親英米派と吉田との周知の結びつきに関係している。外交官としての初期から大成期において、吉田は自ら「伝統外交」の実践に参加していた。一九一九（大正八）年のヴェルサイユ会議には下級の職員として出席し、一九二一（大正一〇）年にワシントン会議が開かれ、一九二三年、日英同盟が終りを告げる間に、第二の任地としてロンドンに勤務した。彼は職業的活動の最初の一五年を日英同盟体制のもとで過ごしたから、これを日本帝国の輝かしい時代としてなつかしくふりかえるときは、個人的に体験したひとつの体制を思い起こしているのである。だがその回想はいくらかロマンチックに描かれていた。なぜなら、この時期にも、吉田は日本政府の活動のいくつかの面について批判的だったからである。帝国の発展は組織的計画性を欠くがゆえに十分に急速でないと彼は考えていた。また、大隈内閣（一九一四―一六）の中国政策は素人くさく混乱していると感じていた。それでも全体として、日本の外交官は頭を高くあげ、比較的自信をもって将来に目を向けることができた時代であった。日本が戦勝大国としてヴェルサイユの講和会議に参加できた事実ほど、それを如実に象徴するものはなかった。日本のそのような地位は日英同盟があればこそであり、同盟にもとづいて日本は第一次大戦に加わり、中国山東省でドイツに対し軍事行動をとったのであった。

しかし、親英米派との結びつきについては説明がいる。吉田の戦前の勤務歴は、全体として特権的「欧米路線」を中心にしてはいなかった。三〇年に及ぶ外交官生活の大半は、アジア大陸との関係に向けられていた。もし彼を何かの専門家と呼ぶべきなら、中国専門家であって、年譜からみれば、外交官歴は日本のアジア植民地帝国の確立、発展、集結の道程とかさなりあっていた。吉田の最初の任地は中国大陸であり、その活動は一九〇五（明治三八）年一二月の小村条約（ロシアの利権引継ぎに関する清国との条約）をもって始まる条約体制と連動していた。この体制のもとで日本は、中国での「特殊権益」が次第に増大していくのをたえず正当化していった。吉田は、中国に対する帝国主義的侵犯を正当化する屈折した法理論に熟達していったばかりでなく、彼自身の言葉でいえば、アジア大陸に対する日本の「特別の気持」を心情的に受け入れていた。[*5]

日英同盟は、このアジア第一主義にとって意義をもっていた。なぜなら、東洋において支配的な欧米強国と相互条約を結ぶことは、日本海を越えて目標を追求するうえで安全を保障されるからであった。同時に、大英帝国は吉田の手本であった。だが、この国に対する彼の尊敬は政治上の理論（自由主義）や構造（議会政治）とほとんど関係をもたなかった。イギリスのなかで彼が経験し評価したのは、エリートの傲慢と硬直した階級構成であった。しかし吉田が何よりも称賛したのは、海外におけるイギリス、すなわち統治領域を世界に広げ、経済力と法体制の権力をほしいままにしたイギリス帝国圏そのものであった。吉田はいくたびとなく「外交の勘」[*6]（外交感覚）を語っているが、これは最も好きな言葉で、実際には権謀術数、帝国経営の能率を意味することは、彼のいうところから明らかである。インドにおける、またはエジプトにおけるイギリスの統治は、のちの吉田の日中関係提案のなかで言及された。また、協調的な砲艦外交によって帝国主義的現状維持をはかるという展望は、イギリス自体がアジアでのそうした戦術について用心深くなったあとでも、なお吉田の関心をひきつづけた。[*7]

この脈絡からすれば、親英米派との一体化は、吉田の側ではイギリス崇拝であったことを意味する。だがそれはアメリカへの同様な尊敬を呼び起こしはしなかった。逆に、ウィルソン流の理想主義とワシントン会議で頂点に達したアメリカを中心とする圧力は、「伝統外交」の弔鐘を打ち鳴らしたものであった。といっても、吉田は反米ではなく、一九三〇年代にイギリスの力が次第に消耗してくると、駐日大使ジョーゼフ・グルーなどのアメリカ人と親密な関係をうち立てるようになった。にもかかわらず、ワシントン会議はアメリカ外交の愚行として、吉田にとって忘れられない教訓となったし、戦前を通じて彼はこの太平洋対岸の国は頑迷で頼りにならず、アジアの現実に暗く、残念ながら「外交感覚」が欠けていると考えていた。[*8]

一九四五年以後の時期において、そうした態度は二重の遺産をもたらすことになった。アメリカの平和（パックス・アメリカーナ）がイギリスの平和（パックス・ブリタニカ）に取って代わり、「伝統外交」の教訓は吉田を二つ返事でアメリカとの相互同盟関係に入らせた。これは、彼自身の言葉でいえば、日英同盟の復活、変形であった。同時に吉田は、中国とは、もはや第一義的とはいえないまでも密接な関係が必要で、これなしには日本は生き残れないと考えた。アメリカの大げさな外交スタイルについては、前より軽蔑的ではないとしても、やはり意地悪く横目でにらんでいた。このことは、アメリカが戦後中国封じ込めに日本の参加を強要したとき、大きな摩擦の種になった。[*9]

見習時代

吉田の外交官経歴の始まりは芳しくなかった。一九〇六（明治三九）年に天津勤務を命じられたが、その命令が取り消され奉天に変わったのは、外務省が吉田の人物をよく見ていたからであった。[*10] 吉田はいちはやく「生意気な奴」と認められるようになり、天津よりは奉天できびしく監督されることに決まったのであった。

奉天での吉田は、日露戦争後、日本が占領した満州地域の処分をめぐるロシア側、中国側との交渉に加わった。この任務は旅順の関東州民政署と奉天の領事館とのあいだに権限争いが起こったため複雑になったから、その困難を打開するため寺内正毅大将が日本から派遣されてきた。たまたま上司が日本へ召還されたので、この手ごわい寺内の接待にあたる役が吉田にまわってきた。吉田がものおじせずに応対したので、山県有朋の子分の寺内は感心したとみえて、これをきっかけに一九一二（明治四五、大正元）年から一段と親しいつき合いが始まったと、吉田はのちに書いている。だが、そうなる前に彼はロンドン（一九〇八―〇九）ついでローマ（一九〇九―一二）へ転任になった。ローマ転任は結婚したての吉田のハネムーン旅行として始まった。[*11]
一九一二年、吉田は朝鮮と満州の国境に近い戦略的要港、安東県へ転じ、安東領事と京城に駐在する朝鮮総督の秘書を兼ねることになった。これは吉田の外交官として一番長い在勤記録で、一九一六（大正五）年末までつづいた。この期間に寺内は朝鮮総督の地位を占め、やがて一九一六年一〇月に帰国して総理大臣となった。
歴史家たちは寺内を嫌悪感をもって見ている。彼は一九〇四（明治三七）年には対露即時開戦のあからさまな主唱者の一人で、一九一〇（明治四三）年には韓国王室に日韓併合を強要する役をやってのけ（それを彼は三〇〇年前の豊臣秀吉の夢を実現したものと豪語した）、朝鮮総督在任中は朝鮮人の反抗を弾圧して朝鮮に対する野蛮な植民地支配の基礎をきずいた。総理としての寺内も同じく国内での弾圧政治を特徴としたが、彼が歴史に何よりも劇的な側面をつけ加えた事例といえば、ボルシェヴィキ革命につづいた国際干渉の一部として、シベリアに七万二〇〇〇の反革命軍を派遣したことである。[*12]
吉田は、寺内におどかされなかった数少ない一人であり、このおどし屋の軍人を「愛すべき」と形容したおそらく唯一の人間である。彼は回想録のなかで、寺内の「親切心」と、特定の気に入った部下への偽りない思いやりをほめ、寺内が虎の子を飼っていた逸話をひいて、その「稚気愛すべき」一面を紹介している。[*13]ある種の有力な強硬派軍人へのこうした親近感あるいは愛情さえが、太平洋戦争ののちまでも吉田の生涯のライトモチーフとなるのであった。彼は一九二〇年代末には田中義一と、一九三〇年代と一九四〇年代のはじめには真崎甚三郎や小畑敏四郎などの皇道派軍人と、また日本の降伏後はアメリカ占領軍のなかの最も反革命的な職業軍人、たとえばチャールズ・ウィロビー少将やその部下の対敵諜報部員などとも同じように仲よくやっていけることを示した。[*14]

安東県について回想するなかでは、虎の子と愛すべき将軍だけが吉田の言及する朝鮮の住人にすぎなかった。しかし、当時のある同僚は、吉田の主任務のひとつは安東領事館で民事事件に裁定を下すことで、その大方は朝鮮人同士の紛争問題だったと回想している。この経験をもとに、彼は朝鮮人は議論を好み（二人集まれば政党が三つできる）とか、闘争心が旺盛だとか、和解したがらないとかいう単純化されたイメージを描いてみせる。そして、学校では社会科学よりも自然科学に重きを置き、「春に種をまけば、秋まで待たねば収穫できない道理[*15]」を教えるべきだと説くのであった。生涯の終りに、吉田は日本の韓国統治は朝鮮国民の経済発展と民生向上に特徴があって、本質的に恩恵となったと述べている。[*16]このような態度はまた必然的に戦後の時代にひきつがれ、吉田は総理として李承晩の激しい民族主義を理解できず、単に朝鮮人の国民性は片意地だと認めるにすぎなかったから、李承晩との国交を樹立することができなかった。

個人生活のうえでは、吉田といえばすぐ連想されるようになった着物に白足袋、手に散歩用ステッキというスタイルを、彼は安東時代までにもう身につけていた。そして、生涯を通じて彼の会話を生き生きとさせた駄じゃれをせっせと飛ばしていた。あるとき、このあたりは鹿が多くてといったが、来客には何のことかわからなかったので、いろんな馬鹿がいることだと教えたという。[*17]

「馬鹿」は吉田の好きな悪口で、[*18]一九一五（大正四）年くらいまで、そういう連中に困らされていると思っていた証拠を残している。彼が関心をもつ全般的な問題についていえば、帝国の発展は彼が適切と考えるよりのろく、計画性に乏しかった。それは一九一四（大正三）年四月に成立した大隈「自由主義」内閣の不器用な中国政策によって一層ひどくなっていた。吉田は牧野あての手紙で、日本が現地の旧慣や鉱産土地資源や運輸などを徹底的に調査して大陸発展のしっかりした基礎をつくっていないことに憤慨している。「経営とかく政治的、官僚的に流れ、経済方面は閑却せられ候傾きこれ有り。またこれ、わが満州経営の進歩発達いたさず候所以かと存じ候」[*19]。そこで彼は安東にいるあいだ、日支合弁の採木公司に関する意見書の起草に多くの時間を割いていた。[*20]

吉田の帝国意識に一定の基本的な調子があることが、このように早い時期から認められる。中国北部における日本人の心情的「特殊感情」と表向きの「特殊権益」をいずれも受け入れながら、吉田は日本の国力の限界と、日露戦争以来一〇年間にきずかれた経済基盤の弱さを認めていた。帝国建設は、骨の折れるしかも冷酷な仕事であった。牧野あての手紙は「愚考には、満州におけるわが政治経済上の地位を確立いたし、北京背後地におけるわが勢力をもって、誠実に支那指導いたすの用意肝要かと相心得候」[*21]と述べている。帝国主義的計画を成功させるこのような条件は、いつ変わるかわからなかった。すなわち万里の長城以北の安定した政治経済基盤、中国の指導者たる運命、しかもそれをすべて「誠実」の精神にもとづいて、真の日支提携の状況のなかで、欧米諸大国が保証する仕方で、実行するという。だから小さな紛争や軽はずみな行動は成果を生み出すどころかかえって害がある。吉田の見るところ、大隈内閣は立てつづけに二つの誤った政策をとったことによって、ただでさえもろい機構をまったく損ねてしまう恐れがあった。第一には、一九一五（大正四）年の二十一カ条要求であり、つづいて、大陸浪人の名で知られる日本人冒険者を黙認して袁世凱政府を揺さぶる策動であった。

吉田の二十一カ条要求に対する反応は、具体的にはまだ謎につつまれているが、明らかに命令不服従の態度であった。在満日本領事たちに「要求」を論難する陳情書をまわそうとしたのである。この論難は二十一カ条のうち評判の悪い「第五号」を主として取りあげ、この向こうみずな最後通牒への世界的な抗議に実際的に答えたものであったようである。後年、ある機会に吉田はこの戦術的失策によって、日本はその帝国主義的目的に対する欧米の支持を失ったことに触れているが、抗議の表明は事実上、注意をひかなかった。外務省自体、一年以上もそのことを知らなかった。[*22]二十一カ条要求をめぐる憤激がつづくとともに、吉田は新たな問題についても大隈政府に反目するようになった。それは大陸で偵察や謀略にたずさわる大陸浪人の活動のことで、吉田はこれを「浮浪輩」と軽蔑し、その活動は「掠奪暴行に外ならず」と決めつけている。彼はさきに安東領事時代にその取締りにのり出し、かなりの成果があったものと信じていた。しかし一九一六（大正五）年のはじめごろになると、大隈内閣はこれら挑発者の騒擾や策謀も袁世凱政府を揺さぶるには都合がいいとの観測から取締りを「手加減」する方針をとっているのだと、こともあろうに在満日本官憲から伝えられたのである。

大隈内閣のこのような策謀は、尾崎行雄のように著名な自由派閣僚の賛成を得て、陸軍の一部と合意のうえで、いわゆる「第二次満蒙独立計画」をめぐる動きとなった。それを吉田はまさに百年の計に反する暴挙と考えたから、ただちに牧野と外務大臣の双方に憂慮を伝えた。その書信と公電のなかで、吉田は、そのような謀略は「本官等が年来帝国政府の御方針として承知し」たところと全然相反するとし、中国人の真の信頼と協力とを得るのでなければ日本の海外における発展は不可能であるとあらためて強調し、「満州いかに処分いたし候とも、民心を得るにあらざれば、帝国業ついに成るべからず」と述べている。その長い公電のなかで吉田は外務大臣あてに、「浮浪輩」のなすがままに放任しておけば日本商民の親善な取引を破壊しさり、在留日本人経済にはかりしれない打撃を与えるのは無論のこと、日本政府の威信は「一朝にして地に墜ち」るであろうと訴えた。だが、寺内がこれと同じ意見で、少なくとも当面は「穏健」な対中政策を是としてくれたことで、吉田は喜びもし、救われた思いでもあった。おそらく一九一六（大正五）年六月付の手紙で、吉田は牧野あてに、寺内総督を京城に訪ね、その中国政策をくわしく聞いたことを報告している。寺内も大陸浪人を使って事を構える政府の方針には反対で、日本は財力また人物の数において、満州を中国から分離する、あるいは「支那一国を引き受」ける力がないことに同意した。そういう現状では、日中提携という正面切った信頼される方針をとるしか方法がなかったのである。[*23]

一九一六年一〇月、寺内が大隈に代わって首相になると、吉田は東京へ呼びもどされ、新首相の秘書官になれといわれたが、「総理大臣はつとまると思いますが、総理大臣秘書官はつとまりません」[*24]と、いつものくせでつい暴言を吐いて断ってしまった。当然、話は取消しになった。一二月に入って、吉田はタナボタ式にワシントン大使館赴任の発令を受けたが、外務省当局が二十一カ条反対のお先棒をかついだ件を遅ればせながら知ったため、せっかくのボタモチも早速取りあげられてしまった。吉田の話では、命令不服従で免職になるところを、牧野との関係で危うく助かったということである。[*25]

吉田の生涯にはあまり活動しない期間がしばしばみられるのだが、このときもそれで、彼は一九一七（大正六）年七月外務省文書課長の閑職につけられた。当時の外務次官が幣原喜重郎で、吉田とともに省内の英米派と結びつくようになったが、二人の関係ははじめから冷ややかでよそよそしく、第二次大戦まで変わらなかった。吉田はこれについていくつかの理由をあげている。ひとつは、彼がワシントン赴任を取り消されて不平たらたらであったため、謹厳な幣原が吉田に対して門戸を閉ざしたという説。もうひとつの二人をへだてる壁は、吉田がそれとなくいうところでは、幣原は自分が英語があまりできるものだから、どちらかというと語学能力のある者をひいきにし、結果として吉田を除け者にしたのだという。しかしそれ以上に、吉田のいかにも不愛想な個性的スタイルが摩擦の原因になったのは明らかである。[*26] のちにいよいよはっきりしてくるように、二人は外交上の最重要課題をめぐっても同調することがなかった。

ヴェルサイユの教訓

一九一八（大正七）年二月、吉田は済南領事に任命され、そこでしばらく山東論議にまきこまれることになった。日本は旧ドイツ領山東の領有権を要求し、その根拠として中国自身が一九一五年から一七年にかけてイギリスやフランスと結んでいる一連の秘密条約をもち出していた。こうした戦時利得領土は強迫によって得られたもので適法でない、というのが中国側の主張であった。この問題は、その後ヴェルサイユで日本側に有利に解決されたが、ワシントン会議ではこれが中国に有利に修正された。それは「伝統外交」の臨終を示す何よりの実例であった。

一九一八（大正七）年の末に、吉田は岳父牧野伸顕あてに、第一次世界大戦が終ると「外交戦」の舞台に入るからぜひとも欧州の現地で観察したいものだと、ロンドン転任に力を貸してくれるよう頼んでいる。[*27] このことは一九二〇（大正九）年になって実現した。それより前の一九一八年一二月に吉田は東京へ帰り、外務省通商局に短期間だけつとめ、翌年牧野の秘書役としてパリ講和会議に随行した。牧野は日本代表団の次席全権委員であり、一行の事実上のスポークスマンであった。吉田がそうした特典を与えられたのは、この場合もまたしつこくせがんだ結果であった。彼は「親の七光」に頼るのをいさぎよしとしなかったかもしれないが、岳父となれば話は別であった。

ヴェルサイユでの吉田の任務は下働きで、切符や宿舎などを手配することだったが、それでも仕事ぶりがはなはだ不器用だったので、牧野は帰りの航海のまる一カ月、吉田に口もきかなかった。それはのちの吉田の言葉では、彼が無能だったからではなくて、（事務とか秘書とかいうような）ぺこぺこする仕事に本来向いていないことを証明するものだった。[*28] こんなばかげた立場にありながらも、会議のほうはこの四〇歳になった外交官に深い感銘を与えた。その感銘はともすると後年になってだんだん強まり、ついには明治、大正の「伝統外交」の頂点を回想する際の象徴にまで高められていったのである。会議が与えた影響をくわしく測定することはできないけれども、その後の吉田の経歴をみれば、彼がヴェルサイユで学んだ教訓が長く尾をひき、しかも広い範囲にわたっていたことが知られる。

会議についての吉田自身の記憶は、例のように印象とか逸話を主としたものである。たとえば、日本の首席全権だった西園寺公望と議長のクレマンソーは、西園寺のパリ留学時代同じ下宿に住んでいた仲で、この個人的な関係が日本のためにならないはずはなかった、といった風である。牧野が異論の多い人種平等条項を提案したことについては、山東問題についての日本の立場をよくする取引材料としてもち出したという説を否定する。吉田によれば、牧野は一九一三—一四年の山本内閣に外相として在任中に、アメリカのカリフォルニアでの日本人排斥に直接関与していたから、真実この問題をヴェルサイユで決着させようと考えたものという。[*29] 人種的平等というこの単純な表現を白人諸国が拒否したことは、当然ながら、アジアで深刻な反響をまき起こした。だが、その反響は多くの場合、「民主主義諸国」が戦勝によって一般の好意的な心象を得ていただけに、それと混り合ってなかなか微妙な問題になっていた。この件で幻滅を味わった結果、「新たな国際秩序にかけた大きな希望は結局、失望に終るだろうという印象を得た[*30]」と吉田は書いている。

ヴェルサイユは吉田に外交檜舞台の洗礼を授け、ウッドロー・ウィルソンや国際連盟支持者たちが否定しようとした古いやり方を、積極的にも消極的にも再確認させてくれることになった。彼は、のちに新国際秩序の提案を「調整期における誠実な実験」と呼び、「帝国主義は原則として非難されたが、敗戦ドイツ以外の植民地領土は存続した」と観察した。[*31] 他の日本人、たとえば幣原やおそらく牧野のような人々は、ウィルソン流の理想主義について、また一九二〇年代のアジアに「新外交」を展開する可能性について、楽観していたかもしれないが、吉田のほうはあいかわらず懐疑的であった。のちに内々に語ったところでは、吉田は「米国は由来外交上頼むべからざる国柄[*32]」という結論だった。この教訓は帝国主義の古い手法とともに吉田の中に残ることになるのだが、それには多くの側面があった。

一面において、人種問題は、アメリカの国際連盟不支持とともに、吉田の見るところでは、実行可能な外交的前提条件としての理想主義あるいは「国際主義」の魅力を弱めることになった。彼は日本が連盟に加盟し国際社会で協力することには賛成だったが、ウィルソン方式の失敗は権謀外交という伝統的慣行への信念を逆に強めるばかりであった。他面、この信念はヴェルサイユで積極的に補強されてもいた。山東問題で日本の成功を可能にしたもの、西洋との不平等条約に終止符を打ってから一世代のうちに（ドイツ、ロシア、中国の上位に立って！）日本を世界五大強国のひとつたらしめたもの、しかも一五〇人からなる（吉田によればそれでも足りなかったが）代表団をもって、ルイ一六世の部屋に陣取り、世界の分割を議することを可能にさせたものは、まさに（相互軍事協定、秘密外交、強迫による譲歩などをはじめとする）旧来型の現実政治《レアル・ポリティーク》にほかならなかった。[*33]

講和会議の場には、もう一人若い日本人の傍聴者がいて、将来吉田の行路に大きなかかわりをもつのだが、つぎのようなぶっきらぼうな感想をもらしていた。その人、近衛文麿はヴェルサイユからの手紙に、「力がなお世界を支配している」、眼前に見るのは勝者の平和であり、「力の支配という鉄則が」厳存していると記した。[*34] 吉田がこれと同じ意見だったことは、どこからみても明らかである。彼はそれ以後、既存の帝国主義外交の手法に従いながら、日本の大陸における地位について具体的な提案をひきつづき行なっていった。勢力均衡や勢力圏は、ウィルソンの非難にかかわらずヴェルサイユでは保証されて、一九三一(昭和六)年における中国侵略開始ののちまでも、吉田のアジア像をはかる基準でありつづけた。あとで見るように、一九三七(昭和一二)年、日中両軍が蘆溝橋で衝突してアジア大陸に火の手があがったまさにそのとき、吉田はロンドンにいて、前ヴェルサイユ的観念をもって、前国際連盟的な古い帝国主義の仲間とともに解決の道を探していた。

しかし、パリ講和会議は、当時の古い慣行を承認したにしても、同時にひとつの新しい教訓の基礎をきずき、それを吉田は三〇年後にきわめて有益だと気づくことになった。懲罰的講和の危険という教訓がそれであった。第二次世界大戦のあと、日本とアメリカが寛大な対日講和交渉を始めたとき、よりきびしい内容の講和に対する主な反論のひとつは、ヴェルサイユにおける戦勝国の講和はその後の世界的衝突の種をまいたにすぎないというものであった。一九五〇(昭和二五)年に始まった公式、非公式の会談で、アメリカ側と日本側とは、ドイツとヴェルサイユの教訓を例に引いて、日本をいまだアジアへの潜在的脅威とみなし、日本の将来の発展を完全に抑制しようとのぞんだ国々に反論したのである。吉田はこの議論を利用したが、それは一九五一―五二年の講和条約と安保条約に関するアメリカ側の主な交渉相手で、同じくヴェルサイユ会議に下級の職員として出席していたジョン・フォスター・ダレスも同じであった。しかし、これは長い目で見ての教訓であって、ヴェルサイユからあまり遠くない時期には、吉田はドイツに対するきびしい講和を利用し、これを根拠にアジア大陸での日本の支配と占領を求める提案を行なった。[*35]歴史は多くの効用をもつ。わけても権力のブローカーたちにとっては。

皇太子への忠順

一九二〇（大正九）年五月、吉田は再びロンドン在勤の命を受けた。今度は一等書記官としてであった。二年間の勤務であったが、そのあいだに彼は一度大きな失望を味わい、また束の間ながら大いに気分を引き立たされたことが一度あった。失望というのは、日英同盟が、阻止しようと彼が最善をつくしたかいもなく、廃棄されるのを見なければならなかったことである。[*36]幸福感にひたれたのは、一九二一（大正一〇）年国王ジョージ五世の戴冠式にあたり、日本の皇太子がロンドンを訪問したときで、吉田は未来の君主を間近に見守る機会を得た。

またそのとき、吉田はイギリスの公衆に対して「日本の極東政策」を弁護する機会も与えられた。一九二一年二月の『フォートナイトリー・レヴュー』に匿名で論文を発表したなかで、吉田は日本の緊急な必要と崇高な目的を説明し、かたわら中国とアメリカが日本の政策を誤り伝えていることを暴露した。だが、この論文はワシントン会議と日英同盟の解消に向かって吹いていた風向きを変えるうえでは無駄な努力であった。

吉田は論文の冒頭に日本の地理的位置と人口増加が対外政策を規定することを力説している。「日本将来の経済問題は、中国およびシベリアから食糧と原料とを確保し、商品を東方の大市場〔アメリカ〕でさばくことにある」。ペリー提督時代からの伝統的政策は「中国、ロシア、アメリカと永続的な友好関係を進めることにつねに向けられてきた」。日清戦争も日露戦争もこの原則を否定するものではない。日本は朝鮮をへて日本の安全に向けられた脅威を除くために「しぶしぶ」両度の戦争をしたのであり、日露の場合には門戸開放の理想を守るために戦ったのである。両国は敵国とはいっても「一時の敵」であったにすぎず、戦争が終ると友好な関係がすみやかに回復されたのである。そこで吉田は、日本が近年「いくつかの軽率無思慮な行動」を犯した非は認めるけれども、これらの行動は、日本の大陸における権利要求が確固とした法的根拠をもつことを隠し、中国の領土保全に対する日本の心からの尊重を歪曲するために誇張されており、党派的に利用されていると論じる。

吉田は二十一カ条要求については大急ぎで不十分なままに議論をはしょってしまう。結果から判断すれば、不幸な事件だったといい、「それにもかかわらず、二十一カ条要求は本来、中国との現存の難問を解消し、確固として永続的な基礎のうえに日中関係を築きあげる方策を見いだす真実な意図をもって策定されたものである」ですませている。この短い論文の大部分は、まだわきたっている山東問題論争をめぐる日本の立場の説明にあてられ、そのなかで吉田は欧米帝国主義者の二重基準に有効な一撃を加えている。日本の山東における権利は一九一五（大正四）年に無理に中国から獲得した協定にもとづくものであるから無効であるという中国側の議論が受け入れられるならば、「外国政府と中国とのほとんどあらゆる協定は、同様な議論に左右されるではないか」。したがって山東に関して日本に挑戦することは、ルールへの挑戦であり、そのような先例が認められると、中国に押しつけられた外国の条約体制全体を崩壊させるばかりか、さらに重大な影響をもたらす恐れがある。日本が山東の旧ドイツ領土権を取得することの適法性はすでにヴェルサイユ条約で認められているから、その権利が結果的に否認されるとなれば、講和条件の修正を引き起こすやもしれず、そうなれば「連合各国にとって重大問題となるであろう」。

日本の山東における権利の主張はまったく正当なものであり、また目下その問題の交渉を拒んでいるのは日本よりは中国であるから、この件について騒ぎ立てているのは「もっぱら党争のためにするものである」。この点は、中国国内の政治派閥についていえるばかりでなく、アメリカについても共和党が山東問題を「民主党を殴りつける便利な棍棒」としたかぎり、正しかった。結論のところで、吉田は東は東、西は西のキプリング風な筆法と、帝国主義大国の中国で犯した古典的な堕落の罪（「誤解」）についての形ばかりの告白と——さらに最後にはアメリカに対するいやみとを結びつけている。

中国の国内政治は西洋人が理解するには複雑で難しい……イギリスと日本が中国の漸進的進化と自由な進歩について過去にはっきりした理解をもち、またアメリカが中国南方の政党に同情を示して党争の継続を助長しなかったならば、中国における現在の混乱の多くは未然に防がれたかもしれない。[*37]

日英同盟の崩壊を目前にした落胆を一時やわらげたのは、皇太子裕仁が空前のヨーロッパ旅行の途中、ロンドンで熱烈に迎えられたことであった。その折に吉田は一九二六（大正一五、昭和元）年に天皇となり吉田の生涯数十年を通じて在位することになる人と、はじめて間近に触れることができた。また彼は文字どおり「皇位に咫尺《しせき》する」得がたい機会を与えられた。彼は皇太子一行を途中に出迎えて、殿下の洋服の寸法をとるためジブラルタルに派遣された。寸法書はロンドンの洋服店に渡され公式の際の服装を調整することになった。[*38]

裕仁殿下のロンドンとヨーロッパ訪問は日本の官僚たちには一種の賭けとみられ、国内でたいへんな論議の種になった。父君の大正天皇は心身ともに病弱であったし、実際この一九二一（大正一〇）年の皇太子の旅行の直後、一切の公務から退き、皇太子が摂政として実行上の役割を引き受けることになった。そのうえ皇太子自身は日本国内でも公衆と接触がほとんどなく、隔離して養育されていたから、西洋の礼法にうとく西洋人の前に出ることに慣れていなかったのはいうまでもない。極端に熱狂的で超国家主義的な愛国者のなかでは、「神国」の将来の君主たるべきお方が「夷国」へ赴かれるのは汚点を残すことになり、西洋の民主主義の影響を受けられるようなことにでもなれば、まさに日本の将来を危うくするものという議論があった。現に一右翼団体などは体を張って鉄道線路をふさぎ、皇太子の出発を妨げかねない気配であった。旅行に賛成の役人までが、二〇歳の皇嗣では西洋社会の環視のなかで落ち着きをなくし、どぎまぎし、まわりに手を焼かせはしまいかと心配した。裕仁殿下の親しい友、甘露寺受長は回想して書いている。「殿下は緊張と未経験から社交上なにかのしくじりをなされるのではないかという心配があった。ふつうなら大目に見られる失策も、皇太子が犯したとなると手酷しい反応が来るかもしれなかった」[*39]

この大正天皇についての失望とその皇太子の頼りなさは、吉田がはじめて将来の君主の人となりと行動を観察して喜びを禁じえなかったことの背景として記憶しておく必要がある。吉田の尊皇心と天皇尊崇は早くから植えつけられ、在位する天皇の個人的素質に関係なく、変わらないものであった。しかし同時に、こうした心情は個人的接触と一体感によって強められうるものであった。これは、接する者に人格的カリスマを及ぼした明治天皇の場合に起こっている。大正天皇はその種の素質を気の毒なほど欠いていた。[*40] だが、吉田が大正天皇の嗣子についてそのとき見いだしたものは、明治天皇ほどに畏怖の念を起こさせはしないが、個人的魅力ではおとらない性格と態度であった。とはいっても別に複雑なことをいうのではない。ただ吉田がのちに体現するようになった「尊皇主義」と「君主制擁護論」とは裕仁天皇への深い個人的尊敬を支えとし、それは明治天皇と明治の指導者たちのあいだに存在したそれにも比べられるものであったこと、裕仁皇太子のそのときの謙虚さから一層の親しみがもてたが、それは現世的でしかも超然とした明治天皇とその忠臣たちとのあいだにはおそらくなかった一面であったこと、またこういう親しい感情は一九二一(大正一〇)年を機として、急に高まり満開の花盛りを迎えたことを、いいたいのである。

このことは吉田が一九二一年六月に牧野に送った手紙が明らかに示してくれる。そのなかで彼はまず、東宮殿下の御来遊は「非常の歓迎」にて「狂喜至極に御座候」と自分の感情を吐露している。[*41] 皇太子はイギリス社会の上下各階層から特別の敬愛をもって迎えられたが、これはひとえに「天性の御美質」によるものであった。その魅力の本質は「素朴思うがままの天真御発露」、ほとんど自ら身についた「御倹徳」が、打ちとけた、遠慮のない親しさと落ち着きと一体になっているところにあるといっている。今日、内気で不器用な天皇という戦後のイメージになじんでいる人々は、吉田が一九二一年に牧野に描いてみせようとした肖像の一部分しかおそらく認めないであろう。吉田にとっての皇太子は控え目であるとともに帝王らしく堂々としていたからである。吉田はイギリス王室が皇太子に対して「あたかも近親の御対面なるかに見え」たことに敬意を表し、皇太子の演説は通訳つきではあったけれども「御声の朗々たるは皆一般に感じ得」られ、草稿もたずに演説されたので、その記憶のよさにはみな驚嘆したと書いている。[*42]

こうした楽しい観察につづいて、吉田は同じ手紙のなかで思想や社会秩序について不快な考えをめぐらせていく。不吉な勢力が、この純朴な王室社会を脅かしている。それは社会主義、無政府主義、「労農主義」であるという。こうした「欧米思想界の混乱」は、近時ますます動揺の兆しがある日本思想界に不安定を引き起こしつつあるから、そうした脅威に対抗して皇室を擁護し、もって社会の安定と思想の啓発宣伝にとって積極的な力とすることが肝心であると説く。戦前の日本でしばしば「リベラル」と呼ばれた吉田のこの問題についての思想は、ここにおのずから現われていた。皇室の教育は現在の狭い日本史中心（「国学歴史」）からもっと広く東西の学問を取り入れるべきであり、皇室自らしっかりした青年学者をヨーロッパやアメリカへ派遣すべきであると訴える。「西欧民主主義」一般に向かって空竿を振るう右翼分子とはちがって、吉田は西欧思想を選択的に統制しながら日本に導入する考えで、同時に、皇室としても西欧から起こる思想的挑戦に対して自らを守り、公衆を「啓発」する仲介となることを望んでいた。

しかし、挑戦は強まってきた。そして、自分の君主に西側に向かって窓を開くことを求めた吉田自身が、日本の過ぎ去った封建時代に霊感を求めるようになった。

わが帝室中心主義の国体擁護につき、近世学問的支持の義、学界へ鼓吹、とりわけ肝要と相心得候。徳川三百年の治世に朱子学、林氏の学風貢献いたし候ところ、少なからず、幕府政事家の用意、はなはだもって周到と存じ候。今日のごとく研究の自由、学問の独立などと申し立て、ついに曲学阿民の学者輩出、思潮界混乱相増し候ようの義は、将来の由々しく候ところの大事に至るべきようと存じ、憂心この事に存じ奉り候。

吉田の手紙は、このような思想宣伝によって保持されるべき階級社会を微妙な形で暴露した、ありきたりの一文をもって結ばれている。それは牧野が頼んでおいた石けんがパリで見つからなかったことを弁明しているのである。

この手紙が表わしているイデオロギー的方向は、のちに吉田の生涯の実に多くの場合に表面に浮上してきた。たとえば一九二八（昭和三）年、彼が責任ある立場でつとめていた田中内閣の時代には、「危険思想」保持者の最初の大量逮捕が行なわれた。一九三〇年代には、牧野のような、またそれほど直接にではないが、吉田のような人物は、天皇に対し「奸悪な」、ということは「親欧米の」進言を行なう者として超国家主義者に攻撃された。太平洋戦争中は、日本にとって情勢が悪化するにつれて、吉田は戦争が長期化すれば、破壊的思想に対する日本の最後の防衛線が破られると考えた。彼の反戦論の多くはこの前提に立っていたのである。戦争直後の時期には、天皇護持と国体の不滅性を再確認するために、彼の最大努力は払われた。そして一九五〇（昭和二五）年、上記の牧野あての手紙を書いてから三〇年後に、吉田は東京大学の総長その他、日本の永久非武装を唱えた知識人たちに「曲学阿世」の形容辞をはりつけて、ちょっとしたセンセーションをまき起こしたのである。[*43]

第三章　帝国の経営——一九二二—三〇年

一九二二（大正一一）年三月、吉田は天津総領事に任命された。当時、天津は中国人労働者が日本人民営の工場に長時間、低賃金、非衛生の条件下で使用されていることで、とりわけ有名であった。吉田の任命は大陸問題に直接かかわりをもつ時期の始まりを意味し、それは中国がまさしく歴史的な変化と激動の時代に入った時期とかさなっていた。中国の政治情勢はどの点からみても、混沌としていた。軍閥の軍隊がめまぐるしく入り組んだ作戦行動で国土を踏み荒す一方で、さまざまな「中央政府」がふるいを通り抜けるように北京に来ては去っていった。無秩序が荒れ騒ぎ、まるで風土病のありさまであったが、その地表の下では、確実にひとつの風潮が高まり、中国国内の政治的不安定にもまして、日本の帝国主義的野心に対する脅威となっていた。それは、中国民族主義の潮流であった。

こうした事態の進展に対して吉田がただちに反応していたことは、一九二三（大正一二）年ごろ牧野伸顕に送ったいくつかの書信からみることができる。そのなかで、吉田はワシントン会議後の一見協調的な「新外交」と、肝心の外務省がこの点におとなしく従うかにみえる態度とに対して、きびしく批判的な立場をとった。このとき、彼は自らヴェルサイユで学び、また明治・大正の「伝統外交」から学んだ権力の知恵に明確な形を与えていたのであった。その知恵は、吉田を一九二四（大正一三）年ごろから、以前の親英派仲間、幣原喜重郎の信奉する低姿勢外交と反目させることになった。

吉田の主張は基本的には単純で、日本は大陸の諸事件を「対岸の火事視」して、中国における動乱の「傍観者」ではいられないというのであった。[*1] 一九二三年の年初に、彼は日本の「消極政策」はこれまでは成功したが、不偏不党主義の姿勢をつづけるならば、今日の好感もやがて「軽侮に変わる」ばかりであることを認め、「このままに相過ごし候ては、折角の成効水泡に帰し申すべし」と牧野に予言した。さらに「積極政策」を要望し、それは中国統一の国内闘争においてひとつの派閥を援助することであると示唆した。吉田自身としては段祺瑞支持に傾いていたのである。[*2]

吉田は後日の手紙で、「巧言」や「文化事業」の域を出ない政府の無為無策を容赦なく非難している。中国の排日問題は「政治不破漢、奸商等」が学生どもを煽動して起こしたものとし、政府の「断然たる決意」を求めた。これは彼の外交用語のなかで最も頻繁に使われる言葉となったものである。さらに吉田は中国の排日運動をアメリカとオーストラリアの日本移民排斥法と関連づけ、もし日本が断固として中国の排日を根絶する行動をとらなければ、中国市場、海外華僑に対する日本商品の販路を閉ざされかねないとの危惧を述べた。排日を防ぐことは、中国政府に迫って、警察力を動員し排日デモと反日指導者を取締まらせることで達成できる。当時実力ある直隷派（馮国璋系の軍閥。段祺瑞系の軍閥である安徽派と対立していた）をして「日本の反感の恐るべきを知らしむ」ることが必要である。吉田は、すすんで日本がそのように断然たる行動をとれば、欧米でもむしろ歓迎するであろうと断言する。英米は日本が中国で秩序を回復し外国人の威信を高める主導権をとることに賛成であると、牧野に報告している。*3

吉田は一九二五（大正一四）年に天津を去り、戦前の経歴で最も重大な地位のひとつ、奉天総領事に就任してから、その「積極政策」を広める一層よい機会を得た。しかし天津を離れる前に、いかにも人を見くびった官僚的軽蔑の行為を示すことで官吏の作法を破り、外務省でのただでさえ人騒がせな身上書に新たな一ページをつけ足すことになった。

あるとき、日本から某代議士がやって来た。早朝、私が出勤しようとする官邸の玄関に立って、「総領事に面会したい」と言う。私が「総領事は留守だ」と答えると、私の言を信用しないで、「ほんとうか」とさらに詰め寄るので、「本人の総領事が留守だと言うのだから、ほんとうに留守だ」と答えてしまった。このおかげで、私は東京で大変評判を落してしまった。*4

このようにぶっきらぼうな個人的肌合いは、後年吉田を論評する人々の多くにとって魅力となっている。個人的に彼を知る者、特に外交官出身の人々のあいだでは、彼は豊かな逸話にこと欠かないし、その個性のほうが政策よりも注意をひく場合が多いほどである。[*5]しかし、彼がワシントン会議後に提案した政策は、こうした手前勝手なわがままにおとらず印象的で首尾一貫しており、はるかに多くのことを語っていた。「巧言」や「無為無策」への非難は、満州事変前の一〇年を通じて吉田の立場を特徴づけるものであった。吉田はこの時期、一貫して日本外交政策のきびしい批判者であったが、それは「大陸経営」のためいっそう断固とした、積極的で明確な政策をとる側の批判者であった。彼の各種の批判や提案がだれの意見とも知れずに提起されたのであったら、常識からみてその多くが侵略的愛国主義者、国家主義者、軍国主義者のものと無理なく考えられたことであろう。これらの者たちは「弱腰」の協調政策を攻撃し、親英米派を非難し、その意見の行きつくところ、満州事変の地ならしをしていたのである。だが吉田は反面において陸軍の陰謀を、一九三〇（昭和五）年には浜口内閣の「協調」政策をくつがえす海軍の試みを、同時に批判しつづけていた。

現実主義と外交感覚の名において、吉田は実力の提唱と「提携」支持のあいだの細い一筋を歩いたから、その個人的活動は、日本史のこの時期にしばしばあてはめられている絶対的二分論に対して、多くの疑問を提起する。たとえば、軍人と文官、超国家主義者と国際主義者、田中外交と幣原外交、アジア派と英米派などがそれである。

「満州経営」

吉田は本来一九二五（大正一四）年にスウェーデン公使かノルウェー公使に任命される予定であった。これが実現しなかったのは、そのとき奉天に総領事が置かれることになったのと、ほかに適当な候補者がいなかったからである。天津に赴任と決まってまもなく、吉田は高等官二等に昇進していた。これは天皇の承認を要しない官等として最高のものであった。彼は奉天在勤を高等官一等になるものと了解のうえで受諾したのだが、皮肉ないきさつからこれは実現しなかった。吉田は広田弘毅と同時に外交官になったので、広田の昇進も同時に選考されることに決まっていた。たしかに考慮はされた。そして広田は選考を通った。しかし吉田は昇進を見合わされ、一九二八（昭和三）年までその沙汰がなかった。以後、広田の経歴は吉田を引き離すようになった。*6

吉田の見地からすれば、奉天は天津よりも重大な任地であった。なぜなら、日本帝国は中国全体を勢力下におくと考えられはしたものの、支配領域の心臓部は明らかに奉天、吉林、黒竜江の「東三省」にあった。これら三省が集まって満州を形づくっていたが、この地域を「支那本部」から分離した別個のものとして扱うには、東三省は便利な名称であった。その地の主な外交代表として、吉田が精力を傾けたのは、日本人の商権を保護すること、東三省に政治的、財政的秩序の形を実現すること、北洋軍閥張作霖が長城以南（関内）に勢力をのばす企図を抑制すること、日本側の諸機関また個人相互の錯綜する競争のなかにあって外務省の権威を主張することにあった。彼の任務は、一群の万華鏡が中でも外でもたえず新しい形をつくり出すのを見つづけようとする者の仕事に似ていた。すなわち、東三省の形勢の進展、南方に対する軍閥政治、蔣介石の北伐、国民党内に現われてきた亀裂、日本側の変転する意見と官僚同士の競争、ソ連の影響力の消長と長城以南の共産主義勢力、それらすべてに対する西側諸国の反応であった。吉田がのちにかえりみて、この時期は、一九四五（昭和二〇）年以後の政界で当面したような競合する集団や政策の三角関係に対応する、恰好の修練の場を与えてくれたと言ったのは、さして驚くにあたらない。

　東三省のなかで、吉田の精力の大部分は、はじめからいわゆる条約違反の是正に向けられた。たとえば日本人居留民に対する不当課税、中国側による「不法」な鉄道建設、ストライキ、デモ、ボイコットによる日本人商業の中断、日本人居留民または日本人財産に対する個々の事件、日系華字新聞の発行配達への干渉、中国系新聞の排日記事の掲載である。それより全般的な政策では、吉田は安定した政治経済環境をつくり出す問題に直面していた。たとえば、大体において現地の政治的、軍事的対立と各種通貨の発行が引き起こした財政の混乱に、彼は当面した。張作霖は、強大な奉天軍と奉天省内の地盤の力によって政治情勢を支配していたが、長城以北で勢力をもつのは彼だけではなかった。張の古くからの忠実な同志である呉俊陞、張作相がそれぞれ黒竜江省と吉林省で自分の軍隊を統率していた。そのほかにも当然交渉相手とすべき人物が満州の複雑な政治軍事事情のなかで台頭していた。特に張作霖の財政顧問、王永江、奉天の陸軍兵工廠総弁で、おそらく張の最もすぐれた指揮官である楊宇霆、奉天省長で、吉田が最も数多く交渉した男、莫徳恵などである。[*7]

日本側では、吉田は自分で「二重三重外交」と手きびしく批判したように、外務省、関東庁、関東軍、南満州鉄道とかさなりあった官僚機構ばかりでなく、ほかにもあらゆる利害と勢力の入り組んだ困惑するような状況のなかで工作しなければならなかった。しかもそのなかには、参謀本部があり、土肥原賢二のような半官の軍事冒険に携わる者や、町野武馬や松井七郎（参謀本部第二部長松井石根の実弟）のように張作霖の顧問をつとめる予備役軍人などがいた。のみならず、日本の政策は実業界の利害がからんだ圧力に左右され、日本国内の政治情勢そのものに強く影響された。ことに当時ほとんど野党の地位にあった政友会は、中国政策を有効に利用して党利を追求していた。そのように複雑に入り組んだ相互関係は、吉田流の短兵急をもって改められるものではなかった。たとえば関東長官、児玉秀雄（児玉源太郎陸軍大将の長男）と活動を調整する必要があったからといって、吉田がこの人物に対する嫌悪を公然と表現する妨げにはならなかった。内地から奉天を訪れた旅行者に対して、吉田は言ったものである。「不肖の子を見たかったら旅順へ行きたまえ」[*8]

国際関係では、英米のアジアに対する態度の推移と中国全体の国内事件の激しい動きを遅れずに注意していくことが、立場上必要であった。天津のときと同じく奉天からも、吉田は北京をめぐる軍閥政治の悲喜劇を近くに見た。このさまざまな動きを彼は軽蔑しながら観察し、「土着軍」の衝突、軍閥の私闘にすぎないと断定した。[*9] このことから彼は中国人を尊敬する気になれず、日本の大陸、ことに東三省における権益を確保するうえで日本政府は「断然たる決意」をすべきであるという気持を次第に高めていった。一九二二（大正一一）年から一九二八（昭和三）年にわたった吉田の大陸在勤は、彼が三つのたがいに結び合った動向について認識を形づくるうえに、はかりしれない意義をもつものでもあった。その認識は四半世紀を経たのちによみがえり、あらためて彼の大きな関心を呼び起すことになった。すなわち蔣介石の台頭、中国共産党のごく初期の活動、またソ連と国際共産主義の中国での最初の策動を吉田は目のあたりに見たのである。これら三つの運動はみな日本帝国主義への強力な攻撃であり、当然ながら吉田としてはどれもこころよいものではなかった。この時期には、ソ連もまた一時、張作霖に働きかけようとしたことがあった。[*10]

このように荒れ騒ぐ海のような状況のなかで、しっかりした係船所は、中国における日本の条約上の権利の絶対的適法性と不可侵性に対する吉田の迷いない信念であった。一九二七（昭和二）年一月に、吉田は関東軍司令官、関東長官と会合し、日本の目的は「満州蒙古における優越なる地位と権利を保護し保証する」ことであると力説し、[*11]この課題に挺身することではだれにもゆずらなかった。一九二〇年代のなかばには、この目標の達成に対する最大の脅威は、馬賊から身を起こし日露戦争中およびその後に日本陸軍の庇護を受けて権力者となった張作霖であった。張作霖は、一方で日本側が権利の根拠とする協定のあるものに批判的になっていたし、この時期に急に高まった排日運動の一部をけしかけているとまで思われていた。他方、彼は東三省の外まで勢力角逐に乗り出していたから、長城以南で軍閥間の闘争にまきこまれたことは、日本の立場に二重の脅威を与えていた。それは、張の注意を東三省のさしせまった内部問題から逸らさせるばかりでなく、内戦がこの地にも及んできはしまいかという恐れをかきたてた。万一、そのようなことになれば、日本帝国の経済的心臓部に打撃を加えるばかりか、大陸経営の重要な地政学的意味において、ソ連に対抗する戦略的地域としての満州を弱体化してしまうことになるであろう。[*12]

そこで吉田は、こうした不幸な見通しが実現しないように熱心に張の啓蒙に努めた。しかし、張は耳を傾けようとしなかった。そして吉田の生涯を通してみるとき、張は吉田のワンマン的スタイルを我慢ならないと感じた大勢の人間の一人として現われている（吉田の回想録のなかのおかしな逸話によれば、あるとき張作霖は日本の有力方面へ虎の皮を贈ったが、彼のところへ来たのは最も小さい虎の皮であったことをのちに知ったという[*13]。この二人の緊張関係は、日系華字新聞をめぐる紛争をきっかけとし、一九二七（昭和二）年に公然と燃えあがった。この日系新聞は、新植民地主義の宣伝手段また日本の在満治外法権の好例であって、吉田の知人二人が経営し、奉天地域の主要な広報機関となっていた。吉田はこの新聞を利用して意見を発表していたが、東三省内外の事件を批判した「宇霆氏に告ぐ」と題する一連の社説をのせたので、張はその配達と販売を妨害し、中国人の購買を禁止するという報復手段をとった（治外法権上、新聞社を閉鎖することはできなかった[*14]）。この張との不和の結果、張はもとより、帝国全般の経営についていて吉田はいよいよ異例の強硬路線を主張するようになった。

一九二八年九月、吉田が帰国したあと奉天総領事代理になった森島守人は回想録のなかで、着任後、吉田が膨大な報告記録類を書いていたことを知った。そのうち特に重要なのは「対張警告」と題する数冊の記録であり、森島はこれによって吉田政策の要点はつぎのようであると推定した。(1)張に中原進出の野望を放棄させ東三省の経営に専念させること。(2)内戦と奉天票濫発から生じた三省財政の乱脈を日本からの借款によって整理させること。(3)その代償として日本の在満権益の拡張を要求すること。(4)日本から財政顧問を派遣すること（吉田は元大蔵次官の小野義一を特に推していた[*15]）。しかし、これらは吉田のさまざまな提案のほんの骨組にすぎなかった。たとえば、森島は吉田が正しくも鉄道権こそ海外搾取の鍵とみて、これに鋭く注目していたことには触れていない。[16] いずれにしても、吉田の戦後の歩みをながめてみると、この戦前の関心が何よりも財政経済にあったことが認められるのは、興味深い。吉田は青年期に実業の道に進む計画を、その方面に才能がないとの理由から放棄したが、外交官経歴ではこの財政経済の問題に深くかかわりあっていた。第二次世界大戦後、ほかの人々が政治または社会の領域での活動を重視していたなかで、吉田は経済の安定と、対外関係を通しての国家の経済力の強化を何よりも重視しつづけた。

森島守人は前任者の活動のあとを見て、高く評価している。吉田の政策が採用されていたら、満州事変は避けられたのではなかったか。それだけに幣原外相が吉田の進言を取りあげなかったのは遺憾である、というのが森島の結論である。しかし、もとよりこれは一人の意見にすぎない。吉田がその大陸政策を推進する最大の好機は一九二七（昭和二）年四月、幣原の民政党が選挙に敗れて退陣し、新たに田中義一が対中国政策の見直しを始めたときにめぐってきた。一九二七年六月二七日から七月七日にかけて東京に召集された有名な東方会議の席上、またその後数カ月にわたって、吉田は日本の帝国主義的努力のなかで歴史的には大して重要な意義をもたない役割を演じた。彼が複雑な背景のもとで行動したことは、すでに欧米の学界にくわしく紹介されている。[17] この間の記録をもっぱら吉田の立場にしぼって見るならば、満州事変前に、日本がアジアにおいて果すべき役割に対して彼がどういう態度をとったかの全体像をかなり明らかにし、また戦前の日本における帝国意識および帝国主義意識について生き生きとした人間くさい感覚をつかむことができる。

帝国意識——一九二七—二八年

外務省公文書の一九二七—二八年部分は、吉田の初期の日本帝国観への最もくわしい洞察を提供してくれる。その帝国意識を素描する基礎として、これらの記録類にはいくつかの魅力がある。まず記録は満州事変以前、しかも一九二八（昭和三）年六月の張作霖暗殺の前に書き留められ、したがって軍の主導権と征服とがまだ中心的な関心にならない前の、日本の膨張期を代表していることである。そればかりでなく、公文書は後日の一般むけにさし障りあるところを除いた回想記や演説などよりも、主に日常のさしせまった事務の覚書や公電公文をもとにした一個の人物像を浮かびあがらせてくれる。この人物像にはそっけなく実用一点ばりの帝国主義用語の感じがあるが、そのそっけなさは吉田の修辞学的気取りを軽蔑する個性に補強されている。なかんずく、これらの記録によって、吉田のこの時期における態度や仕事ぶりについていくつかの大胆な観察を試みることができる。たとえばこういう点である。

○吉田の同僚との不一致点は基本的というより戦術的なものであった。もっとも、彼の提案した行動方針のあるものはきわめてきびしいものであったから、日本の役人は武官も文官もともにすべてこれを拒否した。

○吉田は対外膨張と支配の合法的な枠組、すなわち日本が約二〇年間に中国からもぎ取った条約上の特権を格別に重視し、「日支親善のごとき漠然とした理念」によりかかり、あるいは自らの宣伝に酔うことの危険をいましめた。

○また、「小策を弄し」、中国内部の政争の渦中にまきこまれることを何度となくいましめた。

○欧米の先例や実例を引用して、大陸における日本の行政、干渉、弾圧に関する吉田自身の提言の正当性を論じた。

○一部の同僚にくらべると、日本の大陸における行動には英米の支持が必要であることをよりよく認識していた。この観点から日本の国際的印象を重視するばかりでなく、欧米帝国主義国との協調を長城以南の地域への共同軍事介入によって明示すべしと提案した。

○吉田の帝国観は、経済的結合（たとえば借款によって）と法律的仕組（たとえば条約権）を、日本の対外的立場を着実に拡張するテコに使うように努めた点で、ダイナミックであった。のみならず、中国の混乱、苦難、不幸につけ入ってさらに権利と譲歩を引き出すように提唱した。

○仲間の大多数と同じように、吉田の中国人に対する態度は、公的にも私的にも、目下の者に対する態度であり、これは身についた道義観と暗黙の人種的優越感によって形づくられていた。

○当時の日本人のほとんど誰よりも、吉田は日本の要求に従わせるため実力、脅迫、威圧の行使を支持し、排日運動を弾圧し、日本の「特殊権益」を保護するため軍事的ないし「警察」の介入を提議した。実際のところ、吉田は満州事変よりも四年以上も前の早くも一九二七（昭和二）年四月に軍事力によって中国東北部を奪取することを暗黙のうちに訴えたという議論が成り立つ。

一九二八年までに、吉田のいう「積極政策」は奉天での暴動と、現地官憲からの強硬な抗議と、関東軍、満鉄、関東庁の代表をはじめ、ほとんどすべての日本側関係筋の非難とを呼び起こしていた。一九二八年のはじめ、吉田は病気を口実に奉天総領事を辞職する羽目に追い込まれた。それから数カ月後にイギリス外務省がそっけなく記録したように、吉田は「職に耐えないとして政府により実質上解任されたから、中国と中国人にはうんざりしているにちがいない」[*18]。しかし、いく月もしないうちに吉田は個人的挫折から立ち直り、田中義一首相の外交助言者の一人になっていた。

吉田は植民地の役人の発言によくみられる空念仏のたぐいを避けたが、しかもなお日本の膨張のためのスローガンや態度など型どおりの枠組を踏みはずさなかった。「共存共栄」とか「大陸経営」とかのうたい文句は彼の公電公文のいたるところにみられるし、満州における日本の「優越なる地位」[*19]を守るのに特に熱心であった。吉田の考えでは、「満州経営」は静止した保守的な事業ではなく帝国建設という能動的な事業であり、そのなかで既存の条約権は「わが勢力発展の他日の素地」をなしていた。はっきりいえば、日本の勢力拡張の鍵は鉄道と財政にあった。そこで、ある時点で彼は日本側の支配する鉄道と日本人の投資した鉄道を最高度に利用することを力説した。[20] そのほか、森島が語ったように、借款をくさびとしてさらに譲歩を引き出すことを唱えたこともある。また、自信たっぷりのときは、中国の混乱は日本にとって形を変えた祝福になるだろうと楽観論を述べたこともあった。もし「支那を背負い候までの決心と実力ある」内閣さえ出現したら、「国家昌運の基もこの時機に相開かれ申すべく」[21] と断言した。このような正統派的提言は、二〇世紀への変わり目に欧米諸国がアジアにもち込んだ帝国主義外交と完全に一致していたし、また吉田の考えでは一九二〇年代の「新外交」の現実ともいまだ合致していた。

　一九二七年七月の東方会議における吉田の主要な意見発表は、条約体制の形式的、合法的な枠のなかで膨張論をむしろ控え目に述べたものであった。

> 一、東三省が当分現在の制度組織を維持することは、我にとり好都合なるも、我において張作霖の運命如何にあまり重きを置くは不可なり。張にしてみずから支うる力あらば、これを支持して可なるも、みずから支うる力なきにもかかわらず、これを支持するは、百害あって一利なし。すなわち張の運命は張自身の力にまかすこと肝要なり。

二、わが満蒙発展を一張作霖、一政権の好意により実現せんとする政策は不可なり。租借地、鉄道、付属行政権、駐兵権、鉱山その他条約上諸種の権利を有する日本の満州の力は、しかく微弱なるものに非ず。従来のわが政策は、とにかくこれを忘れて、張の好意を買わんとするあまり、かえって張作霖に乗ぜられ、目的を達せざりし傾きあり。

三、もっとも我において満州における強き地位をたのみ、これを濫用するは不可なり。わが方としては、(1)満蒙発展は支那の領土内にて行うものなるをもって、支那の主権は尊重すべきものなること、(2)支那国民運動の将来につき充分留意の上

(イ)わが要求はどこまでも合理的にして、世界に公言してはばからざるものとして、もってかつて二十一カ条要求が列国より排他的利己的なりとの非難を受け、支那に得たるものをワシントンにて放棄せるごとき失敗をくりかえさざること肝要なり。また

(ロ)これが達成の方法としては、強力によることなく、支那側をして日本の要望が正当にして、かつ支那のためにも利益なること、すなわち日支共存共栄の所以なることを悟らしむること肝要なり。

しかして、これが具体策については、この際政府として慎重考究の要ありと思考す。[*22]

はじめ吉田は、日本としては段祺瑞を支持すべきだという意見であったが、奉天時代には中国軍閥の党派政治にまきこまれるべきではないと、しばしば警告をくりかえすようになった。そのうえ、そうした警告の狙いは、主として日本軍部が張作霖の野心を支持していることを批判するにあった。しかも、これは軍の一部が形勢を一挙に逆転させ張を暗殺する前のことであった。後年、吉田が軍部の主流と敵対的な関係になったもとは、この時期の陰謀事件にある。一九二六（大正一五、昭和元）年のなかごろ、牧野あての手紙で吉田は、日本の武官らが「一知半解の支那論、政治論」をもって中国の政情に関与しているとし、陸軍が、張を支持することは中国の赤化を防止し、英米が他の党派を支持するのに対抗するために必要であると弁明するのは、笑止千万だと述べている。[*23]

東方会議の席で、吉田が中国主権の尊重と実力依存の回避に言及しているのはかなり不正直である。吉田やその同僚が活躍した雰囲気では、中国人を尊重する余地はほとんどなく、憤激と軽蔑が主調をなしていた。日本が大陸で優越した権利をもっていたばかりでなく、日本人が民族としてすぐれた能力をもっているのは自明であるというのが、彼らの見方であった。彼らの覚書や対談記録などにくりかえし現われるもっともらしい道徳的説教は、帝国主義心理のほとんど本質的な要素となっている。そこには「誠意」とか中国側の「反省」とかの呼びかけがあまりに多く含まれているから、ふらふらと鏡の間に迷いこむ不注意な学者たちは、帝国とは思いどおりにならない道徳十字軍にほかならないなどという印象を、ついもってしまうのである。中国人は傲慢だ。誠意がない。自分の問題を解決できないか、あるいは自身の最善の利益が何かもわかっていない。日本は未成年者を扱うように中国の民族主義運動に同情的に対応しなければならぬ、と日本の北京駐在公使は観察を述べていた。[*24]幣原は一九二七(昭和二)年一月の有名な演説で、日本は中国国民の合理的な要求には同情と理解をもっと述べたが、そのあとで説明を加えて、「合理的」とは日本と「共存共栄」を求めること、非合理とは日本の大陸における経済利益を脅かすことであると言った。[*25]吉田はときどき、つぎのように退屈な思考のなかでほとんどあらゆる命題と反対命題に思いをめぐらせていたようである。

残念なことに、「張以下、年来の我に馴れて、この特殊関係を忘却[*26]」した。将来を憂えて、「奉天官憲側は(我に)狎れて我の恐るべきを知らず[*27]」名誉を侵害されて、「張等が我に対して彼此の言を為すは今更の儀にこれなし。畢竟彼等一流の得手勝手の我儘[*28]」である。

これから侵害されたら、「国策の遂行を国力自体の発動に求めずして、一に空漠なる日支親善に求むるの結果……事大主義なる支那人を徒らに驕慢ならしめつつあり[*29]」損害を受けて、「我に対する不法事件発生の不都合の数々を数え立て(彼に責あれば張作霖もしくは奉天軍閥としては面目を損する道もあり)[*30]」

将来損害を受けたら、「奉天官憲が我に対する各種の不都合なる態につき、反省の実を示さずば、京奉線のわが奉天鉄道付属地通過を差し止む……べき旨、本官より莫省長へ口頭申し聞け[31]」た。

恩恵的（しかし無感動）に、「この機会に反省を促し、彼我の真相につき覚醒せしむるところなくんば、奉天派自身もついには自滅すべく、彼等の為にも利益にあらず[32]」

場合によっては恩恵的に、「今にして彼等の十分なる反省を促さずんば、彼等自身の利益にもあらず[33]」

奉天省長の莫徳恵はこの時期に吉田の中国側の交渉相手であったから、吉田が帝国主義的道義論を全面的に実行するのを見守っていた。そこで、

直入に「省長においてまず礼をもって誠意を披瀝せらるるが肝要ならんと一応申し聞け置きたり[34]」

あいまいに、「議論はすでに尽きおり。要は貴方反省の有無にあり[35]」

倍もあいまいに、「（本官は）しばらく反省の期間を与うること、なお反省の実を示さざるにおいては反省せしむべき手段を執るに躊躇せざる気配を言外に示した[36]」

これに対して、莫徳恵はよく考えたうえで、北京駐在の日本公使に電報し、ほとんど自棄的になって、吉田総領事の奉天追放を要求した。[*37]

これらの引用には強固に戦闘的にさえ対応するとのおどしが一貫して現われているが、それは吉田の考えではただのおどしではなかった。彼の公電には、決断とか、徹底的とか、決意とか、実力といった言葉が頻繁に使われている。彼は日本の立場を守るため、あるいは要求を後押しするため、警察力の使用や軍事介入を提唱するのに異常に性急であったから、東方会議でのこれと正反対の意見表明は、会議前後の具体的提案との関連でみると空虚にひびく。田中内閣の成立とかさなった一九二七（昭和二）年四月二一日付の異例なまでに真意をあらわにした覚書のなかで、吉田は日本の目的に役立たない条約規定への軽侮と、目的追求のための軍事力の容易な許容をはっきりと表わしている。

一、鉄道付属地内外を問わず、満州の治安はわが力の及ぶ限りこれが維持に任じたたし。
二、奉票暴落および経済界不振に乗じ、労農もしくは南方軍の使嗾等によるストライキ等は、わが官憲において厳に強圧したたし。
三、わが満州経営は帝国の国力をもって遂行すべく、張により、楊により、はたまた王によりて、事をなすべきにあらず。いかなる場合にも小策を弄するは断じて排除したたし。

四、満州経営の要諦は、東三省鉄道政策および通貨政策にあるべく、東三省における日、露、支鉄道を一団として、これが連絡組織を考え、通貨制度に対する相当の考察を案出し、右二案を東三省に実施するの機会を得ば、満州におけるわが優越なる地位は、経済的にも樹立するを得べきかと思考する。[*38]

この提案が広範囲にわたることとは、ギャヴァン・マコーマック教授の注目するように、まことに驚くべきである。吉田は日本の条約権の及ぶ範囲で軍隊に依存することを説くだけでなく、条約権の通用しない鉄道付属地外に軍を展開することを想定している。これは、東三省において民衆運動を弾圧する点でも、また財政、商業、行政政策の統合を押しつける点でも、本格的に植民地支配を受けていない地域に過酷な植民地主義の適用を説くにひとしい。[*39]

吉田が考えていたものは、欧米諸国がアジアでいかにも効果的に用いた砲艦外交――御しがたい官憲に対してであれ、現地住民に対してであれ、実際に力を行使する意志を背景にした力によるおどし――の日本版であるといってよかろう。それは、内戦を東三省に波及させかねないという理由から、張作霖の奉天軍の北方退却に鉄道を使わせないようにすることで、上記の限定的、侵略的政策をただちに遂行するという吉田の主張に現われていた。この政策はやがて吉田を同僚と疎隔させ、総領事辞任に追い込むことになった。一九二七（昭和二）年と二八年のはじめには、吉田は「積極外交」支持の点では田中首相よりも急進的であったから、ふりかえってみれば、この数年における彼の主張は、一九二八年六月、張を退却の途中に暗殺した軍部積極分子、または三年後に鉄道付属地と租借地の外へ進出し、東三省全域で「治安維持」に努めるまでになった関東軍の主張と、あまり離れたものとはいえない。吉田が戦後のいろいろな回想のなかで帝国経営に関する実際の提案や活動について沈黙しているのは驚くにあたらない。

戦闘的な反応は、一九二七年四月の覚書だけにみられる一時的な好戦性といったものではなく、一九二七年なかばの重大な数カ月、またその後の吉田の提案に一貫していた。たとえば六月の第二週に、彼は、軍は東北部の露支鉄道を一時接収し、中国軍が天津二〇マイル以内に近づくことを禁止し、奉天の兵工廠を一時差し押さえることまで必要になるかもしれないと述べた。また、「他日、東三省政府の実権者確定の場合には、右押収鉄道の還付を条件として満蒙開発に関するわが要望の実行を促すの措置に出たし」[*40]と述べ、鉄道を砲艦の代用品に使う外交の典型的な例を示している。八月の初頭には、莫徳恵が話し合いの余地もない要求に誠意ある回答をよこさないと業を煮やした吉田は、「自然その反省を促す手段として、遺憾ながら適度の措置に出ずるのやむ無きにいたるを保せず」とし、軍事行動にいたる恐れもあることを田中に報告した。同じ電文で吉田は、張作霖と満州での排日運動の高揚を結びつけ、満州軍閥の京奉鉄道使用を禁止する提言をくりかえしている。[*41] 八月四日には、はっきりと力を示す時がきたとの確信をもって、八月七日に列車を停止させる旨を自らの責任で通告し、田中に電報をもって必要処置を要請した。[*42] 田中は吉田の進言をしりぞけ、この時点で交渉の場を北京に移した。吉田は、この措置をとれば、交渉が国際注視を招き、張または北京の中央政府をいっそう体面を気にする立場におき、したがって中国側が日本の要求に従う可能性を妨げると、反対した。[*43] 九月四日、吉田の活動基地の中心ともいうべき奉天に排日、反帝国主義の大デモが起こると、吉田は将来そのような排日デモの鎮圧には日本の警察と軍隊を使用する必要があろうと打電したが、この提案も、デモ参加者には日本帝国主義の化身とも見えた田中その人によって却下された。[*44] 騒動から数カ月後の一九二八年一月、吉田は莫徳恵の後任者に対して、日本は、もし排日デモがくりかえされるなら、奉天城を占領してでも「反省」を促すと九月から決意している旨を通告するのを適当と考えた。[*45]

吉田の提案はほかの役人に拒否されるのがつねであったが、自分では東方会議で決まった政策とも、その後田中から受けた訓令とも、まったく合致するものと考えていた。そう考えた理由は一見もっともらしいものである。この時代を研究した著書のなかで、入江昭は、東方会議の決定はあいまいで、田中のその後の大陸政策指導は動揺する煮えきらないものであった、と論じたことがある。[*46] しかし、最近の研究も吉田の同僚たちの意見も、吉田が当時、多くの責任ある役人よりもきびしく硬直した態度で状況に対処したという解釈を変更するに足る根拠を与えていない。そこで吉田の強硬路線については、いくつかの点が問題となる。ひとつには、この路線に対して日本の体制側から反対があった理由は何かという点、つぎには、吉田自身が欧米列国に役割をもたせるよう提言することでその路線に制約を加える態度に出たのはなぜか、さらに吉田が対外干渉と外国の国内問題不介入とを特に（なかなか微妙に）区別していることである。

最も興味ある内部批判は、児玉秀雄（吉田のいわゆる旅順の「不肖児」）のものである。八月四日付で主として吉田提案を取りあげた田中あての公電で、関東長官児玉は、吉田が中国側のいわゆる条約侵犯には日本側による条約侵犯を結果する行動（中国側軍隊への京奉線使用の禁止）をもって対応すべしと提案するのは二重基準の議論ではないかと論難している。そのような政策は排日活動を挑発し、対応策をたえず立て直す必要を生じ、あるいは軍事拡大をもたらすやもしれない、と児玉は予言した。「一旦威嚇の態度に出て、その効果無きにおいては、さらに第二、第三の方法を講ずるを要し、したがって最後の手段に出るの決心と用意とを必要とすべし」。また児玉は吉田提案に含まれる純粋に実務的な多くの問題を取りあげ、吉田流の議論そのものをもちいて、列車を止めれば欧米諸国に不便を与え、その結果、国際的な反応を呼ぶ恐れがあると述べた。[*47] 関東軍司令官本庄繁も参謀次長南次郎あての電文で、日本がはじめから強制手段に訴えることは性急であると、同様の意見を述べたが、ほぼ同じ意見は満鉄の代表からも東京へ伝えられた。[*48]

児玉の批判に答えて、吉田はただちに欧米の先例と現行の慣習に言及した。田中と児玉の双方にあてて、彼はつぎのように打電した。「他国の条（約違）反に対する対抗手段として相当の措置を為すは、国際慣例たるは御承知の通り。現に南京政府の不当課税に対し英国は海軍力の使用をも考慮しつつあり」。戦術的な問題は避けられよう、中国側は内外多事だから「重大なる事態」を惹起する力はないと吉田は感じていた。したがって結論として、「この弱点を看過せば、満蒙問題の解決永遠に期すべからず。要は機を見て断行の勇にあり。かつ廟議すでに決し、矢は弦を離る。幸に御協力を待って所期の目的を達成せんことを希う」のであった。[*49] 吉田はこれにつづく田中あての極秘電報で、莫徳恵が「礼において欠き」、誠意を示さない点をくりかえし、列車を停止しないならば「解決まで同様な事件が多く起こるであろう」とし、提案の線にそって児玉および満鉄総裁にしかと訓令してくれるよう首相（外相兼任）に要請した。ほとんどあらゆる方面から批判されるにもかかわらず、吉田は「日本過去の歴史は我に非礼なるものを膺懲す」として主張をまげなかった。[*50]

一九二〇年代末の日本の政策立案者たちは、欧米諸国と調整したうえでの努力にあまり考慮を払わず、大陸政策を真空状態のなかで考える傾きがあったという議論が行なわれている。[*51] 吉田の場合は、アメリカに対してこそあまり注意を払わなかったが、その議論はあまりあてはまらない。「米国は由来外交上頼むべからざる国柄にして、その向背また深く意とするに足らざるべき」[*52]と、東方会議の前に吉田は田中に進言していた。むしろ、この時期を通じて、彼はイギリスとの「完全なる了解」の必要に傾いていた。肝心の東方会議では、吉田は欧米の疑惑を招く中国政策の採用によって否定的な結果を招きかねないと警告した。これは、単なる決まり文句以上のものであった。この時期の私信のなかでは、驚くほど具体的に欧米との協調の問題を説き、中国への帝国主義列強による断固とした合同軍事介入を唱えていた。

吉田はこの点を牧野伸顕への書信で一般論としてもち出し、六月九日、一〇日付の長文の公電でも田中あてに同様の考えを伝えている。その公電のなかで、彼は介入の問題について、小策と大政策とを区別する介入概念を説いている。一方で、日本はその運命を特定の中国指導者に結びつけることを避け、大陸の政治権力は中国の「世論」の決定にまかすべきであるとの信念をくりかえしている。が他方、もし張作霖が長城以南で騒乱をひきつづいて起こすなら、日本政府は先んじて大国を結集し、協力して介入し、中国内に停戦を実現すべきであると訴えている。日本の立場からみて、それを実行することの格別な利点は、鉄道、特に京奉線の軍事利用を回避させ、戦争が東三省に波及するのを防ぐことにあった。[*53]

介入と干渉の区別は微妙であるが、吉田の意見では、有効であった。彼は田中あてに自分の主張を日中双方の利己心という観点から弁護し、つまるところ帝国主義国の先例を虚心に読むことと、一九一一（明治四四）年の辛亥革命と清朝の打倒後の中国国民の歴史を冷静に評価することを基礎として、その議論を展開している。

近年支那を論ずるもの多くは、支那国民の正常なる要望に副わんと云い、支那自身をして支那を治めしめんと云うといえども、民国の初年青年支那に嘱望して、列国は清朝の倒壊をも意に介せず、革命運動を援助せる形跡ありしも、爾来十余年、騒乱やむ時なく、近く南方国民政府出現以来、擾乱さらに甚だしく上海、南京、漢口事変等いたるところ団匪の再来を思わしむ。おもうに南北軍そのいずれが政権を握るも暴政依然たるべく、治術の欠くるにおいて選ぶところなかるべし。したがって南北妥協に望みを嘱し、もしくは彼らが為すままに放任して支那の治平を求むるは、ついに空望たるべく、むしろ列国がすすみて支那治平のために干渉をなすの可なるを信ず。これを支那近年の歴史に徴しても、外国の干渉なくして内乱の収まりたること無く、また国際相寄の今日、支那の内乱は支那一己の事態にあらず。世界列国共にその禍を受く。わが国家経済上また真にこのままに看過すべからず。よってこの際、帝国政府は列国に提議して、まずもって軍閥私闘を禁ずるの挙に出でんことを要望す。もとより停戦勧告強制は内政干渉の一端たるべきも、これが干渉をなすは、実は列国が各自国民経済に対する自衛権の発動にして、はたまた支那生民に対する人道的見地よりやむをえざるに出て、しかも政権の何人に帰するかは、一に支那世論の向背に委ね、衆目の帰するところ、支那経済統一事業を為すに足るべき政治家の生ずるに及びて、列国これを支持してその業をなさしむとせば、干渉かならずしも不可ならず。[*54]

田中あての公電のつづきで、吉田は以上の考えをくわしく述べている。中国の軍隊が停戦の国際要求に従わない場合には、しかじかの鉄道線路や兵工廠を占領すべきであると主張し、兵器輸送を禁止することをすすめている。その占領の費用は接収した鉄道の収益によってまかなうことができる。その前例として吉田はラインラントの占領をあげている（ラインラントの占領は、吉田がヴェルサイユ条約について懲罰的講和は危険とする解釈に気づく前のことであった。第一次世界大戦後、連合国は民政をドイツの手に残しながらライン河の左岸を占領したのであって、この占領をフランスは恒久化しようとした[*55]）。吉田のこのような提案は、いかなる基準からみても厚かましいもので、中国とその民族的願望を侮辱した意見であり、約八〇年にわたる中国への帝国主義的侵害の諸結果の慈悲深い査定であり、日本自身の正義と内部規律への寛大な評価であり、かつまた田中内閣に本格的にあるいは共同して中国に軍事介入する用意がどこまであったかを誤算したものであった。

それはまた欧米、ことにイギリスがその時点でどこまで中国への決定的な干渉に賛成する意志があるかについても読み誤っていた。吉田は、自分が万能薬と考える政策の多くに食いついて離さなかったと同じ執拗さをもって、この計画をいつまでも説きつづけた。そして、一九二八（昭和三）年三月末、奉天から帰国してまもなく、牧野が催してくれた夕食会の機会をとらえて、イギリス大使館の館員セシル・ドーマーにこの提案の最新版を伝えた。吉田の提案する干渉地域は、その間に、明らかに中国内戦の変転と関連して、変わっていたが、彼の主張は厳密には変わっていなかった。彼は外国による上海と江蘇全省の占領を唱えた。ドーマーは吉田との対話をロンドンへ報告した。

私は日本の満州での難局は改善に向かっているかと同人に質したが、彼は悪化していると答え、すすんで英国と日本との緊密な協力の必要について語った。かなりの程度の協同がすでにあるではないか、わが方としてはわれわれの態度を、たとえば南京事件その他の問題の解決についてだが、日本側に十分通告していると私がいうと、それでは十分ではないと彼はいった。それでは「消極的」協同であって、求められているのは積極的な協同であったので、私は彼が唱えているのは実際には干渉であることを疑わなかった。おたがいに不信感が大きすぎると彼はいった。日本は英米の態度を信用しないため、思うように行動するのを恐れている。上海は南の神経中枢だから、中国のあらゆる騒動はそこから発生する。その騒動に終止符を打ち、中国にやり方をあらためさせる唯一の道は、上海市のみならず全省を占領することだ、というのであった。

これに答えてドーマーは、「そのような性質の干渉の時代は過ぎた。それはイギリスの政策とまったく相違する。その実行は不可能だが、たとえ実行できるとしても、また実行されたとしても、ソ連と中国の宣伝の思うつぼにはまるだろう」と指摘した。日本がイギリスと協同できなかった上海や広東での最近の事件について注意を促すと、吉田はそれを認めたが、「日本はやり方の誤りを学んだ」と反駁した（その誤りはおそらく幣原外交の誤りをいったものであろう）。ドーマーはイギリス政府に対し、日本の中国公使芳沢謙吉も過去に同様の話をもち出したことがあるが、「東京では反響がなかった」と報告した。ロンドン外務省の極東部は、吉田は「東京ではあまり重視されていない[*56]」といくらか安心を表明するにとどまり、彼の提案を真剣に受け取らなかった。

一九二八（昭和三）年三月一六日、吉田はスウェーデン公使を命じられたが、赴任せず東京にとどまり、七月二四日に田中内閣の外務次官となった。公使に任命されてから次官になるまでの数カ月間、吉田は次官就任運動と政府に自分の政策を押しつける試みとにかなりの精力をついやし、四月二七日、長文の覚書を完成した。それはたしかに日本史のこの時点における「帝国意識」の独創的な表現を意味するものである。この覚書のなかで吉田は多くの率直な観察を記しているが、その主な点はつぎのとおりである[*57]。

(1)維新以来、日本の政治経済の安寧は究極において国際的「重大事件」、特に日清・日露戦役、世界戦によるものであった。
(2)日本は食糧原料を入手し製品を売るための帝国領をもたずには生存できない。
(3)理想主義的スローガンは、従属民の感情への配慮と同様に的はずれであり、問題は力である。
(4)日本は、中国人の欲求と関係なく、アジア大陸に立場を広げ強化する機会をとらえるにあたって、植民地、新植民地におけるイギリス、フランス、アメリカなどの欧米諸国の例に従うのみである。
(5)海外領土支配の鍵は交通と財政にある。
(6)これまで日本が大陸政策に失敗したのは、主として決断の不足にあった。
この覚書は、その分野におけるちょっとした古典の域に迫っている。左にその全文をかかげておこう。

対満政策私見

明治聖代中財界不況、政争激甚ならんとするにあたり、常に対外交渉の重大事件あり。日清日露両役これなり。これにより財界一時の盛をいたし、政争また自然に緩和せられたり。事、偶然なるべきも明治大帝の叡慮、当年為政家の用意もまたその間存せるものあるべし。その後、欧州大戦に際会し、わが国民経済は空前の膨脹を為せるところ、戦後に我が獲得せる領土もしくは勢力圏は欧州列国の得たるものに比し、はなはだ多からず。しかも列国は爾来内国経済の調節および失業者救済のために、殖民政策に特に留意し、戦捷の結果たるドイツ諸領を得てなお足らずとなし、国勢の最も我に近似せるイタリアのごときはアルバニヤに、小アジアに、北アフリカに、はたまた南米に今なお殖民地獲得に腐心しつつあり。かかる時にあたり、もしそれ支那の現状をもってこれを欧州の近くに在らしめば、果して如何。支那は世界の富源と称せらるるにかかわらず、我は袖手してこれをその軍閥政治家の暴政に委ね、顧みざるがごときものあり。明治大帝の特に叡慮の存せりと云われる満蒙の経営についても、いたずらに張作霖輩の鼻息を窺って一事の為すなきのみならず、彼が一顰一笑の多年扶植に苦心せるわが勢力の基盤を動かさんとするものあるも、なお我に右顧左眄の状あり。ために在満同胞にも自ら遅疑の念生じ、政策の変更国策の犠牲たらんを恐れて、発展意のごとくならず。今やわが国民は、経済の膨脹、人口の増加により、活力内に横溢して外に伸ぶるの自由を欠く。いかに内政を整理し、産業の振興を計るも猫額大の島帝国のついに鬱勃たる国民的活力の収容しがたきに想到すれば、当今財界の不況、国内政争の激甚ならんとするの偶然ならず、わが国民的活動の天地たるべき支那の治平の将来せざるかぎり、わが民族発展の適地たる満蒙の開放せられざる以上、財界の回復繁栄の基礎成りがたく、政争緩和すべからずとす。これ対支対満政策の一新を当面の急務と為さざるをえざる所以なり。

従来対支政策頓挫の原因は、これを

第一、欧州戦後、民族自決等一時人口に上る戦争の反動的思想あり。そのままにあまり多く我々の聴従しすぎたること

第二、日支親善、共存共栄等の空言に捕われすぎたること

第三、対支国家機関の不統一

等に帰すべく。これを要するに我に政治家的経綸の欠けりと云うのほかなし。今や支那は自ら多年の兵乱に苦しみ、列国もまた支那一流の空虚なる宣伝に迷わせらるること少なきにいたり、わが対支政策にして公明至当なるにおいては、支那国民および列国をして、我に聴従せしむるの難しからざるべき機運に際会しつつあり。この機運空しく逸すべからず。切に帝国政府が断然たる決意をもってその政策徹底を期せられんことをねがう。

対満政策の一新

対満政策の要諦は、満蒙をして内外人安住の地たらしむるにありとして、これを現為政者たる張作霖政府に対して徒らに要望するのみにては、政策の徹底を期し難し。あえて、東三省を我に収めんと云うにあらざるも、実質においてわが指導の下に東三省の政

治を改善せしめ、英のエジプトに於けると同様の治績を挙ぐるも要すべく、すなわち交通および財政に関する帝国政府の要望に対し、すべからく張政府をして充分にこれを傾耳尊重せしむるに足るべき実行的措置を講ずるを要す。

第一、交通――日本海および朝鮮を基点として東三省横断の鉄道幹線数線の敷設につき、張政府をして同意せしむべく関外京奉線（山海関奉天間）において英国資本家側の有する現地位を我に収め、すすんで支那側をわが指導の下に立たしめ（英国資本家の同意の開灤炭鉱に対する利益供与と交換してこれを得らるべきは、同炭鉱のヤング氏およびメイヂャー・ネーサン等の自ら云い、かつ希望するところなり）、鉄道新線の敷設せらるるも邦人の発展に資益せざること、洮昂線もしくは四洮線のごとくなれば無意義と云うべく。さりとてただちに商租の実施を支那側に迫るも実状不可なるものあるべければ、鉄道沿線もしくは主要停車場（南満州鉄道沿線を含み）の周囲数平方マイルを開放せしめ、支那自開商埠地を設定せしむべく、しこうして鉄道自体の運用についても我に相当なる監理権を有せしめ、全満蒙鉄道を一系統の下に統一し、その運輸連絡を完全にせしむべきなり。

ついで電信、電話、郵便および道路についても我に相当の監理権を収むるの要あり。

第二、財政――張の軍政は奉天財政を紊乱せしめて、奉票は一時五千元台にまで暴落し、人民疲弊、購買力の減退は、わが対満貿易に至大の影響を来たらしめつつあり。しかれども七千万円以上の輸出超過を示す満州において、奉天財政整理は難事にあらず。まずもって奉天官銀号を整理し、よってもって省財政を監督せば、奉票の基礎を固め、省民の購買力を回復せしむるも容易なり。すすんで吉・黒両省に及ぼさば、東三省の殷賑期してまつべし。これまで財政整理の出来ざりしは張をして我に聴従せしむるに足るべき決意と強制の実力を欠きたればなり。

交通の発達、財政整理の結果

満州富源の開発、人民購買力の増加、内外人の安住により、まず利益を受くべきものの我たるは言をまたず。これ唯に我が満蒙に近接せる地の利を得たるがゆえのみにあらず。政治的には多年扶植せるわが実勢力の存するあり。経済的には陸境関税三分の一減の特典あり。満蒙開放の結果、この地をわが経済的市場として保有するは容易なるのみならず、東三省の地広袤我に五倍し、しかも吉・黒両省は米産に適する処女地なり。

その鉱産、材産は我が急需するところ。わが工業原料、国民食料をこの地に仰ぎ、ひるがえってわが工業品をこの地に供給して、わが経済的市場たらしむれば、日本海はわが経済的領海となり、自然また裏日本の開発を招来すべきなり。

対満政策の実行方法

対満政策従来の病竈は、政策の目標を誤れるにあらず。その実行の手段方法の過てるなり。満州経営によってもってわが国民生活の安定を計らんとする国策の遂行を国力自体の発動に求めずして、一にこれを空漠なる日支親善に求むるの結果、我上下を挙げて支那側の機嫌取りにのみ汲々たらしめ、ついに自屈に陥て自ら覚らざるにいたれるのみならず、事大主義なる支那人をしていたずらに驕慢ならしめつつあり。もとより支那側の善解好意を求むべきは当然ながら、これ国力自体の発動を覚悟しての後なるべきものにして、他国領土に国力の進展を企画するにあたり、相手方国官民の好意にのみ訴えて成功せる国際の例あるを知らず。また国力進展を計らんとする国策の遂行にあたり、相手方に不評なればとて躊躇逡巡すべきにあらず。英のインド政策はもとよりインド人の好感をもって迎えるところにあらず。仏人はアルゼリヤに人望なければとて、その国策を放擲せず。米人は中央アメリカにおいて蛇蝎視せられつつあり。いずれの十人といえども侵入者を箪食壺漿して迎ゆるものなかるべきに、ひとり我は対支対満政策の遂行を期する一面に支那の排日感情を恐る。真に了解に苦しまざるをえず。対支対満発展を企図する以上、排日は覚悟すべく、いわんや支那の排日運動の恐るべからざるは、既往の事例これを示すところ、かつ満州においては支那側のあえてこれを為しえざる事情にあるの明らかなる以上、わが国策の遂行に何の遅疑する要あらんや。思うに張作霖の軍政はやがて各方面に破綻を来すべし。満州の治安および財界の混乱は期してまつべきところ。これが当面の対策は機会あるごとにまず天津、山海関、洮南、吉林、臨江、間島の各地に増兵もしくは派兵を断行し、関内の兵乱の満州に波及するを防ぎ、すすんで張政府に対し施政改善の要求をいたすべきなり。施政改善はさきに大正一五年四月、帝国政府の名において張に対し奉天総領事をして要望せしめたり。

同年九月、奉天総領事は奉天省財政の紊乱を指摘し、ついにわが財政顧問を入るる同意を一応張より取り付けたり。昭和二年八月、以上の交渉にもとづき、奉天総領事はさらに奉天省政府の失政に対しその反省を促せり。これらの事実は、今後帝国政府が施政改善の具体的交渉を張に対し開始するの素地として充分なるべく、わが準備の完了次第何時といえども張に迫りて、わが政策の徹底を期するに毫も差し支えないと確信す。その成否は一にわが決意と政府諸機関の完全なる協調の完成如何に存す。*58

この吉田意見書から二カ月のち、一九二八年六月四日、関東軍の軍人たちは北京から奉天の本拠に帰還途中の張作霖を爆殺した。彼らの最終目的は吉田の考えていたところと大して違わなかったし、その行動は彼ら自身の基準からみれば決然とした誠実なものであり、張の問題を排除するかぎりにおいて徹底的（これも吉田の好きな言葉）であった。しかし、その方法は粗暴で、吉田や田中内閣の考えではなかった。その後の日本は、吉田が中国を見くびって予言した情勢に似て、「軍閥」勢力の増大という事態に向かってはっきりと動いていった。そして日本政府は、かつて中国を非難したと同じく誠意と反省と政治能力に欠けるとして、他国の政府からいよいよ非難されるようになった。しかし吉田はこのような成行きに因果応報の理をみようとはしなかったし、そこにいたるについては彼自身のとったような態度が一因となっていたかもしれないことも認めはしなかった。

吉田・田中「積極政策」

現代日本の歴史家のあいだに行なわれている大論争のひとつは、一九一四（大正一三）年から三一（昭和六）年にかけてのいわゆる幣原外交、田中外交に関するものである。一九二四年六月から二七（昭和二）年四月まで、また一九二九年七月から三一年一二月まで、政権の座にあった民政党内閣の外相として、幣原喜重郎は欧米諸国にしかるべき考慮を払い、かつ中国全体の保全を尊重する穏健で協調的な外交を行なったと考えられてきた。幣原はワシントン条約の精神を体現していた。他方、田中義一は、政友会内閣（一九二七年四月から二九年七月）の任期中、首相と外相を兼ねており、欧米諸国との関係の比較的軽視、アジアにおける実力依存の増大、東三省を別個の存在、日本の特別保護地として扱うことでの中国領土保全の本質的否定を特色とする「積極政策」と、通常は結びつけられている。光明と暗黒の対立を説く極端な構図のなかでは、幣原とその外交は西欧的、合理的、普遍主義的、ブルジョア自由主義的価値の例証と考えられ、田中が伝統的、排他主義的、封建的見解を体現するのに対置されている。空想で描かれた日本のウッドロー・ウィルソンは時代錯誤のサムライ殺し屋に立ち向かい、そして脇へ押しやられて、一九三〇年代の軍国主義に道を開くことになるという。[*59]この種の定型化は、のちに日本占領を計画したアメリカの政策立案者にとってある程度まで指針となった。

もう一方の解釈は田中に対してもっと同情的で、幣原外交と田中外交の類似を強調し、二人の外交はいずれも満州事変後に日本が追求した外交とはなんら重要な関係をもたなかったという否定を試みることに特徴がある。これこそが、吉田がのちにとった立場であった。

財政経済政策ほどに、理論的なものではなかったが、外交政策においても、幣原外交と田中外交との対比は一応は肯けないことはなかった。殊に対支政策において然りであった。すなわち、民政党内閣のそれは、一言で表現すれば、支那に対する内政不干渉主義、列国協調主義を飽くまで表看板として標榜していたし、これに対し田中政友会内閣当時には、満蒙におけるわが権益に重点を置いて、その範囲での自主外交を主張していたのは、事実であった。

しかし実質的にどれほどの相違があったかという問題になると、今から観れば尚更だが、当時においても、大した根本的な相違がなかったというのが真相だと思う。結局支那問題を取扱う手加減に多少異った味が感じられる程度のもので、それも理論的根拠に基くというよりは、その内閣当時の国内政情や国際情勢の相違と変化とがそうさせたと観るべきであろう。

されば幣原外交といっても、満蒙の権益を軽視して放棄論を唱えたわけでは決してなく、また田中外交が自主的だといっても、それまでわが国と欧米各国の間に結ばれていた条約や協定などを全然無視してまで、自己の主張を押し通すなどという、後年の軍部外交とは全く無縁のものであった。現に張作霖爆死事件のごときは、およそ田中総理の意図とは相反するものであり、その処置に如何に苦慮されたかは、今日周知のところであろう。したがって一をもって軟弱外交と称し、他をもって強硬外交と呼ぶ言葉は、相手を攻撃でもする場合以外は、大して意味のないものだったのである。[*60]

第三の、もっと根底的な分析は、幣原、田中両者の外交に戦術的相違があったことを認めながら、本質的類似点を指摘し、そのいずれもがほとんど仮借なく一九三〇年代の衝突激化に導いたと論ずるものである。両者の外交に共通する基盤は、日本が帝国主義に抜きがたくからまれていたことであり、いわゆる「軟弱」と「強硬」、あるいは「自由主義的」と「軍国主義的」という取組み方の違いは、本質的にはタイミングの違いであった。大まかにいえば、それは、いわば緩慢な帝国主義と急速な帝国主義の違いであり、いずれもやがて来る帝国主義の危機の破局的爆発に、なんら代案を提供するものではなかった。[*61]

吉田は、幣原外交、田中外交のいずれにも親しく参画した。のちにはこの両者の違いをあえてできるだけ小さくみせようとしたかもしれないが、当時は少なくとも可能性としてかなり違うものと考えていた。そのイギリスびいきと外務省内「親英米派」との一般に信じられている結びつきを前提にして、この数年間を厳重に「文化価値」的に分析すれば、吉田は幣原外交の系列下にあったという推論になるであろう。だが事実は、彼は田中の「積極政策」のほうに望みをかけていた。といっても、吉田がかくれた軍部派《サムライ》だったからではなく、常識と欧米の実例からみて、抽象的な信義よりも力こそが有効な外交政策の本質であると信じていたからである。彼自身の基準によれば、強硬路線の立場こそ幣原のそれよりはるかに「合理的」で「西欧的」であった。

一九二三（大正一二）年の牧野への書信に見るように、吉田は幣原が外相になる前からこの強硬路線の立場をとっていた。一九二四年から二七年に幣原外交がはじめて現われたことは、日本は「巧言」外交を乗り越えられないのではないかという彼の懸念を確かなものにするばかりであったし、一九二八年四月の長文の意見書は、「屈辱的」な幣原外交の遺産に対する憤激の、本心もあらわな攻撃であった。一九二〇年代に吉田が書いたものは、ほとんどといっていいくらい、当時の幣原の「軟弱」政策への彼一流の批判を反映していた。そのうえ、東三省の中国からの切り離しこそ要求しないものの、日本の優越した権益を強化拡大するとの一貫した提言は、本格的な植民地主義に危険なほど近く位置していた。この時期の外務省のある同僚は、外務省内では吉田は幣原本流をはずれた強硬派とみられ、実際に東三省を中国の不可分な一部として扱っていなかった、と回想している。吉田は中国本部と東三省の区別をこう生き生きと表現したといわれる。中国本部に対しては前だれがけで臨めばよいが、満州に対しては羽織、袴で臨むべし。[*62]

このような見解をとることで、吉田は政友会とその煽動的幹部森恪の公言する強硬主義外交にきわめて近く位置していた。田中内閣の外務政務次官となった森恪も、また一九二七年なかばの東方会議に出席した。このとき、二人は中国政策について意気投合し、森・吉田コンビを組むことになった。[*63] 吉田は森恪を「政友会少壮中の錚々たるもの」[*64]として岳父牧野に一度会ってくれるよう説いたが、結果のほどはわからない。森のほうは吉田を遅ればせながら田中の外務次官に任命させることに成功した。田中は名目上外相でもあったから、次官の地位は重要な含みをもっていた。こういう関係からすれば、タカ派的政友会は民政党と幣原との関係に対する対抗馬として、とりあえず吉田を推したようにも思われよう。なお、幣原と違って、吉田は戦前には政党と近い関係をもたなかったけれども、一九四五（昭和二〇）年彼は政友会系政党（自由党）の総裁となり、一方、幣原が民政党から出た党（進歩党）の総裁になったのは興味深い。

外務次官が空席になったのは、吉田が奉天から呼び戻されてまもない一九二八年三月で、この地位をめぐってただちに派閥間の競争が起こった。吉田は自分からその地位の獲得に動いたが、田中としてははじめ「森・吉田コンビ」に警戒的だったようである。田中首相の真意は、満鉄総裁山本条太郎などいわば非公式筋を使って張作霖とこれまで以上に密接に協力するほうに傾いていた。田中がついに吉田を受け入れることに同意したのは、張の暗殺でその計画がこわれてからで、事件後ほとんど二カ月たっていた。[*65] 吉田はまんまと成功したしるしに、「押しかけ次官」のあだ名をもらった。[*66]

吉田が次官に任命された同じころ、中国では五月三日、北上した国民党軍と日本の派遣軍とが衝突したいわゆる済南事件に刺激されて排日運動が高まっていた。これは「積極政策」の主唱者を激昂させる情勢であったが、「押しかけ次官」もその「錚々たる」政治的仲間も、これに乗じて根本的な政策手直しを打ち出すことはできなかった。吉田が成功したかにみえるのは、日本の多くの輸出業者に中国の日本商品ボイコット（日貨排斥）が静まるまで荷上げをさせないことくらいであった。日本商品ボイコットはことに大阪の綿業にとって手痛かったが、吉田は三井（特に三井物産）を説いて大阪の小企業から一時的に大量の綿糸布を買付けさせた。[*67] 吉田が明らかに「森・吉田コンビ」の前提だった外交政策の再調整を実行できなかった少なくとも一半の原因は、張作霖暗殺に対する日本国内の反響にあった。暗殺者の厳重処罰を要求する人々と、これに反対する陸軍のあいだにはさまれて、田中は取り乱し身動きできず、在職最後の一年間、よろめきとおしであった[*68]。田中内閣最後の年になると、吉田は任命当初の熱意はなく、「積極政策」に目立った貢献もしなかったが、のちにこの時期を外交官経歴のうちで最も愉快な時代としてなつかしく追想している。彼の述べるところでは、田中ほど仕えるに楽な上役に出会ったことがなかった。発案は下僚にまかせ、吉田が起草した書類をもっていくと、ろくに読みもしないで判をつく。すなわちこれが吉田のいう「大丈夫か、大丈夫です」方式であった。これは凝り性で根気強い幣原とはまったく対照的であった。そこで吉田はこの長州軍閥の伝統を継ぐ田中にすっかり「惚れ込んで仕えた」とまでいっている[*69]。このような打ち込み方は一〇年以上も前の「愛すべき」将軍寺内正毅との関係を思い起こさせるが、歴史心理学の好きな人には好奇心をそそる点かもしれない。往時の大磯の「孤児」は、おそらくそこに雄々しい父親たちの姿をみていたのであろうか。

いやそれよりも、吉田自身が考えた意味で国務について馬鹿なまねはさせないという断固とした現実主義者、しかも同じ素質の人間をみていたのではなかったか。寺内も田中も長州出身で、鉄の意志をもった明治の巨頭山県有朋の子分であり、二人とも干渉主義外交にかかわっていた。たとえば、田中は寺内とともに日露戦争を推進し、シベリア干渉戦への大軍派遣を支持した。また第一次世界大戦中すでに満州に日本の傀儡政権をつくるように提案していた。一九二七（昭和二）年五月から翌年五月にかけて、田中内閣そのものが四回にわたり山東省に出兵した。その最後の出兵が済南事件の起こるのを早めたのである。[*70]

寺内と同じく田中もまた、吉田自身がかねてから警戒の目でみていた「危険思想」を弾圧するため決定的行動に出るのをためらわなかった。一九二八（昭和三）年三月一五日、田中内閣は、一九二五（大正一四）年の治安維持法にもとづき、これまでにない大量検挙にのり出し、翌月には同法の改正を提案した。それは国体の変革を意図する学理を宣伝し、またはその研究を提唱する結社を組織した者、またはその役員となった者を、死刑ないし無期懲役に処しうるようにするものであった。田中の言葉によれば「われわれの意図するところは危険思想の持主がその思想を棄てて伝統の思想に帰るよう抑制するにある」。この治安維持法改正案は議会の承認を得られず、議会休会後緊急勅令として施行された。[*71]吉田はべつにこうした弾圧に参加したわけではないが、それに賛成したことはたしかである。吉田中時代からほぼ二〇年たって、連合国の日本占領下に外務大臣となった吉田は、治安維持法を残して共産党に適用するよう占領当局を説得するに努めた。そして、一九五〇年代のはじめ占領が終りに近づくとともに、吉田内閣は破壊活動防止法という新たな治安立法を主唱したが、これは治安維持法復活の企図をもつものとして広く批判されることになった。

また田中内閣に関係したなかで、勇ましい反共主義者が二人あって、吉田の後半生に目立った役割を演じている。そのうち有名なのが、田中内閣で書記官長、のちの犬養内閣で文相をつとめた政友会の幹部政治家、鳩山一郎である。田中首相のもとで、鳩山は治安維持法の改正と実施に関係し、文相としては学校での思想注入と政治的追放に易々として手を貸した。一九四六（昭和二一）年鳩山自身が占領当局の手で追放されると、彼は再建された政友会総裁の衣鉢を、そして当時の状況下では首相の地位を、吉田に譲り渡した。もう一人、この時代から重要な個人的かかわりをもったのが、田中首相の秘書官殖田俊吉である。殖田はそれから一〇年以上のちに、吉田の「反戦」行動の指針となった思想を提唱する中心人物となった。その思想は、陰謀をたくらむ「赤」こそ、主として一九三〇年代からの日本の破滅的な運命をもたらしたものであり、太平洋戦争究極の危機は、天皇国家の思想体系を破壊し、急進思想と革命の動乱に水門を開くおそれがあるとするものであった。一九四九—五〇年に、殖田は第三次吉田内閣の法務総裁をつとめ、公務員に対する広範な「レッド・パージ」の指揮をとった。[*72]

対海軍工作——一九三〇年

吉田が幣原と田中の政策について回顧した評言は、あまり正直なものとは思われない。型にはまった非難攻撃を吉田はのちに単なる宣伝として退けているが、当時は、少なくとも幣原外交への中傷となったかぎり、大体のところそれを信じていた。田中、森恪ならびに政友会に吉田はすすんで仕えたが、彼らが、自分たちの政策は幣原や民政党の政策とは実質的に違うものと性格づけていたことは間違いない。たとえば、「消極」に対して「積極」、「軟弱」に対して「強力」、「調和」に対して「自主」という風にである。この軽視と相違感に対して民政党のほうでは、幣原外交を合理的、協調的、進歩的、経済主義的、平和的とし、政友会にはこうした長所に対する反意語（たとえば感情的、一方的、伝統主義的、防衛志向的、軍国主義的）を勝手気ままにあてはめた。もし田中の「積極政策」が実質的に幣原の遺産と違わないものであったら、それは、当時吉田や森恪らが表明した目的から判断して、意図がなかったというより実行できなかったことを示しているのである。

ひるがえって、吉田自身と政友会の結びつきは、田中外交の「伝統主義的」、すなわち主として「防衛志向的」側面を強調する批評を無力にする。そして、一九二九（昭和四）年のなかばに田中が張作霖事件の処理をめぐって対立する意見の圧力を解決できず辞職に追い込まれたとき、政友会と民政党の政策がなお共通の基盤を分かち合っていた事実は、吉田が幣原と民政党のもとでひきつづき外務次官をつとめたことに表われていた。そのうえ、吉田はその地位にあって、幣原の重大で異論のある政策に自ら参画したことを立証することになった。すなわち、彼は英米両国が要求し、日本海軍の責任ある幹部の多くが不利と考えた海軍比率協定を、受け入れる内閣の決定を支持したのである。

上司としての幣原は「大丈夫か、大丈夫」派とは非常に違っていたから、次官として主導力を発揮する余地はほとんどなかった。しかし、閨閥の関係もあって、吉田は天皇の側近者（たとえば牧野や西園寺公望）、また、一部の海軍軍人、ことに政府の立場に同情的なもの（たとえば大角岑生、野村吉三郎、小林躋造）との仲介役にされた。この海軍軍人との関係では、吉田の後半生で重要な意味をもってくることがある。すなわち、太平洋戦争中の一時期、吉田は東条英機に首相をやめさせて代わりに小林躋造をもってこようと動いたことがあるし、戦後になって、野村は安全保障と再軍備の問題について吉田の重要な相談相手の一人になっている。[*73]

一九三〇（昭和五）年の危機は、来たるべきロンドン海軍軍縮会議と日本の重巡洋艦のトン数を米英それぞれの六割に制限する米英側の要求をめぐって起こっていた。海軍軍令部長加藤寛治大将を中心とする海軍の立案者たちは、日本の安全上、七割は欠かせないと主張した（その議論にはかなり正当な理由があった）。この問題は日本の対英米関係をいたく脅かすことになるので、牧野も吉田も低いほうの比率を受け入れる必要があるという点で内閣と外務省を支持した。この紛糾した事件で吉田はかなり重要な動きをしているが、そのなかで閨閥関係と伝統的な郷党意識を操作するという興味ある修練をつむことになった。牧野は女婿吉田のためにお膳立てして、同じ薩摩出身の元首相、山本権兵衛海軍大将を訪ね、ロンドン会議の詳細を説明し、加藤反対に傾くよう説得させた。吉田自身の話によると、彼は山本を訪ね、この神聖視された軍事の領域に踏み込むのを、さほどざごらなく感じることもなく、あえて大御所山本の「海軍第一主義」をたしなめ、若い者の意見もよく聞き入れてくれるように申し入れたという。*74

こういう舞台裏のさまざまな動きは、政府がロンドン会議で意図を遂行するたすけになったが、その反面、牧野は多くの超国家主義者から国賊の汚名を着せられ、一九三〇年代には暗殺の対象にもされる結果となった。そして吉田と牧野の結びつきは、軍国主義者からすれば不名誉のしるしとなった。このように、彼の後年の「反軍国主義者」という一般的名声は主として満州事変以後の活動から生れたものであったが、軍部との衝突の根は早くから植えつけられていた。たとえば、一九二六(昭和元)年から陸軍が中国で行なった粗暴な陰謀への非難、また牧野とともに一九三〇(昭和五)年海軍の意見に反対した、などがそれである。

軍事力制限に関する公開討論で、各政党は軍令部を支持し、議会では国家の安全を危うくするものとして首相と外相を追及した。吉田が森恪や政友会にどれだけ希望を託していたとしても、それはまもなく消え、政党政治一般に対する根本的不信が再び表面に現われてきた。原田熊雄はその有名な日記のなかで、吉田は、政友会の対外問題についての意見は現実とほとんど関係がない、国内政治のつまらぬ争いが日本の対外政策の正しい実行を脅かしているとの憂慮を語った、と記している。一九三〇年一二月、吉田はまだ外務次官をつとめていたが、間島事件(一九三〇年五月に起こった在留朝鮮人の暴動)に対する政友会の反応に腹を立てたことがあった。当時外務省は、朝鮮と満州の国境の混住民族をめぐる問題の解決に軍隊を使用したいとする朝鮮総督府の圧力に抵抗していた。中国側の協力で事件は静穏に落着しかけていた矢先、森の率いる政友会の党員らが事件処理について情報を要求した。吉田は、それが世間に知れれば論議をまき起こしかねず、百害あって一利なしとの理由から発表を先へのばした。*75 また別の場合に、原田は、吉田、木戸幸一、谷正之、美濃部達吉と少人数の昼食会で、話題が軍部の独断専行と政党の腐敗に及んだことを記録している。*76

のちに吉田が、はじめは思いもかけなかったのに、日本史上最も重要な政党指導者の一人となったことを心にとめると、原田がちょっと触れている点は興味深い。それは、「森・吉田コンビ」が束の間のものであったこと、戦前の吉田の政党に対する印象は、腐敗と無責任につきていたことを思い起こさせてくれるからである。そういうさまざまな場合に政党について迷いをさまされたことは、彼自身の性格や一般に職業的背景と相まって、戦後における吉田の政党総裁としてのあり方を解明してくれる。たとえば一般党員に対する吉田の尊大な態度、党内「官僚派」の創出、重要な国務事項ごとに外交関係についての秘密主義がそれである。

第四章　新帝国主義の説明——一九三一—三七年

一九三〇（昭和五）年一二月、吉田ははじめて大使に任命され、イタリアに赴任した。駐在は二年に及んだが、吉田はムッソリーニに信任状を提出するとき、大きな部屋を横切って彼の坐って待っているところまで歩いていったこと、そうして近づいていくあいだに吉田とこの首領《ドーチェ》はおたがいが嫌いになったという話以外に、この時期についてほとんど語っていない。[*1]

ローマ在任中も、吉田の関心と精力は、相変わらずアジア情勢に強く向けられていた。一九三一年九月に満州事変が起き、日本に国際非難が集まり、ついに日本が国際連盟を脱退すると、その関心はほとんど取りつかれたように高まっていった。吉田は連盟の最初の会議のいくつかに自ら出席し、日本が集中砲火を浴びるのを目のあたりに見、ヨーロッパ駐在日本大使のなかで公認の「中国通」として、日本が国際的な場でその行動を弁明する最初の討論に参加した。[*2] 大使としての最終年は、日本政府に直接見解を説明するため、東京へ帰還を求める要請をくりかえすことに大半が費やされた。[*3]

満州事変につづく数カ月また数年のあいだに、吉田は外交家の当面するひどく矛盾した課題にいよいよ深く取り組んでいった。一方で、彼はアメリカやヨーロッパの外交官に対して、日本のアジアでの行動を合理化し正当化することに務めた。イギリスのローマ駐在大使が、一九三二（昭和七）年四月に報告しているように、「彼はしばしば私を訪ねて日本の立場を説明し弁護し、問題に関する宣伝文書をしきりに押しつけた」。[*4]一九三二年の末に帰国してからも、吉田はひきつづいて東京駐在のイギリス外交官との個人的接触を通じて対英接近をはかったが、一九三六（昭和一一）年にロンドン駐在大使に任命されると、そうすることが本職になった。この数年間に、吉田はまたアメリカを代表する一流の人々と緊密な結びつきをつくりあげた。そのなかで最も注目されるのが、一九三二年から四一年まで日本大使をつとめたジョーゼフ・グルーである。グルーの対日理解と同情がはっきりした形をとるうえで、吉田の影響はかなり大きかった。

しかし同時に、吉田は欧米に対して弁明するとともに、自国政府にも警告していた。アジア在勤の経験から彼は、強引な大陸政策なしには日本は生き残れないと確信していたが、それとともにヨーロッパ、特にローマ駐在時代の経験から、日本政府は、日本の行動に対する欧米の敵意の深さも、「大陸経営」にとって英米の好意がどこまで不可欠なものかも、理解してないという結論を得ていた。自給経済体制《アウタルキー》が日本にとって実行可能な政策であるとは夢にも考えなかったから、したがって、欧米との良好な関係をつづけることを至当とする彼の主張には、二つの側面があった。すなわち、日本のアジアにおける帝国支配には英米の保証が必要であり、またアジアの帝国支配だけでは日本の安全と経済繁栄を保障するには不十分である、というのであった。

このような態度をとることで、吉田は、一九三二年九月に日本が承認した満州国傀儡国家を支点とする自給自足的アジア帝国を空想する軍部や文官の政策担当者たちの台頭に対して、いよいよ防御的な立場に置かれた。しかし吉田自身が、満州国あるいは満州事変と、東三省の中国からの分離の背景にあった全般的関心や目的について、公然と批判を加えたのでないことは注意しなければならない。この時期に吉田は、日本の満州における立場にはしっかりした根拠があるが、しかし実行が下手で、説明が素人くさい、とたえず論じていた。そこで、長城以北地域の軍事占領の不毛性についてはおだやかに批判し、欧米諸国自体がしっかり勢力を固めている中国各地に軍事行動を広げることは強く批判したのである。しかし吉田の憤激と嫌悪の最も仮借ない表現は、日本政府が、国際世論の場でこれらの事件を外交的に処理する際の不手際に向けられた。この視点からすれば、日本の犯した大失策も主として戦術的なものであったから、吉田は英米と友好関係を回復するのに、満州国といえども越えがたい障害にはならないという希望をつないでいた。

満州事変につづく時期に、吉田はこのようにして既成事実外交を実践した。それはひとつには自国政府の政策をくつがえすだけの権力がなかったからであるが、またもっと一般的にいえば、上手にさえやれば、欧米諸国を説得してそれらの政策を黙認させることができると考えていたからである。そうすれば、満州事変の私生児にすぎない満州国も、協調的帝国主義の修復された構造のもとで嫡出子と認められるはずであった。したがって、英米に対処するにあたって吉田のさしせまった目標は、時をかせぎ、日本の立場を欧米に十分に理解させ、事態が収まり、変更された局面がなお正常な「平和外交」の軌道に適合するまで、日本に対して協調的な態度にとどまらせておくことであった。日本国内の超国家主義者にとっては、吉田のそのような努力は、欧米に対する国賊的な追従以外の何ものでもなかったが、吉田自身はその活動をより正確に現実政治《レアル・ポリティーク》の行使と称していた。吉田は「世間では自分を親英米派と云うがそうではない。英米利用派と云うのが正しい」[*5]といっていたそうである。

このような現実政治は、英米を説得して日本の中国北部侵犯の合法性を承認させることができるという想定にもとづくばかりではなかった。吉田はその行動の基礎を欧米の利己主義と弱さに置いていた。イギリスとアメリカには、日本に対して非妥協政策をとれば、(1)帝国主義世界体制を解体させ、(2)世界不況からの脱出を妨げ、(3)国際共産主義の火をあおり立て、(4)ことにナチス・ドイツの台頭を前にしてイギリスを弱体化する恐れがある、と認識させることができる、と信じていた。ロンドン駐在大使となった最初の一年間に、彼は、こうした想定を反映しかつ日本新帝国の保持を保障する具体的な協定を、もう少しで仕上げられそうだと考えて勇みたった。だが、その希望は一九三七(昭和一二)年七月の「北支」事変に始まる日本の対中国全面戦争開始によって打ちくだかれた。もっとも吉田はまだロンドンにいて、一九三八年一〇月まではなお時をかせぐことに努めていた。

こうした説得と権謀術数の行動が失敗したことは、吉田があとで考えたように、戦前期に大きな機会が失われたことを意味していた。もし彼のいう帝国主義間の協調の政策がとられていたら、第二次世界大戦はなく、ヨーロッパ戦争だけがあったのかもしれない。そして、日本帝国はみごと生き残ったかもしれない。だが、そのような推論は、クレオパトラの鼻式の歴史学派のものであって、ほかのはかりしれない要素は別として、中国自体の内部における民族主義の高まりと変化のダイナミックスをまったく無視したものである。しかし、それは危機と対立が進んだ段階での帝国主義間の関係と、またご都合主義的理由づけをはっきりさせるには役立つ。

視点を変えれば、吉田の満州事変後の行動は、戦後、占領下の首相としての彼の行動を映しだす鏡になってもいる。占領下においてもまた、吉田は連合国が政治における理想主義などというものが愚かな考えにすぎないことを悟り、日本に思いきった変革を押しつけるという目的をあきらめるまで、「時をかせぐ」課題に没頭していた。戦前の実践は、この課題についての彼の手腕をみがいたかもしれず、みがかなかったかもしれないが、この二度目には、彼はついに成功の美酒を味わったのである。

満州事変と国際連盟

吉田は、欧米人を直接相手にするにあたってしばしば用心深く、ときには何をいっているかわからないことがあった。しかし彼の趣旨は概して簡明で、それを率直に表現するのであった。セシル・ドーマーは、吉田が一九二八（昭和三）年に中国への共同介入の提案を伝えた相手であるが、当時上司に対して「吉田氏はこれまで会ったほとんどの日本人よりも自由に考えを表明した[*6]」と報告した。この評価は、吉田が関係をもったほかのたいていのイギリス人、アメリカ人もいっているところである。

吉田はイギリスの役人と満州事変について語るときにも、この率直さを保っていた。事変について国際非難が最高潮にあったときでも、吉田はローマのイギリス大使に向かって、つづいて起こった上海出兵（一九三二年一月から二月）は日本側の「重大な誤算」であるけれども、「満州に関する日本の立場は非難できないものである」と告げるのをためらわなかった。彼の意見によれば、満州事変と東三省の占領は「説明と処理の仕方がまずかった[*7]」だけであった。のちになっても、彼はこの主張を修正しようとはしなかった。たとえば、一九三六（昭和一一）年一一月、日本の国際連盟復帰の可能性についてアンソニー・

イーデン英外相と会談したとき、吉田は、イーデンが要約したところによれば、こう説明した。「連盟に関連して困難な点は、日本は早い段階で協力する用意があったけれども、日本自身まもなくそれを外交的に不利だと感じたことである。吉田氏は、日本人はすぐれた外交官でなく意見の要点を有効に表明できないと思う、これにくらべて中国人はその方法にすぐれている、と述べた」[*8]

しかし、率直とはいっても、明確さにはいろいろな段階があり、吉田は牧野あてにはかなりはっきりと自分の考えを伝えている。この場合にも、彼は日本外交のあり方について、一九二〇年代のはじめ以来、岳父との書信の特徴となっている長々しい酷評のなかで、その考えを述べている。たとえば、一九三二年三月には、上海に「無用意」に派兵したことを批判し、派兵はまったく避けるべきであったとはいわずに、列強が「事情やむをえず」と十分に理解するまで手をつくしてからはじめて派兵すべきであったと述べている。日本は「このように苦しまずとも、勝ち得べきものを得（べ）かりし」であったと声を大にしたのは、まるで帝国主義列強と不和になったのは上海攻撃そのものによるのではなく、そのやり方のためであると信じていたようであった。「満州事変以来、全く無外交の始末にて、折角列強が我に救いに出来りても、その都度、その面目を傷けて顧みぬさまは、誠に正気の沙汰とも思えぬまでにこれ有り」[*9]と吉田は書いた。

吉田は最近の事件は「国内一種のフハシスト傾向に駆られ候実情」を反映すると認め、

イタリアの情勢と引きくらべてみるのであった。[*10] しかし、日本の場合には、この傾向はさきの協調外交のほとんど避けがたい結果とみられた。彼が内心誰かを悪者として考えていたことはほとんど疑いない。一九三二年六月、五・一五事件で犬養首相が暗殺され、岳父牧野もあやうく難をまぬがれたことに驚きを表わして、吉田は、満州事変以前から日本国内に緊張が高まるのを感じ、幣原に対満方針をはっきりさせるよう進言していたとまで述べている。「協調外交は主義として当然に候えども、外に伸びんとする国民の要望を冷（眼）視するがごとき態度は、他をして空疎なる外交、無為無策と思わしめ」る。日本国内で今日の不安のもとをなしたのは日本外交の「無用意」であったから、したがって外交政策の安定が人心の安定への道となるのであった。[*11]

一九三二年なかばの危機についての吉田の認識には、本質的に四つの俳優集団が登場していた。軍部、外務省、英米両国、国際連盟に加盟している小国がそれである（中国は俳優というより演技をする舞台であった）。この時点で、彼の怒りは弱いほうの勢力、すなわち外務省と小国に向けられていた。吉田の主張を一言でいえば、彼は日本の不運は主として東京の無気力な外交官と、ジュネーヴに集まった弱小国のせいだと考えていた、といえよう。

このようなあまり洗練されない観念像を引き伸ばしてみるとこうなる。無気力な者は、弱い者と強い者を区別できないから無気力なのである。満州事変の直後に国際連盟の会議に直接出席したことは、吉田にヴェルサイユの郷愁めいた追想をよみがえらせ、また気持を混乱させた。吉田は牧野あての手紙に書いている。ヴェルサイユでは、日本は大国と認められていた。だがいま、国際連盟では被告扱いであり、「大国に対する敬意なく」、この敬意の失墜は「小国側の策動」に帰せられるものである。吉田はそれまでずっと連盟加盟を地位の象徴、大国政治の手段とみていたが、それはもうあやしくなった。「我もまた、南中米、北欧諸国までが、極東問題に容喙するとなっては、連盟加盟の利益につき、さらに考慮せざる（を）得ざるべく」[*12]なっていたのである。

外務省の愚かさ加減は「小国」と大国を区別できない点にあった。吉田は牧野に報告する。アメリカとイギリスは世界的経済危機になやまされているから、「極東問題にて、我と事を構うる意は毛頭なく」、むしろ反対に満州問題についても、妥当な解決策があるならば、よろこんで交渉に応じたいのだが、外務省はなんら具体案を提示できずにいる。「帝国政策は、直截に成案を列強、特に英米に示し、その安心を与うべきに存じ候」と吉田は断言する。そうすれば「小国側の無謀無遠慮なる盲動」を無力化することになる。吉田は満州問題について、英米も日本軍部も満足する案をつくることができると信じていたようである。しかも、彼は中国問題は一片の紙切れ、しかもなんと、中国の領土保全を保障した一九二二（大正一一）年の九カ国条約によって処理できると指摘している。満州の新事態は九カ国条約とかならずしも両立しないものではない、というのが吉田の意見であった。したがって日本は、中国に対しこの条約を強調し、まさに「その実行を迫る」べきなのであった。[*13]

吉田のこのときの意見はいくつかの点で、アメリカとはいわぬまでもイギリスでは政策当局者の私的な議論の場でかなりの反響を呼んだ。吉田と同じようにロンドン外務省では、上海への攻撃はイギリスの利益を脅かすもので容認しがたいが、満州占領は「日本側に大幅な権利があり」、中国側は「まったく誤っている」と全般的に認められるとして、満州と上海をはっきり区別する気持が多数を占めていた。また吉田と同じくイギリスの外交官たちは、ある役人がいったように、「現代の中国人が口先はなめらかなのにくらべて、日本人は口下手で有名だ」という見方に同調する傾きがあった。

しかし、満州で日本を宥和するイギリスの意図は、国際連盟への支持ともまたアメリカへの依存とも両立しなかった。中国のジュネーヴでの論戦の勝利（それは小国にとって、たしかに方法よりも内容にもとづくものであった）は、ひとつのジレンマを生んだ。すなわち日本に味方することは連盟に反対することであり、ヨーロッパ情勢のなかで事実上、連盟を弱めることであった。それよりもアメリカ政府はイギリス外務省のような実利主義的な親日観はもたず、むしろ反対に国務長官ヘンリー・スティムソンの唱える、道義的「不承認」政策の方向へ動いていた。またイギリスとしては、アメリカの支持なしに日本を宥和する意志もなかったし、あってもできなかった。したがって、さしあたり、吉田の空想したような大国間の伝統的ななれあいは、日本自身の「戦術」的まずさばかりでなく、ヨーロッパ情勢への関心と英米陣営内部の不一致によってはばまれてしまった。[*14]

請願をくりかえした結果、吉田は一九三二（昭和七）年九月に、帰国を許され、陸路ベルリン、モスクワ、シベリア、旅順をへて東京へ着いた。[*15] 帰国とともに彼がただちに注目したのは、さしせまった国際連盟脱退（一九三三年三月発効）の問題であった。連盟についてはいろいろ意見ももっていたが、「政治、外交、経済の諸問題に、大国の一員として発言し得る唯一貴重なる権利」[*16]を自ら放棄するのは、日本にとって道理に合わないという理由から、脱退は軽率であると反対した。国際連盟総会の全権でその後外相となった松岡洋右は多少常軌を逸していると大方の意見はのちに一致するが、吉田はそのことを予見していたようである。帰国まもなく彼は松岡に会い、連盟への首席全権には長老外交官をあててはどうか、だれかたとえば秋月左都夫のような徳望と性格をもった人物のほうが、日本と米英との理解を回復するに松岡より成算が多いのではないかと説いた。ジュネーヴへ出かける前に「頭から水を浴びて少し落着いてから行け」[*17]と言ったのである。松岡が怒ってこの提案をけったので、吉田は特有の辛辣な言葉でこれにむくいた。

そのほか、西園寺のように名目上は親欧米的な人物が言葉を濁しはじめたときでも、吉田はかたくな自説をまげず脱退に反対しつづけた。たとえば、一九三三（昭和八）年二月、陸軍の熱河攻撃計画がせまっていることがわかると、彼はすぐ国際関係に影響すると考え、連盟でのさしせまった対決を複雑にするとの理由から反対した。「陸軍では、まるで請負仕事かなんぞのように『来る何月何日までにぜひ熱河をやってしまわなければ』というが、この重大な国際政局を前にして、熱河討伐のごときはなにも一刻を争うはどの問題ではない。むしろこの際、しばらく延期するなり、一時やめるなりして、重大時局を転換させなければならん」。サイが投げられる直前、吉田は牧野に会い、重臣会議を開いて解決するよう進言した。[*18]

「待命」のころ――一九三二―三五年

ローマから帰国の途につく直前のことであったが、吉田は岳父牧野あての手紙で「小生の前途については、一向に存じ申さず候[*19]」と書いていた。だから東京へ帰ってアメリカ大使の話がきたときは意外であった。すすんで困難に立ち向かう型の熱心家にしては、吉田の反応ははなはだ奇嬌なものにみえた。彼はこの職を断ったのである。駐米大使に吉田を推したのは内田康哉外相、有田八郎外務次官、また西園寺その他宮廷関係の高官たちであった。西園寺の秘書原田熊雄がなぜ断ったかを問いただしに訪ねると、吉田は、すでに内田外相に話したという理由をくりかえすのであった。「元来自分はアメリカ向きの人間でない。のみならず、失礼だけれども、自分は貴下（内田外務大臣）の方針の下でアメリカ大使になることはできない、と述べて、再三の勧めだったけれども、はっきりと断わって来た」。内田はあぜんとして口がきけなかった。もっとも、命令に従いたくないのか出世欲がないのかははっきりしなかった。吉田のほうはこの栄職を野村海軍中将にまわすことを主張するのだった。[*20]

このことがあってから、吉田は忘れられた境遇の人となった。身分は正式には「待命」中で、外務省とは調査局付というはっきりしない関係を保っていた。こうして、一九三五（昭和一〇）年一一月まで、ぶら下がり外交官の状態がつづいたが、このときになって、吉田は比較的目立たない外交官としての三〇年にわたる勤務から正式に引退した。この時期の最後の三年間に、彼は外務省を代表して二回の海外旅行に出かけ、なおも運命の前兆と救済の処方箋を伝えることで牧野を喜ばせ、自らアメリカ大使館に安らぎの場所を求めていた。

第一回目の公式旅行は一九三二（昭和七）年の暮れから一九三三年のはじめにかけて、重光葵外務次官の申し出によって行なわれ、中国、ヨーロッパ、アメリカに及んでいた。この旅行のあいだに出会った人々のなかでも注目されるのは、たまたま同じ船でパリからワシントンに向かう途中であったユージン・ドゥーマンとの接触である。ドゥーマンはその後まもなく日本でグルー大使の右腕となり、やがてアメリカ国務省内で戦時の「日本派」の中核メンバーの一人になった人物である。一九四四（昭和一九）年と四五年に、彼は降伏後の対日方針の立案に中心的な役割を演じ、戦争直後の時期には、いち早くアメリカと同盟した強力な日本を再建するように訴える有力な一人となった。[*21]ドゥーマンはのちに、後知恵まじりの洞察を込めて、吉田のこのアメリカ訪問を回想している。

当時までフーヴァー大統領政府の国務次官だったウィリアム・R・カースル氏が吉田氏を夕食に招き、同時に有力な上院議員ことに外交委員会の委員など一〇人か一二人くらいを招待した。私もそれに出席した。さて、その場の様子といえば、吉田氏ばかりがボラー議員をはじめ一〇人か一二人の上院議員にかこまれているのだった。これらの人々は、満州での日本の行動、九カ国条約違反などなどについて、入れかわり立ちかわり、吉田氏をしつこく問いつめた。だが、私はかねて船の上で吉田氏と話していたし、パリでも話していた。だから軍国主義者が日本政府に押しつけている政策に、彼が全面的に反対なことを知っている。だが愛国的な日本人としてその場には彼しかいないので、彼は同国人の行動を最善をつくして弁護した。しかも、その行動は、彼としては全面的に承認していなかったのはたしかだと思う。しかしそこにはこの人物の大きさというものが現われていて、私ははじめてそれを見たのだった。彼はその席上、偉大な人間であることを示した。[*22]

吉田の「待命」中の二度目の旅行は、昔の級友広田外相が後ろ楯となったもので、一九三四（昭和九）年一〇月から三五年二月に及んだ。[*23] このときまでに、吉田の親欧米行動は前より広く知れわたっていたので、過激分子は彼を国賊のリストにのせていた。出発の前夜、警察は「吉田大使が今度各国を回ることについて、やはり右傾の連中がしきりに策動して『牧野内大臣の軟弱外交を宣伝に行くんで、国を誤るものだ』という風なことで暗殺の計画がある。大したこともあるまいが、非常に注意はしている」[*24] と知らせた。このときの旅行の表向きの目的は在外の公館と領事館の査察、日本の商業慣行に対する欧米の態度についての情報収集ということであった。だが実際には、広田は、まず当時ロンドンで進行中の海軍軍縮交渉に影響を与えるように努めること、交渉の失敗を見越して欧米諸国がいだきそうな疑惑をやわらげること、という二重の（しかも倍も重苦しい）任務を吉田に与えていたようである。[*25]

この旅行中、吉田はアメリカへ足をのばし、斎藤博大使を訪ねて、ロンドンの松平恒雄大使からの、斎藤はしゃべりすぎるという伝言を伝えた。だが同じく、言葉が冗長にすぎるという点は吉田と国務長官コーデル・ハルとの会談の特色でもあった。国務長官は「各国における不必要で時宜に適しない……非実際的な議論」[*26] を避けることについて、非実際的な議論を長々とするのであった。吉田はまた、エドワード・M・ハウス大佐とか、上院多数派総会会長のT・ロビンソンとかの人々にも会ったり、カースルの家へもまた夕食に招かれた。しかし二年前のときとは違い、今度は客のなかに、愛国心を偉大さの基準とするドゥーマンのような日本びいきは入っていなかった。そのかわり、日本の大陸膨張に対する国務省きっての批判者スタンリー・ホーンベックと食事をともにすることになっていた。吉田にとってたいへん困ったことに、カースルは吉田に日本の立場を来客に説明してくれるように求めた。そのとき、ホーンベックが乗り出して、彼の説明を、吉田の言葉では「攻撃」した。[*27] 日本の行動もまた吉田の行動も、国務省極東部を統轄する男には何の役にも立たなかったわけであるが、このことはのちのちまで尾を引き、ホーンベックと「中国派」は、日本の帝国支配の加速的進行を合理化する議論に動かされず、ドゥーマンやグルーの「日本派」に異議を唱え、強硬講和と敗戦日本の根底的構造改革を要求するようになった。

帰国すると、吉田は旅行で得た結論を広田外相に報告し、ついでグルー大使を訪ね、観察したところをかさねて伝えた。グルーはこれらをワシントンに電報したが、それは一九三五年はじめの吉田の思想を表面的に伝えているにすぎない。

(1)言葉より建設的な行動がなければならないが、それは日本の国際関係を実際的に改善することを目的としなければならない。

(2)海軍比率の問題については、日本は一貫して対米戦争の仮定のもとに対等要求を行なってきた。万一そのような戦争が起これば、日本がそれに勝ちたいと思うのは当然であるが、それはアメリカも同様であり、万一の戦争の仮定を基礎にすれば、アメリカが日本に同率を譲りたくないのは至極当然である。したがって、打開策は、明らかに万一の日米戦争の仮定以外に海軍協定につきなんらかの基礎を見いだすことである。この問題を他の方向から検討するなら、吉田氏の考えでは結果として解決策が見つかるかもしれない。しかし同氏は、検討の方向があるとしてもいかなるものを考えているかは明言しなかった。

(3)吉田氏は、日本が現在とるべき主要かつ最重要な政策は、他の諸国の協力を得ながら建設的な基礎の上に中国との関係を改善、発展させることであると考えている。こうすることによってはじめて、日本の意図に対する不信を解消することができる。氏がいうには、この政策を広田氏に強く進言し、この査察旅行を中国までのばし、情勢を検討し、帰国次第具体的な勧告を行なう許可を求めたとのことである。なお同氏は、広田氏はこの件を考慮中であると語った。[*28]

二度目の旅行に出る直前、吉田はまた内外の情勢に関する最近の考えを牧野に伝えた。アメリカのソ連に対する外交的承認(一九三三年一一月に手続終了)は日本を牽制したい欲求を動機とするかもしれないと考え、英米は「支那市場保全、日本侵略外交掣肘の為めの」共同措置をとることに同意するのではないかとの危惧を述べた。国内情勢は「綱紀頽廃、流言飛語さかんにして、官府の威信なく」、さむざむしたものに映っていた。そこで彼の提案する対抗手段は、ふつうは急進右翼を思わせる修辞から意外なほど影響されていることを反映していた。姑息な政策は問題にならない。いまは「世直し」と「上下に昭和維新の気運を吹鼓」することが必要であった。吉田は、真率、穏健な外交を遂行できる強力な指導者を期待し、かつて一九三〇年代に若造の意見もきくようにと進言したことのある老提督、山本権兵衛を政局にあたらせるようにすすめるのであった。[*29]

グルー大使と振り子理論

吉田が外務省の依頼を受けた公式旅行について駐日アメリカ大使へ直接報告することにしたことは、一九三二（昭和七）年以後の彼の活動の興味ある一面、すなわちグルーとの個人的関係をきわだたせている。反米感情が高まる時期にあって、吉田はひきつづき率直かつ忠実な友人であり、またそれ以上のものであった。彼は日本の当局者とアメリカ大使の連絡係をつとめ、双方はそのため公式の訪問を追いまわす新聞を避けることができた。[*30]たとえば、一九三三年九月、広田が内田に代わって外相になってから数週間のうちに、吉田は広田・グルーの私的会談を設け、それ以後、広田の主要な非公式連絡係として働いた。[*31]

のちにはグルーと近衛のあいだで同様な役割を演じることになる。

さらに、吉田は日本政界内部の動向や人物についてグルーの「かくれた情報源」のひとつとなった。一九三四（昭和九）年にグルーがハル国務長官に報告したところによれば「樺山（愛輔、貴族院議員）、吉田、杉村（陽太郎、元イタリア大使）などはだれの意見ともいわずに話すが、それにもかかわらず、事実上日本の政策をつくっている人々とたえず密接な連絡をとっており、またその相談にもあずかっている。彼らが話すときは、話のあいだにすでに実際に起こっていることが正確に反映しているものと考えなければならない」[*32]。この時期に、樺山や吉田のような仲介者は、グルーの最も歓迎するところであった。というのも、彼の言葉では「私はこれらの人々を通じて、外交的な意思表示など行なうことなしに広田の頭に考えを植えつけることができた場合が少なくないし、こうした種子のいくつかがすばらしい根を下ろすのを見ている」[*33]からであった。

それより意味深いのは、吉田が日本の歴史的経験の大状況についてグルーの解釈形成をたすけたことである。まさに吉田自身およびその他の尊敬する知己たち、たとえば牧野、幣原、樺山、松平恒雄、出淵勝次などを通じて、グルーは日本の発展についての「振り子理論」におびき寄せられていったのであって、それは「日本の歴史は、この国が排外感情をともなう強烈な国粋主義の周期を通りぬけてきたことを示しているが、そういう時期のあとにはかならず、国際融和と協調の時期が訪れた。……だから、現状においても同様な成行きになるであろう」[*34]という見方であった。

実際のところ、吉田、牧野など一握りの貴族的な日本国際人《コスモポリタン》は、グルーにとって振り子理論の潜在効力を示してくれるばかりでなく、まさにそれを体現していた。彼らはグルーのいう「穏健派」であり、国際主義者であって、振り子がそのほうに揺れれば彼らの時代が来るのであった――いつの日にかは。吉田とその近親者や知り合いは、グルーが愛情を込めて描く「ほかの」日本人たちの肖像のモデルであり、いまや時流に乗りかけている邪悪な軍国主義者の否定的定型概念に対立するものであった。「私にとって」グルーは打ちあける。「牧野伯、斎藤提督、樺山伯、吉田、幣原その他大勢を模範とするような日本人ほど立派な人たちは世界にいない」[*35]。グルーが日本文化に接した、きわめて印象に残るできごとの一部は、牧野伯および吉田夫妻と会った非公式の席で起こっており、高齢の伯爵に大使は深い尊敬の念をもった。グルーは日記に記している。「この人はどの国にもいない実にすぐれた紳士である、と私は思っている」[*36]。吉田の妻（牧野の娘）は日本人のなかでグルー夫人の最も親しい友人であったから、一九四一（昭和一六）年の秋に彼女が喉頭ガンで死の床にあったときは、グルー一家は、病人がほかに何も食べられないので、オバルチンを届けたり、吉田や娘が病院へ見舞いに行くために車を回してやったりした。グルーは、これも日記のなかで吉田夫人を「日本が生んだ最上の人、偉大な淑女、愛らしい性格」と描いている[*37]。

だが、グルーの吉田自身に対する反応はそれよりも限定的であった。たしかに彼は吉田を「はっきりした自由主義者」とよび「アメリカの良き友人で私の良き友人」として疑問なく受け入れ、「きわめて率直に話しかけられる数少ない日本の一人」[*38]と考えていた。一九三四（昭和九）年の秋に吉田がアメリカ大使に返り咲く噂が流れたときなど、グルーはこれを「理想的な任命」と語り、噂が実現しなかったのを残念がった。[*39]しかし同時に、大使は吉田について留保条件をつけていた。そして一九三六（昭和一一）年五月に、広田が退官した昔の同期生吉田をイギリス大使に任命したあとでは、つぎのように観察していた。「吉田がロンドンで松平の威信と人気に近いものをもちうることは疑わしい。第一に、彼には松平ほどの個人的特質がない。第二に、彼の英語理解力と表現力は大いに劣っており、言いたい狙いが何であるか正確にわかりにくいことがときどきある。第三に、彼にイギリス人の率直な性格を理解するだけの精神の弾力性があるかどうか疑わしい。もっとも彼は、英語がのろいし不たしかであることも大いに手つだって、深くはわかりにくい人間であるから、その能力についての私の推定は、あるいはあたらないかもしれない」[*40]

後年、吉田に対するグルーの評価はたえず変わったが、それでも、日本はすぐれた文化と文明をもっていて、いまは一時逆上しているにすぎない、というグルーの見方を形づくるうえで、吉田や「穏健派」が対話を通じて、また自ら模範になることで果した役割が小さくなることはなかった。グルーは、日本の一九三〇年代における行動は明治国家の性格に由来する構造的欠陥から起こったものである、というホーンベックや中国派など同僚の解釈を受けつけなかった。吉田や牧野と同じく、グルーも明治の寡頭独裁政治家たちの大の崇拝者で、日本のとるべき正しい進路は、彼の意見では、そういう巨頭たちの政治方式に戻ることにほかならなかった。のちにこれは、ことに降伏後の日本処理方法が考慮されるにあたって、重要な認識となった。なぜなら、必要なのは日本がかつて踏み出した道へ戻ることであって、まったく新たに出発しなおすことではないということを、それは意味していたからである。

なおまた、このような日本の本質というものは、身分の高い日本の知人たちを通してグルーに伝えられたところでは、日本の皇位からその生命の血脈そのものを受けているように思われた。牧野は国境を超えた素質をもつ紳士であったにしても、同時に日本の最も熱烈な尊皇家の一人であった。

夕食（一九三五年三月）のあとで私は牧野伯と一緒に坐っておもしろい話を交したが、そのなかで伯はおりから旅行で日本に来ていたパリの『タン』紙の編集者デュボスとの対談について語ってくれた。デュボスは牧野伯に日本では政党間の反目と腐敗があり、一方に軍事ファシズム、他方に共産主義の危険があるため、政治情勢が「危険」だと思うといったそうである。そこで牧野はデュボスに（牧野が私にその会談をきかせてくれたところでは）こういった。「パリに帰って日本の国内情勢について報道ないし社説を書かれるときは、『危険』という言葉を除いてください。われわれ日本には、他国が同程度にはもっていない安全装置があります。それは、すなわち皇室です。天皇は至高であり、かならず最後の断を下されるでしょうから、軍事ファシズムにせよ、共産主義あるいは他のいかなる主義にせよ、『危険』は決してありません」。私はこの老人がこれほど力を込めて話すのを、これほど愛国感情をあらわにするのを聞いたことがない。目は涙でいっぱいだったから、彼は眼鏡を拭かなくてはならなかった。私は、まったくよくわかります、日本へ来て三年のあいだに毎日毎日よくわかるようになってきました、と伯に言った。……伯の今夜の話しぶり――その語勢と心情――は、天皇に対する彼らの献身の強烈さを、しばし現わしていた。そこで、全国民のもつその献身の力は、あらゆる論争や政治煽動いや暗殺にもかかわらず、あるいはかえってそれらのゆえに、外国人が一般に理解するよりは強い、はるかに強い、と私は考える。いずれにしても、いつもはものやわらかで礼儀正しい、すぐれて穏やかな牧野伯の心をしばしかいま見たことで、今夜大きな感銘を受けた。私はこの人を世界の最もすぐれた紳士の一人といつも考えることであろう。[*41]

いうまでもなく牧野は間違っていた。日本を支配したのがいかなる「主義」であったにしても、皇室制度はなんらの安全装置にならなかったし、それは災厄が通ってきた水道管だったという議論もできるであろう。それにもかかわらず、天皇を究極の拠りどころ、ファシズムと共産主義に対する最終防衛陣地、日本の運命の展開における現実の行為者とする信念は、日中戦争、太平洋戦争の開始ののちまでも、尊皇家たちにとって信仰箇条でありつづけた。吉田はのちに戦時中および戦後初期の活動を、この前提にもとづかせていた。もっともその防衛陣地がもろく崩れやすいことを心配しながらではあった。そしてグルーは、上流社会を「現実」の日本と、美食のもてなしを民主主義と同一視する社交好きの性向をもって、天皇、老伯爵およびその正直で「自由主義的」な女婿、文明、穏健、社会的名望、快適な生活、国際主義、平和……などのすべてを一連の真珠のように結びつけていた[42]。戦争末期と戦後初期に天皇制の将来が争点としてもちあがったとき、日本の天皇はアメリカ側最大の擁護者をジョーゼフ・グルーのうちに見いだした[43]。牧野の夕食会や涙やらは長もちする同情を育てていたのであった。

組閣をめぐって――一九三六年

一九三五（昭和一〇）年一一月に退官すると、吉田はひきつづいて職業外交官当時に専心したよりいっそう重大な政治情勢、国際情勢に関係するようになっていった。快適な引退生活から彼を引き出したものは、暴動や反乱など、なかでも一九三六年二月二六日に起こった軍事クーデターの企てであった。この事件で牧野はまたも危うく暗殺をまぬがれたが、その後に重臣たちは当時貴族院議長であった近衛文麿を説いて首相を引き受けさせようとした。近衛公がいつものように健康が許さないことを口実にして断ると、広田弘毅に目が向けられた。近衛は昔の学校関係があるからと、吉田に依頼して広田に受けるように説得させたが、それがうまくいったので吉田は主な組閣参謀の一人になった。[*44]

これが、吉田が議会政治にとびこんだ最初で、三月六日、大臣候補の顔ぶれが新聞に出たなかに、吉田は外務大臣の予定で入っていた。が、それは実現しなかった。寺内寿一大将（陸軍の推す陸軍大臣候補）と山下奉文少将（のちに問題の「山下裁判」で戦犯としてフィリピンで絞首刑に処せられた）に率いられた参謀本部員らが翌日外相官邸に来て、吉田ばかりでなく小原直（司法）、下村宏（文部）、中島知久平（商工）、川崎卓吉（内務）の候補に反対を唱えた。一般に、軍部はこれら各人を自由主義的、親英米的すぎると考えていたからである。なかでも吉田は、牧野との関係のみならず、彼自身の国際連盟や対英米関係に対する態度でなおさら有名であった。小原は当時騒がれていた憲法論争のなかで天皇を統治の機関とみなしていた美濃部達吉とその「自由主義的な」学説を支持していたし、下村は進歩的といわれる朝日新聞の重役、中島は飛行機製作で儲けた金を政党に寄付したことがあり、川崎は民政党の有力幹部であった。[*45] こうして吉田は広田新内閣の「組閣委員長」から外され、代わって勧業銀行総裁で軍に受けのいい馬場鍈一が入った。馬場はその後広田の副総理格の蔵相になった。外相には有田八郎があてられた。[*46]

長い目でみれば、軍の吉田拒否は形を変えた祝福であったといえる。広田はこの内閣当時とその後にとった行動がたたり、戦争犯罪人として絞首刑になったが、もしこのとき吉田の入閣が通っていたら、あの時期に閣僚の椅子を占めた者として、どうみても戦後すぐに自動的に追放になっていたであろう。[*47]この事件は気まぐれな守護の天使がまたも救いの手をのばした一例と思われるかもしれないが、吉田自身が成行きにどう反応したかは興味がある。グルーは、広田が吉田を公職につけようとするのはなぜかと怪訝に思った。「まさしく牛に向かって赤旗を振るような」ものではないか。グルーには陸軍が吉田を拒否することは目にみえていたから、広田のほうでその裏をかいて微妙な手を使った可能性があるとまで考えた。すなわち、「この術策には何か深い目的、おそらく広田の外交政策にくちばしを入れた責任をまともに陸軍にかぶせること」[*48]だろうとみた。しかし吉田としてはこの件を軽く受け流したように思われる。四月のはじめ、彼はグルーにはじめて政治の世界に入ってみて「大変面白い」[*49]と語っている。またグルーは、四月三〇日の吉田との会談の興味をそそる覚書のなかで、陸軍に突然拒否されたにもかかわらず、「吉田氏は、二月二六日の事件は陸軍に好ましい健全な影響を与えているが、ひとえに天皇が申し分なく断固とした立場をとられたためであるといった。陸軍は内部の直接行動派との見解の対立にあきているから、いまやそういう分子を一掃するため全般的な運動が起きている」と書いている。[*50]

これは、二・二六事件以後権力を握った軍幹部の政治推進力に気づかず、反面、広田など文官「穏健派」の自主性、英知、意図を信ずるあまりに楽観的にすぎる立場、よくいって素朴な立場のように思われるであろう。[*51] もっとも、二・二六事件はそれにつづく一〇年間に、日本のとるべき正しい進路についての吉田の認識において、重大でしかも奇妙な転換点となった。吉田や「穏健派」は、反乱事件の余波のなかで起こった陸軍統制派の台頭に直面し、これは結果的に事態を安定させるというより災害をもたらすものと考えるようになった。そこで吉田らにとって、（満州事変前というよりは）二・二六事件前にある程度状態を引きもどすことがひとつの目標になった。吉田、近衛その他は、のちに事件で信用を失った陸軍皇道派の主要メンバーを復活させることで、日本のかかえる矛盾の解決をはかろうとすることになる。しかも、これらの人物が一九三一（昭和六）年から三六（昭和一一）年にかけて世に知られた攻撃的な事件のいくつかに深くかかわっていた事実は、気にもとめなかった。のちに吉田の「反軍国主義」の仲間になった者たちは、まさしく吉田が四月三〇日のグルーとの会談でほめちぎったように、天皇が「申し分なく断固とした立場」をとったその相手である、かの「直接行動分子」のまぎれもない代表であり、かつ好例であった。

広田は軍部に受け入れられる内閣の組織に結局は成功したが、そのあとで吉田をイギリス駐在大使に任命した。吉田は内実は外相任命が流れた償いのしるしだろうと考えた。[*52] しかし、日英関係が極度に緊張していた当時、しかも吉田外相案を拒否したと同じ方面からの反対が確実に予想されるにもかかわらず、イギリスびいきの吉田を選んだのは、新首相広田が日本の対英米関係改善をまだ望んでいたことを思わせる。この任命には内務省をはじめとする官僚陣の各方面からも反対があり、決して評判のいい人事ではなかった。広田は一時、一歩後退して吉田を貴族院入りさせることも考え、原田を通じてこの代案を切り出してもみた。これに対する吉田の反応は、横紙破りの特徴をよく示していた。「自分は広田内閣が出来ればそれでいいんで、もともと自分が議員になろうとか、あるいは大臣になろうとか大使になろうとかいうことは初めから一切考えていない。いまさらそんなことを言われては、自分の男が立たん。むしろ何も触れてくれない方が自分の本意であって、かれこれどうしたいとかこうしたいとかいうことは毛頭考えていないから、そこはよく了解してもらいたい[*53]」

吉田は松平その他がしきりにすすめたため、ロンドンでは少なからず自由に裁量できるという条件つきで、はじめて大使を引き受けたらしい。[*54] 日本を離れる前に吉田はグルーと日本の状態について話し合った。イギリスに着く前アメリカを訪れ、ハル国務長官やノーマン・デイヴィス（銀行家。ハルとルーズヴェルトの外交顧問）その他に、日本の対外膨張の動向について自分の所見をくわしく説明している。

日本の立場の対米説明

アメリカ側との会談のすべてを通じて、吉田はいくつかの基本点をくりかえし述べた。吉田独特のやり方のひとつは、これまでにも明らかと思われるが、釘を二、三本しっかり打ち込んでおくことであった。これらの要点を国務省極東部長のスタンリー・ホーンベックはその後、覚書の形で整理しているが、これはさきに引用した一九二八（昭和三）年四月の政策文書、およびやがてロンドンで行なうことになった提案とともに、日中戦争勃発前の吉田の「帝国意識」のパラメーターのおおよそを正確に伝えてくれる。吉田の意見は当然ながら、日本の経済危機を考慮して表明されていた。すなわち、世界不況の困難は日本の輸出品、特に繊維製品に対する欧米の制限関税によっていっそうひどくなっているというのであった。手短にいえば、吉田はつぎの点をアメリカ側に強調していた。

一、日本の人口増加は膨張を避けがたくしている。すなわち日本国民は「ともかく満足できる形で生存するためより多くの領土を絶対に必要」としている。

一、人口圧力と全般の経済情勢とは、日本が貿易販路を確保し、また原料、特に石油の供給源を確保することを不可欠としている。

一、日本の意図はアジアへの「平和的浸透」だけに限定されている。戦争云々は「まったく馬鹿げて」いる。日本の軍備増強は「いかなる特定の国に対しても行使することを意図したものでない」。これを要するに、西欧いや世界は日本を誤解している。すなわち日本の軍国主義を懸念するのは幻想にすぎない。

一、大勢に拮抗する力の証拠として、日本国内の「自由主義分子」の強化と、同時に「軍首脳部が穏健な見解をもつようになっている」事実とを指摘することができる。

一、日本は極東において「安定的役割」を演ずる運命にあり——それは日本がさまざまな形で関与することによって、中国を安定させるだけでなく、共産主義とソ連に対する防備をきずくことを意味する。

一、以上の必要かつ平和的な目的を達成するにあたり、日本は「イギリスおよびアメリカの友好と提携」を必要とする。ことにアメリカが日本のために「公止な仲介者」の役割を演ずることが肝心である。

ホーンベックはこうした議論をもっとくわしく、つぎのように記録していた。

〔ワシントン〕一九三六年六月二五日

一九三六年四月三〇日付東京発公文一七九八号によるグルー大使の報告、つぎのとおり。

「一九三六年四月三〇日、最近駐英大使に任命された吉田茂氏が来訪、会談中の言明によれば、日本の人口問題はますます困難を加えつつあり、諸外国は情勢の重大性を認識し、日本が適当な解決策をみつけるのを助けるよう努めるべきであるという。同氏によれば、それは主として日本の貿易販路をみつける問題である。質問に対し、氏はそれは平和的浸透を意味するものと述べた。再度の質問に対して、氏は『青海派』(南方進出を唱える派)が結局のところ『大陸派』を制するものと考えると述べた。〔ついで氏は日本を東亜の『安定勢力』とする周知の主題をしばらくのあいだくりかえし語った〕」[*55]

一九三六年五月二〇日の日付で、グルー氏は日記に、その日吉田氏が来訪して、一時間ばかり会談したと述べている。そのなかで吉田は個人的意見をくわしく説明し、日本の過剰人口を解決することが必要であり、なんらかのはけ口を見いだすことが必要であり、同時に原料、特に石油を入手する機会を増すことが重要であると述べた。グルーはこれらのものがすでに他国のものになっているとしたら、日本はどうやってそれを手に入れるつもりかとたずねた。吉田は、原料や石油の新たな供給源が開拓され、それら供給源をすでに所有する国々と契約を結ぶことを希望していると述べた。彼は日本の考えは平和的浸透の考えであり、この平和的浸透を進めるにあたってはアメリカが力を貸し「公正な仲介人」の役割を果してくれるよう希望していると述べた。また、対ソ、対米、対英戦争を云々することはまったく馬鹿げており、日本の目的と努力は純粋に平和的なものであると述べた。彼は日本とアメリカが一緒になって太平洋地域の恒久平和の問題を解決したいものだと述べた。

一九三六年六月一二日の日付で、国務長官は吉田氏との当日の会談の覚書をつくった。吉田は日本とアメリカの関係の改善、理解の増進を非常に希望していると述べた。アメリカ国民に知ってもらいたいひとつの事実は、日本の人口が大きくしかも急増していること、ともかく満足できる形で生存するためにより多くの領土が絶対必要であることだと述べた。彼は、中国国内および中国についての日本の動きに関連して、アメリカ国民の側にこの点の誤解や誤った懸念があることに言及した。これはまたイギリスでもおそらく同じであろうと述べた。また日本の軍備はいずれか特定の国、ことにアメリカとの戦争を意図したものでなく、日本の海軍将校らはつねに空席や昇進の余地をつくろうとしている、とも述べた。彼は、会議や協同やまた同盟ではなくとも、発生すべきさいかなる問題も友好的、公正かつ満足すべき形で解決するような関係を熱心に希望している旨を表明した。以上の問題についてはイギリス当局者と同様、ビンガム大使〔ロンドン駐在アメリカ大使〕ともたびたび会談するつもりであると表明し、ビンガム大使との会談内容が国務長官に伝えられることを期待すると述べた。……彼は国務長官に、日本の実業人や貿易業者のかかえる困難と対外貿易の必要とを心にとめておいてもらいたいと述べた。

一九三六年六月一六日、吉田氏はノーマン・デイヴィス氏を訪ねた。デイヴィス氏の記録によれば、吉田は六月一七日の書簡で、デイヴィス氏と率直に話し合うことができたと感じた旨を述べている。吉田はすでに国務長官に対して、増加する人口に職を確保するという日本の当面する問題を説明しようと努めたが、くわしい点には立ち入らなかった。日本国民は本国を離れたがらないから、最も実際的な解決策は対外貿易によって彼らの職を保障することである。陸軍の賢明な分子は、陸軍がこれまで行きすぎだったことを悟っている。彼らは解決不可能な情勢をつくり出してしまい、外交官の助けが必要なことを悟っている。陸軍はソ連がどれだけよく軍備を整えているかを知って驚いている。彼らは新しい方針を打ち出す必要があろう。日本はソ連にはほかのいかなる国も味方しないようにし、できれば他国と連合する必要がある。吉田は東京で陸軍の首脳と会談したことがあるが、これら首脳たちは、中国に関してはイギリスおよびアメリカの友好と協力を求めるべきだと感じている。事実、彼らは南京政府とも友好を求めたい考えである。吉田は、イギリスはアメリカの承認なしには日本といかなる協定も結ばないことを知っていたが、彼の考えはイギリスが中国情勢に対処する最善の方法についてはっきりした意見をもっているか否かを確かめるため、まずイギリスに接近してみる、というものであった。しかるのち、アメリカの承認と協力を条件として暫定的な合意に達することが可能とわかれば、彼は東京への帰途ワシントンを訪問するつもりである。彼は、アメリカが全局面の鍵を握っていると確信している。日本の自由主義分子は力を増してきており、陸軍の首脳部は穏健な見方をとるようになっている。すなわち賢明な者たちが乱暴な青年将校より優勢になっている。賢明な海軍将校は協定を結ばずに海軍軍縮会議を脱退したのは誤りだったと悟っているが、まだ率直に発言していないから、ここ数カ月のうちに意見が変わって、政府に海軍条約調印が正しいと思わせるようになるかどうかはわからない、と彼はいった。海軍問題にせよ極東のいかなる難問にせよ、政治的な基礎なしには究極の解決はありえない。そのような基礎をつくることが肝心である、という意見であった。[*56]

グルーは吉田の意見に論評を加えなかった。ハルはあからさまに懐疑を示して、吉田にこう語った。「この国の多くの人の印象では、日本ははじめは東アジア、つぎには適当と思うほかの地域の絶対的、経済的支配を求めている。これはついには政治的ならびに軍事的支配を意味する。こうした動き全体の結果は、アメリカのような国々を、日本の支配、あるいはいわゆる支配的影響力のもとにおかれた中国のあらゆる地域との通商から締め出すことになるであろう……」。ハルはつづけて、いろいろな相互貿易協定についてよく練習した長広舌をふるった。[*57]

これよりは、ホーンベックのほうがきびしく予言していた。吉田の意見は、せんじつめれば、日本は領土拡張の必要があるとの見方、その領土拡張を促進するような日米英の和解を実現したい欲求、日本国内での自由主義的で穏健な感情が高まっていることの確認、という点に帰着する。ホーンベックの見るところ、吉田はどんな具体的な提案も出せなかったし、その戦術や主張は別に異例のものではなく、ただ「日本の外交官たちの用いる手段や確言など、われわれが先刻承知のもののくりかえし」にすぎなかった。極東部の副部長マクスウェル・ハミルトンは、吉田の真の善意を受け入れるうえで、ホーンベックよりおそらく積極的だったらしいが、だからといって、彼の結論の手きびしさをゆるめてはいなかった。「吉田がどれほど誠実であっても、ロンドンでの彼の努力は、松平の場合と同じく、イギリスの一部の注目と支持をひきつけるだけで、日本のひきつづく中国侵略のまわりに局部的な煙幕を張る役には立たないだろう」[*58]

日独接近に反対

吉田のイギリス到着の時期は日本とナチス・ドイツの防共協定交渉にかさなっていた。このような成行きは新任大使の名声を高めるように意図されたものとはいいにくい。協定は結局一九三六（昭和一一）年一一月ベルリンで調印されたが、その前に日本政府は、在外大公使たちの支持をとりつけようと努めた。このために九月中に、ロンドンとドイツの各駐在武官辰巳栄一と大島浩から吉田に圧力がかけられた。つづいて外務省内「革新官僚」の典型、白鳥敏夫が将来はドイツとともにあることを吉田に納得させようとする仲間に加わった。[*59]

吉田はこの圧力に抵抗し、一九四〇（昭和一五）年の枢軸同盟のあとまでも対独接近に反対しつづけた。その立論は相変わらず実利主義であった。ソ連に対しては不信感を、共産主義に対してはイデオロギー的嫌悪感をもつ点では政府と同じであったが、防共協定には国際共産主義を防止するためのイデオロギー戦線という以上の意味を含むものではないという議論が示されると、吉田はすぐさまこれを拒否した。反対にその軍事的、政治的意味は広範囲に及ぶと論じ、協定は日本をドイツとの本格的な同盟にまきこみ、そのため英米との直接対決を引き起こす危険があり、しかもドイツは十中八、九その戦争に負けるだろうと予言した。

協定の意義について吉田説得の任務をはじめて課せられたロンドン駐在武官辰巳栄一（十数年後、占領中に安全保障政策に関する吉田の非公式の主要な相談相手の一人）は、この新任大使との会談で説得できなかったことをかなりくわしく語っている。彼が「引用」する吉田の反論はこうであった。

一体、日本の軍部はナチス・ドイツの実力を買いかぶっている。世界大戦（第一次）

であれほど連合軍にたたきつけられ、さらに海外の領土もことごとく失ったのであるから、いかにドイツ民族が偉いといっても、二〇年そこらの期間に英仏、ひいて米国を相手として、太刀打ち出来るほど回復しているはずがない。一方英米は世界にまたがる広大な領土と豊富な資源をもつ。それに永年にわたって培った政治的、経済的の底力というものは真に侮り難いものがある。

軍部は、枢軸側との協定は単に防共というイデオロギーの問題にすぎないというが、かかる協定を結ぶことは、明らかに日本が枢軸側に伍することを意味する。そしてこれは将来、かならずや、さらに政治的、軍事的なものに進展するにきまっている。そうなれば、現状打破を叫んで驀進している枢軸側が、もし戦争を起こした場合、勢いの赴くところ、日本は英米を向うにまわして戦わねばならぬ羽目に陥る危険がある。

現在世界列強の分野は二分されているが、日本は今求めて枢軸側につくべき時では断じてない。国際情勢の現状から見て、日本は外交のフレキシビリチー（柔軟性）を持つほうが賢明と思うが、もしいずれかに伍するものとすれば、自分（吉田さん）としては独伊側よりもむしろ英米側を選ぶ。それが日本の将来のために、とるべき道であると確信する。

辰巳はこの議論に圧倒され、「微力説得するを得ず」と上司に打電した。そこで陸軍はベルリン駐在武官大島浩（のちに中将、駐ベルリン大使となる）をロンドンに飛ばせ、同じ任にあたらせた。大島は吉田と一室にとじこもり、三時間もむなしく費やしたが、その間に夕食の料理もさめてしまい、翌日「すこぶる御機嫌が悪く」[*60]ロンドンを去った、と辰巳は回想している。

このように、「ファシズム」とか「民主主義」とかに対する原則的関心よりも、国家主義に導かれた権力実態の計算された評価こそ、吉田がヨーロッパ諸国に対して演じるべき日本の役割を分析するうえでの支点であった。これは戦争中までもつづいた。たとえば、日独伊三国同盟条約が締結される一カ月前の一九四〇（昭和一五）年八月、吉田は原田熊雄にドイツの勝利はまだ「はなはだ疑わしく」[*61]思われると注意していた。その反面、判断をいずれとも決めず、「弾力性」を保っていることがまだ必要であった。一九四二年になって、吉田が近衛をスイスに派遣したら、戦局の進展いかんによって、枢軸側あるいは連合国側が和平交渉の窓口として連絡してくるのではないかと力説したことは後述する。[*62]

吉田が三国同盟のころ明らかにしたように、その対独、のちには対伊接近反対はまた、天皇への配慮にもとづいていた。独伊との同盟は天皇をヒトラーやムッソリーニと同列に置くことになり、そのこと自体、皇位を汚す恐れがある。それよりも、まさかのことが起こったら、皇位を危うくすることになりかねない。ヒトラーやムッソリーニはいなくなってもかまわないが、日本は天皇をそのような危険にさらしてはならない、と吉田は外務省の同僚に語っている。[*63]

しかしながら、防共協定をイギリス当局に説明するときには、吉田は日本政府とのあいだで非公式に使ってきたものとはほとんど正反対の論法を用いた。たとえば、まず、自分の下の駐在武官が吉田に押しつけようとして果さなかったと同じ議論、つまり協定は「貴国政府において好意をもたれないところの、共産主義のみをもっぱら相手とするものである」[*64]という説明を、イーデン外相に行なった。吉田はまた正式の資格で日本とイギリスのあいだに不可侵条約を結ぶ可能性を切り出したらしく、一説によれば、イギリスの防共協定加入までももち出したといわれる。こうした提案は、イギリスに関するかぎり防共協定はなんら敵対的意図をもつものでないことを明らかにすることを主な狙いとしたようで、イギリス側が受諾することを真剣に期待して申し入れたものではなかった。[*65]

非公式にも、吉田は一〇年前奉天での積極的な働きかけを思わせる仕方で、説得術を極度に行使したから、イギリス人のあいだにも日本人のあいだにも驚愕をまき起こした。原田によれば、日独防共協定正式発表の直前、イギリス政府に対して、もし日本とソ連が戦争になった場合、イギリスは好意的中立を保つかと質し、それと同時にイギリスが他国と紛争になったら日本はイギリスの権益を保護してやろうと約束した。この申し出は明らかに、第一次世界大戦中日本が極東のイギリス権益を保護する役割を演じたことまで話をもどすものであった。しかし、日中事変と日本の「南進」が始まらない際にそうした発言を行なうことは、日本の対ソ攻撃がさしせまっているという噂をあおるばかりだったから、東京駐在のイギリス大使は真意説明を求めてきたほどである。[*66]

この誤解を招くような、あるいは誤解された個人的働きかけをすることは、吉田のロンドン駐在期間にいつもあった問題だが、防共協定の件は、まもなく下火になった。もっと重大な案件が二つあったからである。それは中国問題と日英経済関係の調整であった。吉田は一九三七（昭和一二）年七月の日中事変勃発前の時期には、この二つの方面にほとんど専心していたのである。

イギリス人向けの歴史と政治の講義

吉田のロンドン駐在大使としての主な業績は、ひとつの秘密計画案をつくったことである。この案は、中国危機の解決、日英関係の復旧、世界不況の回復を同時に実現すると吉田は信じていた。それは比較的詳細で具体的なものであり、次章でとりあげることにする。イギリス人はそのころ楽観論者を疑いの目で見る傾きがあったから、吉田の行動は各方面で懐疑的に受け取られた。だから、もっと受け入れてくれる風潮をつくるため、機会があるたびに、また機会がなくても、歴史と政治の問題について、吉田はしきりにイギリス側当局者を相手に説教を試みた。彼の秘密案は、日本とその世界的地位に関する解説というまゆに包まれて育まれていた。

いくつかの主題がこの解説をうねりながらつらぬいていた。すなわち、⑴振り子理論、および日本国内の「二つの陣営」についてのいくぶん微妙な考え方。⑵ワシントン会議以来しばしばくりかえされたことだが、日本の中国での「失敗」の責任の大半を中国人自身ならびに欧米諸国に押しつける極東史観。⑶これと並行して、日本の軍国主義ではなくソ連の指導する共産主義が、中国のみならず日本の不安の根底をなし、アジアにおける平和と安定に対する主要な脅威となっているという議論。⑷日本とイギリスの経済対立は世界不況から起こったのではなく、むしろ中国の動乱もそれに起因する、アジア大陸での日本の当然かつ不可欠な市場の攪乱から起こっている――しかもこの攪乱によって、日本は従来からイギリスの支配する圏内で強力な貿易競争国となるほかなかった、という基本的な議論。

吉田は当時の日本は二つの陣営に分かれているとくりかえし説明したが、陣営の定義にはあるニュアンスをつけていた。彼は一方で「軍国主義者」対「穏健派」という在来の二分法を用い、自分自身ははっきり後者に属するとし、前者に対しては近く排撃が起こることをたえず希望的に予言した。「穏健派」には、天皇、西園寺公はじめ外交界、財界を先頭にイギリスびいきが多いと述べた。[*67] しかし同時に、吉田は「二つの政治傾向、そのひとつは日英協力派、もうひとつは日支協力派」についても語り、なお彼自身はそのいずれの派にも全面的に属するものではないと語ることで、このような二者の区別はかならずしも硬直したものでないことを証明しようと努めた。いずれの派も党派的であったために失敗したが、この「二重の失敗が日本に対する懐疑論を生み出した」と彼は論じた。こうして吉田はイギリス人に対し、自分を「双方の派を堅く信ずる者」と紹介したのである[*68]。

この二つの陣営についての解釈は、いずれも振り子理論を支持するために用いることができた。その両者をひとつにして吉田は、「穏健派」は舞台のそでで出番を待っているばかりでなく、「日本には広く遠からず穏健化する傾向がある」とも論じることができた。この穏健化の主題は、「軍国主義者」はこれまでアジア関係について催眠術にかかっていたが、次第に吉田自身のように、欧米との協力関係を開拓する必要も認めるようになってきている、という彼の信念に反映されていた。

だが、こういう区別はかならずしもはっきり一貫して決まっていたわけではなかった。吉田は会談の多くで、出番待ちの穏健派についてばかり語ることが多かった。単純にいえば、彼は日本の中国政策の失敗を指摘し、日本の国民感情はまもなく陸軍に背を向け、自由主義的な政治家たちの復帰に道を開くだろうと示唆するのであった。しかしこれでさえ、イギリスの助力なしでは起こりえない。現状では「穏健派」は自力で振り子を逆に動かすだけの力がないからである。イギリス側が友好のはっきりした意思表示をするなら日本の政治に有益な影響を及ぼすだろうというのが、吉田の大使時代の深い確信であった。第一に、そうした友好の意思表示は「穏健派」自身をはげまし、元気づけ、新たな希望を与えることになる。第二に、協調の意思表示は、イギリスを敵役に仕立て日本の国際的孤立化の危険を利用する軍国主義の宣伝を弱めることになる、というのであった。

吉田はしばしばそうした友好を表明する好機をみつけては、イギリス側にそれを利用するように説いたが、徒労に終るのがつねであった。たとえば、代表的なやりとりが一九三六（昭和一一）年一一月に行なわれた。吉田はもしイギリスが対日長期スターリング債の利率を下げるか、日本の各銀行に対する信用を引き上げるかして、日本に金融援助を与えるなら、日本の穏健派が軍部派を押さえる一助になろうと、大蔵省のサー・フレデリック・リース＝ロスに申し出た。この提案に関するイギリス外務省アジア専門家の仲間内での論評は、振り子理論一般に対するイギリス側の反応のぴりっとした味わいを伝えていた。「『穏健派』に資金を貸す前も、軍部は資金をもたない穏健派を現に牛耳っているようにみえるが、資金をもった穏健派を牛耳るのも同様にわけはないと思いはしないかという点を確かめるべきである[*69]」

だが吉田はあくまでがんばった。一九三七（昭和一二）年一月、彼は防共協定の締結を積極的な機会に変えようと努めた。この協定は日本国内で自由に批判されており、そのため内閣を揺るがしていると、彼は外務次官代理で前中国大使のアレグザンダー・カドガンに通告した。これについてカドガンはこう書きとめている。「彼は今度の議会会期中は、日本の内閣の立場はどちらかといえば不安定であろうと主張し、かつ、この危局から従来よりも自由主義的で、軍部派に対して自主性をもった政府が現われるのではないかという希望を表明した。彼はいつも、わが方が漠然とした友好的宣言のようなものを出せば上記のことを実現し、日本の穏健分子を強めるに役立つのではないかとほのめかしている」。この可能性について、カドガンは丁重ながら懐疑を表わしたし、東京駐在のイギリス大使は「馬鹿げている」と一言のもとにはねつけた。[*70]

二月に成立した林銑十郎内閣は、吉田の希望に火を点じた。佐藤尚武が新任外相になったのは、職業外交官の穏健派に属していただけに意外であった。イーデン外相の記録によれば、吉田は二月五日、直接つぎのように知らせてきた。「最近の事態は穏健派を勇気づけるもので、議会の支持なしにはいかなる政府も存在できないと自分は信じている。日本は難しい過渡期を通りぬけようとしているが、困難のときであればこそ、自分はイギリスがあらゆる同情と理解を示してくれるように大いに期待している」。[*71]三月になり、佐藤外相がイギリスについてかなり協調的な発言を行なってから、吉田は間接的な手がかりを使って、ロンドン「権威筋のだれかがいつか日本について友好的なことを公に語ってくれる」ことが望ましい旨をイーデンに印象づけようと試みた。「日本ではかなりの影響があり有益な結果になると思う」と、彼はアシュリー・クラークに告げた。「それは自由主義的な気持をもつ日本人と、すでにイギリスへの友好に傾いている人々が必要としているようなはげましである。日本には（議会と新聞方面に）、自分（吉田氏）の対英関係改善の使命は完全な失敗に終ったと主張したがる連中がいる。しかし、自分としてはそうは思わない。対英関係は改善できるし、改善しなければならぬと希望し信じている人々も多い。自分が示唆したような態度の表明があれば、これらの人々を新たに元気づけるものと考える」[*72]

　四月に入り、吉田は自身の発意のもとに「極東における緊張と誤解をとりのぞき、ことに中国の経済復興を進めるため、なんらかの合意」を推進する対カドガン工作を再び始めた。そうすることはイギリスの利益になり、日本の政策の具体的な方向転換に対応するとまではいかないまでも、そのような転換を刺激するものと考えられる、と吉田は論じた。すなわち、カドガンが会談を要約したところによれば、吉田は「軍国主義者は日本で地歩を失いかけているから、日本に中国政策の失敗を修正させ、正当な協調政策をとらせるために何かができるとすれば、それは日本を正しい軌道にのせるに大いに役立つと主張した」[*73]。

　このようなやりとりからみると、吉田の振り子理論は、一種の待望論であり、予言的な性格を帯びがちだったことがわかる。もしイギリスが日本に対してもっと協調的に対応することで、振り子理論に対する信念を証明しさえすれば、そのときまさに日本の政治感情は穏健で国際主義的な政策の方向へ揺れをもどすであろうという。この議論はまた、もうひとつの側面である二陣営論にもあてはまり、軍国主義者のなかでさえ穏健化が進んでいるという見方になるのであった。

この広い意味での「遠からぬ穏健化」論を理解するひとつの手がかりは、極東におけるソ連勢力の台頭であった。一九三二（昭和七）年当時、吉田はローマ駐在のイギリス大使に、日本の指導者たちは「現在、ソ連を恐れることは何もないから、日本政府はいかなる行動をとるにあたっても、実際上ソ連を無視することができる」[*74]と告げたことがあった。だが一九三六（昭和一一）年になると、当然ながらこの立場は全面的に修正されていた。四月に入り、東京駐在イギリス大使サー・ロバート・クライヴは、吉田がロンドンへ出発する前に来訪し、ソ連についての新しい評価を力説していったことを報告した。「彼は、政治家ばかりでなく陸軍の内部でも著しく急激な態度の変化がみられ、青年将校までもイギリスと『同盟ないしそれに類する』関係を結びたがっていることに注目していた。その理由は、陸軍としては、目下のソ連の戦車、航空機、装甲車の改善増強は対ソ戦争を危険な冒険たらしめているから、日本は『なんらかの同盟国』をもちたいものだと思っているということであった」[*75]。吉田は日本の防共協定締結に先立ってこの方針を強調しつづけていた。一九三六年五月二一日、彼はクライヴにそれをくりかえし説明し、「同盟国とはいわぬまでも友人が必要であり、イギリスは明らかにこの友人となるべき国である」と強調し、七月一七日イーデン外相との最初の会談でも、また九月二三日サー・ロバート・ヴァンシタート外務次官との会談でも、それをくりかえした。[*76]

このソ連台頭の情勢についての吉田の印象に、当時最も強い反応を示したのが、イギリスの東京駐在武官F・S・G・ピゴット少将であったのは興味深い。ピゴットは一九三六年九月一七日、日本側軍当局との広範な会談にもとづくと称する長文の、議論の余地ある覚書をクライヴ大使に提出した。日本軍部「現実主義者」の対ソ不安は、いまや伝統的に親英の「感情家たち」の影響力を強めはじめている、とピゴットは論じ、そのような感情は軍最高首脳（たとえば荒木貞夫大将とか退役した河合操大将）ばかりでなく、佐官級の影響力ある一線将校のあいだにも認められると力説した。なお、青年将校について、かつて「着任当初は相当疑惑」をもっていたが、彼らは「日英関係を調整する目前の機会をとらえることが、絶対必要といわないまでも、望ましいと強調するまでに折れてきた。同様の感情は中流および下層階級（商店主、農民、僧侶、奉公人、守衛、職人、下級の役人、労働者など）にも高まっているのが目につく」とピゴットは述べた。また彼は「日英関係調整の主な障害は、いまは日本側というよりはイギリスの世論のほうにある」とし、覚書の結びに、彼の日本軍部連絡者の一人が用いたという航海に関する比喩を引用している。「順風だ」、いまをのがすな。[*77]

イギリス外務省はこの順風をピゴット自身のだぼらとしか受け取らず、折り返しこの武官あてに、吉田から同様の意見をきいている旨をいってやっただけであった。ある論評者はそれを「ちょっと幼稚」とかたづけた。カドガン外務次官代理は、こう述べている。「(イギリスに、思い出というより感傷的な対日感情がまだ残っていると同じように)、日本にもわれわれとの友好に感情的に傾斜した意見が存在すると考えるのにやぶさかでない。しかし不幸なことに、協力をもたらす真の理解をきずく基盤はみつけがたい」。ピゴット報告を一カ月以上も外務省へ出さずに押さえていたクライヴ大使は、日本人の目から見た英ソの関係(イギリスは、対ソ戦争になったら日本にとって不可欠な戦略原料と、死活の財政的支持を握っている)を認めはしたが、対日接近はソ連はもちろんアメリカも敵にまわすことになり、中国がこれを無関心と受け取るようなことにでもなれば、中国の政治情勢をいっそう悪化させるかもしれない、という結論に達した。そこで「時はわれわれに有利」であるから、イギリスとしては日本に対しどっちつかずのままでいるのが最善だが、「話は途切れないようにつづけていくべきだ」と結論した[*78]。

しかしクライヴは、反駁する仕事の大半を商務参事官のジョージ・サンソムにまかせた。サンソムは、ピゴットの楽観論はそれ自体概して感情的である、なぜなら日英の利害は「大方の点で相いれない」からである、と結論した。ソ連という観点から日英合意が生まれる可能性を否定はしないが、そのような合意がどこへ通じる道かが問題であるとして、サンソムはこう述べている。「実際に考慮すべき点は明らかで単純である。日本は膨張を欲している。日本の経済的膨張を妨げる主な障害物はイギリス帝国である。したがって、イギリスと友好的な取決めを結ぶことは便宜であろう。日本の膨張は、日本をソ連、中国、またわれわれイギリスとさえも敵対関係にまきこみかねない。もし日本がイギリスの好意的中立をあてにできるのであれば、その進路は平坦である。また日本は、もしイギリスと親しくなるなら、ひとつの潜在敵国についての憂慮を取り除き、その後の膨張に不可欠な原料の供給もまず心配なく、不足している資金の借入れについても見通しは明るい」[*79]

このように、吉田やピゴットの信じる「ソ連脅威」論は、ただ日英接近に好都合というだけでなく、結局のところイギリスの利益に不利に働く反ソ協約を含みとして意味するものであるという解釈は、イギリス外務省のなかで広く行なわれていた。たとえば、この議題をめぐる四月の吉田・クライヴ会談は、あるアジア専門家からつぎのような反応を引き出していた。「新たな友好のきざしは、日本がソ連を恐れ、膨張政策へのこの障害をのり越えるために、わが方の好意的中立を必要としている事実による。日本がソ連を撃つのをたすけたら、つぎに食われる番はわれわれなのだろうか[*80]」

対ソ不安は軍内部に穏健な意見を助長しているという議論とならんで、吉田はまた日本の軍事支出増加にともなって予想される国民の反発を強調するように気をくばった。これはまた彼が一九三六（昭和一一）年七月、イーデンとの最初の会談で強調した点でもあった。イーデンの記録によれば「大使は、秋が来るとともに、本国で穏健な意見を支持する人々の権威が着実に高まるものと考えていた。秋は予算の時期であり、予算上必要な増税は無責任な連中の酔いをさます効き目があると思う、と彼は述べた」。ヴァンシタートも九月二三日に同じ議論のもてなしを受け、外務省のサー・ロバート・クレーギーも一二月四日に同じことになった。そして、予想された国民の反応が実現しなかったときも、吉田はひきつづいて「税負担」論を信奉していた。[*81]

一九三七（昭和一二）年七月に日中事変が始まってからも、吉田は振り子の揺りもどしがやがて来ると頑固に言い切った。一九三七年六月四日、近衛内閣が成立し、広田が外相になったことが、吉田には日本に穏健勢力が高まるとの予想を確証するものと映ったことは間違いない。広田内閣がナチス・ドイツと防共協定を結んだことも、近衛内閣がその後まもなく「北支」事変を対中「抹殺戦争」に拡大したことも、吉田の場合には自由主義者と軍国主義者という二分論がもしかしたら根本的な虚偽ではあるまいかと実際に考えさせるにはいたらなかった。一九三八年四月、五月になっても、日本は「厭戦」気分になったとか、「方策つきた」とか「最近の内閣更迭は戦争が日本で不人気なことを認めた現われである」[*82]とかいいつづけていた。一九三八年九月一〇日、大使任期中の最後の仕事のひとつとして、彼はイギリスが国際連盟を通じて中国援助を支持している疑いがあると抗議し、このようなことは日本国内では「非友好的な措置」とされ、日本の政策を穏健化するため影響力を用いようとする宇垣一成外相の試みを弱めることになると論じた。デ・ラ・ウェア卿にあて、吉田はこう書いた。「貴下の友好的な態度は、宇垣大将の仕事を大いにしやすくしますから、日英関係改善の見込みを大いに増進するものであります[83]」

イギリス政府は日中事変前、吉田の「秘密案」にますます興味を示し、事変後もいささかもの欲しそうにこれをみていたが、その興味は元来実際的な興味であって、振り子理論への強い信念といったものを動機としてはいなかった。カドガンはこうした理論に対する全般的な反応を早くから冗談で表わしていた。「吉田氏が軍部によって官職から締め出された人であり、したがって、いうまでもなく軍部に愛情をもっていないことを忘れてはならない。しかし、氏が日本国内で軍部の犠牲において自由主義分子が勢いを得る可能性について語るとき、残念ながら願望は思想の父であると思わざるをえない[84]」

ロンドンでの吉田の「教育者的」努力は、現代の世界的危機を歴史の視野のなかに位置づけるというもうひとつの面をともなっていた。この国家主義的歴史学の練習問題は、ある程度まで二陣営論と実際に矛盾していた。なぜなら、この歴史問題は、「軍国主義者」の行動を挑発的というよりは反応的——ことに中国側の挑発に対する反応、また最近の歴史が一般的に日本に及ぼした不利な作用に対する反応——として扱うことで、それら軍国主義者を免罪するものと読むことができたからである。イギリス人は日本の立場をまったく受け入れないわけではなかったが、第一次世界大戦後の時代についての吉田独特の解釈は、振り子理論と同じく彼らにほとんど感銘を与えなかった。イギリス外務省極東部の一員は一九三六年一二月にこう記していた。「吉田氏の描く歴史の見取図はなみはずれて貧弱なもので、日本の中国政策が完全な失敗だったことを承認している点を別にして、氏が情勢の現実を直視しているとは信じがたい[*85]」

正確であるにせよ、ないにせよ、吉田の日本現代史観の政治的意義をいくら強調してもしすぎることはない。歴史をつくる人々自身は、あやしげな歴史意識にもとづいて歴史をつくることが多い。しかし、吉田は一九四五（昭和二〇）年以後に歴史を実際につくった。そして彼の占領初期の改革への反対は、一九三〇年代にイギリス人に伝えたと同じ「歴史の見取図」にしっかりと立脚したものだったのである。

吉田は日中事変の前も後も、歴史についてイギリス当局者たちに説教してまわったが、その事変という大変動が起こったからといって解釈を修正する気持はなさそうだったし、聞き手のほうが明らかに倦怠感をもよおしていることにもほとんどお構いなしであった。一九三八（昭和一三）年になると、イギリス側は吉田の話を陳腐な決まり文句と片づけるようになっていた。「昔の同盟時代に関する大使閣下の談話をくりかえす必要はない」とハンキー卿は四月、カドガンあてに書いた。「いかにして同盟が終りになったかという長話、その後日本をおそった不幸、中国ことに満州における日本商品ボイコット、日本の代替市場探求、イギリス帝国の多くの地域の対日封鎖または部分的封鎖、このことが日本の反英感情の高まりに及ぼした先鋭な影響、両国に旧条件に類する関係を復活したい願望。私はただ同情のつぶやきをもらすだけで、このすべてに耳を傾けていた[*86]」。だが実のところ、カドガンはその前にこの長話を吉田から文書で受け取る光栄に浴していた。一九三六年一二月一七日、吉田はこうした議題をめぐる会談につづいて、もっぱら「極東の現状とその状況をもたらした諸事件」を内容とする書簡を送ったのであった。その文意はつぎのとおりである。

ワシントン会議前には、日本の外交政策は二つの基本原則にもとづいていた。その第一が日英同盟条約にもとづくイギリスとの揺るぎない友好の原則であったことは、私の強調するまでもないところである。第二はわが国と中国の関係を堅固な基礎に立たせ、両国間の懸案を相互にとって満足のいくように解決することである。

ワシントン会議の結果が極東の全情勢をまったく変化させたことは、関係者すべてが認めなければならない。同時に私は日本政府が山東協定ならびに日英同盟廃棄に同意したについては、その同意によって日本、イギリス、アメリカ、中国のあいだに適切な関係が樹立されるものと固く信じたからであることを明らかにしたい。

この望ましい事態が実現しなかったのは歴史の問題である。中国の問題に関心をもつ列国間の共同政策はことごとく後を絶ち、中国側は各国をたがいに争わせる政策をとりはじめた。中国人の組織する各種のボイコット運動は、このことを十分に証明している。山東協定調印ののち日本商品のボイコットが華北に始まったとき、わが国は他のいかなる友好国からも同情ある助力を得られなかった。のちにボイコット運動は英、米、仏をもつぎつぎに目標とするにいたったが、列国間に一切の協定が停止していたために、ボイコット運動によって被害を受けた者はみな、各地で競って中国の青年と通謀することにより、当面の困難からのがれようとした。この結果は二つある。第一に中国の内部混乱がつのったこと、第二に関係諸外国のあいだにたがいの行動をめぐり誤解と不信が増大したことである。

混乱が増大するにともない、日本の対中国関係は困難を加え、同時に日本とイギリスの相互誤解が増大した。

この不幸な事態は、日本商品の中国市場からの引きつづく無制限なボイコットによって、日本輸出業者がほかに商品の市場を求めるのやむなきにいたり、そのためイギリスと貿易上の衝突を起こしたために、改善されなかった。

貴下は先日、イギリス公衆のあいだの危惧をそれとなく指摘されたが、日本国民もイギリスの対中国政策に関し、また対日通商政策に関して同じく危惧をいだいている。しかしながら、わが国民の目から見て、日本の過去の外交政策は完全な失敗と考えられていることを申したい。また私が貴下にこの書簡を読んでいただきたいのは、協調的かつ建設的な政策を発展させたいという国民の希望があるからである。イギリス国民の一部にわが国のいわゆる軍国主義者の「不当な影響力」を攻撃する向きがあることは承知しているが、日本の軍国主義者は他国の軍国主義者よりも軍国的ではない。人々が軍国主義者の声に不当に耳を傾けるのは、「経済制裁」が高圧的になり、友好諸国が非同情的になるときだけである。その一例は、ジュネーヴで「制裁」が議せられたのちにムッソリーニの人気が高まったことに明らかにみられる。

しかしながら、月曜日にも申し上げたごとく、たがいの過去を批判しあうことはなんの実際的価値もない。進むべき賢明な道が、あらゆる関係者の利益のために、将来の建設的な政策を考えることにあるのは間違いない。

この書簡には返事がなかったらしく、カドガンは、吉田が「日本の軍国主義者は他国の軍国主義者より軍国的でない」と述べた箇所の欄外に注記をひとつつけて、こう書いているだけである。「いや、われわれが不満なのは、それよりも彼らがあまりにも政治的なことである」[*87]

中国はマキアヴェリズムをもてあそび被虐症のように良識を欠いているというのが、吉田にとって基本的事実であった。一九三〇年代に起こったことで、一九二〇年代の吉田の見解にしみついていた中国側の「反省」と「誠意」の欠如に対する怒りを変えさせたものは何もなかった。また彼の価値構造のなかで、自分が適切な外交戦術として用いた二重基準を自覚させたものもなかった。日本の対中国政策については、彼は協調と「巧言」のうえに侮蔑を積み重ねながら、イギリスの対日政策については、宥和の分別と「友好」の意思表示を執拗に求めるのであった。日本にとって政治的見識であり外交感覚であるもの（大国との協調と黙認、中国の弱さと混乱の利用、「無礼なふるまいに及ぶ者」の処罰、経済手段のたくみな操作）は、中国が実行するときは、狭量で非難に値する行為（「各国をたがいに敵対させる術策」、外国を屈辱的で貪欲で残虐な「無礼」者として屈服を拒否すること、ボイコットを武器に使うこと）となるのであった。近衛内閣が宣戦なき「抹殺戦争」を開始してからも、吉田はその犠牲者を中傷しつづけた。イギリスの自治領相は一九三八（昭和一三）年四月、ハリファックス卿あてに「例のいつものお説教です」と書いた。「大使閣下は極東における昨年の諸事件に関する日本の見解をあらためてくりかえしましたが、それから察すると、日本の中国侵略の責任は、いつも日本人の喉もとを狙っている邪悪な中国人にもっぱら帰せられるようであります。大使は責を負うべき者のなかにわれわれまでも含め、われわれが中国人を抑制さえすれば、戦争は起きなかっただろうとほのめかしました。私は、もしわれわれが中国人を抑制していたら、日本の侵略はもっと速くもっと遠くまで及んでいたと思うと述べました。会談のなかで、大使と私は、きわめて友好的な精神で、歴史のいろいろなくわしい点につき言い争いました[*88]」

反省を最もさかんに説く者がそれを最も少ししか実践しないことは、おそらく自明の理であろう。この意味での大国的傲慢は、その年代の吉田に見られるように、意識の永続的な一面となっていた。しかし一九三〇年代の後半には、この意識はそのうえに重大な側面をかかえ込むことになった——その側面は、一二月一七日のカドガンあての手紙では意外にも抜けていた。それは、アジアの不安は共産主義およびソ連から起こっているという点であった。そこで、吉田流の赤禍論のいくつかの面について注意する価値がある。第一に、反共恐怖症は一九二〇年代の吉田の中国観のなかにすでに入っていたが、それが彼の思想の支配的な要素になったと思われるのは、一九二七（昭和二）年にコミンテルンが中国で壊滅してからかなりたった、一九三〇年代のなかばからであった。第二に、共産主義の脅威を説くにあたって、吉田は中国の抗日運動の背後にソ連がいると主張するばかりでなく、共産主義はかなりの程度日本の軍国主義自体の原因になっているという、はるかに大胆な非難を投げかけていた。つまり、軍国主義者は少なくとも部分的に共産主義に刺激されて起こっている、というのである。日本の軍国主義は真の日本にとって異質なもの、ほとんど非日本的といえるものである、それは共産主義破壊活動の魔手のもうひとつの現われである、という考え方は、機先を制するための単なる修辞の一手ではなかった。なぜなら、あとでみるように、そのような信念は太平洋戦争中における吉田のいわゆる反戦運動に強い影響を与えているからである。またそれは彼が一時、日本の「ファシスト」傾向を認めたこととも両立しないものではなかった。この一見した矛盾は、のちには「赤色ファシズム」の存在を自明とみなすことでうまく解決されることになった。

吉田のソ連に対する主張は、まったく善悪二論に立っていたわけではない。たとえば、ある機会に彼はクレーギーに対して、日本陸軍が対ソ戦争の準備を始めたのは、「極東におけるソ連の力がまだ比較的弱かったころで」、それは大体において、日英同盟の廃棄によって日本が孤立化し、軍部がこれに再軍備をもって立ち向かおうとし、「敵をもつことが必要になった」からである、と述べた。してみると、吉田は、第一次世界大戦後の日本政府の戦略計画の一部が見せかけだったこと、また一九三〇年代のソ連の極東における軍備増強が本来防衛的だったことを、いずれも暗黙のうちに認めていたわけである。[*89]

しかし、一九三六（昭和一一）年までには、吉田は最初の動機などには関心をもたず、それよりもソ連がアジア北部につくりあげた「難攻不落」の防備に関心をもつようになっていた。しかも、ソ連軍の強大な力にもまして吉田が力説したのは、共産主義インターナショナルの及ぼす微妙な腐蝕作用であった。そこで、一九三六年七月三〇日、イーデンとの会談で吉田は、イーデンが要約したところによると、「共産主義が中国のみならず日本にも存在し、両国で重大な要素になっている点について日本政府がかなり留意している」ことを力説した。二・二六事件に関しては、「東京における最近の反乱は共産主義の影響によるものである。中国自体で共産主義の影響を減らすことも重要である」とイーデンは聞かされた。ついで吉田は、日本政府は最近ようやくソ連が極東で従来の予想よりはるかによく武装していることに気づくようになったことを認めた。[*90]

それから約一週間後に、吉田は当時ロンドンの日本協会会長で元駐日大使をつとめた旧知のサー・フランシス・リンドレーとの会談で、同じ趣旨をいっそう感情的に力説した。リンドレーは吉田について、「ソ連の危険についての観察では、首尾一貫しているというよりは熱心な」人と評し、吉田は「明らかに真剣に考えてもらいたがっていた」と助言した。リンドレーは会談のその部分をつぎのように外務省に報告している。

しかしわれわれの問題の根は中国でなくてソ連である、と彼は断言した。共産主義は日本政府にとって中国問題よりはるかに大きな憂慮の種である。満州にいる青年将校の多くが共産主義思想に染まっているのを、自分は知っている。そこでこのような思想をはびこらせないことは日本の死活にかかわる問題である。もし中国がボルシェヴィキの影響下に入ったら、それは日本の破滅になる。したがって当然ながら、イギリスの中国における利権はイギリスにとっては、日本の中国における利権が日本にとって重要なのにくらべるとそれほど重要ではないが、それでも一様に破滅することになろう。もしイギリスがソ連の脅威について日本とある種の取決めに達することができれば、両国が中国に関する意見の相違について円満な解決策を見いだすことができるのを、彼としては一瞬たりとも疑わない。事実、彼は解決策を実現することに自信をもっていた。*91

それから数カ月して、カドガンが中国の抗日運動や事件はソ連の陰謀だとする吉田の主張に異議をさしはさんだとき、吉田は、それはまさしく「モスクワから指導されている」と答え、同年夏のモスクワのある会議で、「日本人居留民に暴行を働くよう指示した決定が行なわれ、中国の共産党本部に届けられた」といった。[*92] イギリス人は反共感情をまったくもたなかったのではなかったが、吉田と問題分析を同じくすることはなかった。ソ連のあからさまな対日軍事脅威に関しては、日本の冒険がイギリスの主な権益の存在する南部地域まで及んでくるのを、北からの脅威が牽制するかもしれないという程度までは、イギリス人も、たとえ日本側の主張に共感しないまでも、それを歓迎した。この点は、前出のピゴット覚書へのイギリス外務省の回答にみられたし、そのほかでもしばしば解説されていた。「われわれはソ連政府を疎外し、極東での日本に対する、またはそれより重要なことに、ヨーロッパでのドイツに対する均衡勢力としてのソ連を弱体化する行動をとる前に、その結果をきわめて慎重に考慮する必要がある」というのが、代表的な論評であった。[*93] 同時に、ソ連に対して日本と協力することは、たかだか「一時的な価値」しかないと感じられた。なぜならソ連の問題がなくなれば、日本は中国のイギリス権益に対してあらためて圧力を加えてくると予想されるからであった。[*94] イギリスが望んだのは、日本の勝利でもソ連の勝利でもなく、アジアの二国間に手づまり状態がつづくことであった。「われわれはソ連が日本を押しつぶすことを望まない。もしそうなれば、大戦前のようなインドおよびおそらくヨーロッパに対するロシアの脅威が、今度は共産主義煽動という油断ならぬ武器をソ連の兵器庫にかかえながら、復活してくるかもしれないからである。われわれの政策は、日本にその欲するもののツケを支払わせ、日本とソ連の衝突には中立を保ち、同時に将来のわれわれ自身の試練に備えることであるべきだと提言する。われわれは双方いずれにも決定的な勝利をおさめさせないように、可能と思われる圧力を双方に対して慎重に加えることになろう[*95]」

中国問題および、それほど人目をひかないソ連あるいは共産主義の影響に関してもやはり、イギリスは吉田の分析を受け入れる気持はなかった。むしろ反対に、日本こそイギリスの中国における利権に対する大きな脅威と考え、かなり理性的な判断から吉田方式を突きもどした。外務省極東部の一員は、日本はアジアにおける反共のとりでになるのではなく、「日本の対中圧力は中国の強化と独立をたすけるよりは、中国を共産主義に（少なくともソ連に）追いやる可能性が大きいと思われる」と観察した[*96]。

しかし吉田は、イギリスが彼の問題解釈に冷たい態度をとったにもかかわらず、反共主義を彼の秘密案の最初の草稿に入れることに固執しつづけた。

振り子理論と、歴史の冷厳な力と、共産主義の陰謀とは、吉田の世界観を構成する要素であったけれども、イギリス側がこれらの点に同意しなかったことは、かならずしも両国の接近の失敗をあらかじめ運命づけるものではなかった。両国にとって最終的な試金石は国家利害であったから、ロンドンでの吉田の努力の最も重要な側面は、対日宥和によってイギリスは中国においてばかりでなく世界中で利益を受けることを、イギリス人に納得させることにかかっていた。彼の戦術目標は従来と変わりがなかった。それはまず、日本、イギリス、のちにアメリカを加えた大国間協定を結び、それを中国に押しつけることによって、中国が「イギリスやアメリカに金切り声をあげて走りよる」（カドガンが要約した言葉）力を削ぐことであった。カドガンの解釈によれば、「われわれは太い棍棒をもって手助けすべき[97]」なのであった。

この戦術に沿ってイギリスに黙認を求める戦略的な議論の核心部分を、イーデンは一九三六年一二月に吉田と会談したあとで重点的に要約しているが、その会談で吉田は、日英通商競争の激化は目下の両国疎遠の根本原因となっており、これこそ日本が防共協定を結んだ主要な背景要因であるとの意見を表明した。イーデンの記したところでは、「彼は両国の通商競争の激化を全面的に認めた。同時に彼はそれが大方、中国情勢によるものと感じていた。日本は中国の日本商品ボイコットその他の原因により中国市場の大半を失ってしまった。中国での立場が好転し、日中貿易が増加すれば、イギリス自治領および植民地での日本との競争からくる圧力も、したがって軽減するだろう[98]」というのであった。吉田はこれはバーター取引であると率直に認めた。クレーギーは同じ一二月に書いているが、「彼は、中国の経済、政治情勢がいちじるしく改善され、その結果、貿易が増加すれば、日本が最も大きな利益を受けることを私からかくそうとしなかった。しかし、これはやがてイギリスの市場に対する日本の圧力を自動的に軽減し、両国の通商協定をはるかに容易にするだろうというのであった」[*99]。

以上の議論が、領土保全とか門戸開放などのうやうやしい修辞に飾られて、次章に述べる「吉田案」のかなめをなしていた。それは公平で論理にかなった議論のようにみえるが、実は吉田と同時代の人々をとらえていたあの宿命論的な経済決定論を拒否した点からいえば、楽天的で、感情的でさえあった。一九三六年八月、すぐれた学者で、東京のイギリス大使館の商務参事官として尊敬されていたジョージ・サンソムは、日本のジレンマと日英両島帝国間の手づまりとについて見通しの暗い、しかも洞察に富む査定文書をすでに提出していた。

したがって、日本の経済計画に故障が起るとすれば、それは貿易上の困難から生じる可能性があると、なん人も結論せざるをえない。この点において、日本の海外における通商拡大と、したがってその適法な経済的、政治的発展とに対する主たる障害と感じられているのがイギリス帝国であることは、意味深い。こうした感情が日英関係の問題にもつ影響は重大である。日本の外交官や一部上層の日本人でイギリスに対して感情的なつながりをもつ者は、伝統的な日英友好について語り、その種の言葉はわれわれイギリス側にもこころよい感情的な反応を呼び起こす。しかしながら、それはなんら政治の現実を意味するものではなく、そのような伝統というものは、所期の具体的な利益によって育んでいくことができなければ、ほとんど無価値にひとしい。日本の今日の国際関係のなかで、ソ連が敵と映るならば、イギリスはあらゆる方面で反日陰謀をたくらむ危険な競争者と映るであろう。二月二六日の「事件」後に成立した政府は改革を約束しているが、それは明らかに遂行不可能である。いかなる政府も一夜のうちに日本を自然資源豊かな国にし、また日本のかかえる外交問題への解答をみつけることはできないからである。したがって、もし広田氏が本年何かすばらしい魔術でも使うことができないなら、彼に代わって、いっそう野心的な政策をかかげ、そのために産業と財政を統制する決意を固めた権限の強大な首相が生れる可能性がある。しかもこれは日本の経済諸問題を解決するものではなく、さらに別の「危機」をつくり出すことによって、その問題を後方へ押しやることになりかねない。その危機は国内政治に起こるかもしれないし、アジア大陸での新たな冒険の形をとるかもしれない。基本的にいえば、情勢はつぎのとおりである。日本は小さく貧しい国で膨張を決意している。もし膨張できなければ爆発するばかりである。日本の経済膨張はいまのところ大方阻止されているようにみえるが、それはイギリス帝国によってであると日本はみている。それゆえ日本が爆発するとすれば、われわれにもある程度責任がある。いずれにしても、われわれは非難されるであろう。*100

年末になって、吉田が行きづまりを乗り越えようと熱狂的な努力をつづけている、まさにその最中に、サンソムは本国政府あてに「両国の利害はあらゆる点で根本的に対立しているから、総合的取決めなるものは……きわめて困難なものになろう」と冷静に報告していた。*101

第五章　吉田・イーデン秘密計画——一九三六—三七年

ジョージ・サンソムのような経済分析家が述べたとおり、一九三〇年代なかばになっても日本とイギリスそれぞれの目的の矛盾は調和できないという予想は、ほとんどレーニンのようなきびしい確実性をもっていた。また、ふりかえってみれば、その予想の正しさは立証されたようである。吉田の駐ロンドン大使の時期は、旧同盟国でいまや中国に支配的な力をもつ二大国のたどる道が決定的に分かれたことを示した。

吉田はこの数年間をふりかえって、戦前の外交官生活のうちで最も感銘深いものであったといっているが、[*1] 実は明らかな苦労と失敗の時期であった。西洋にいる東洋人として彼は独特の高飛車なやり方が許される環境から遠く離れていたし、当面する外交の重大さは十分心得ていたものの、自分の弱点をロンドンまで引きずっていったことには多分あまり気づいていなかった。わかりやすくいえば、イギリス側当局者の多くから外交官として大して尊敬されていなかった。東京のイギリス大使館がつくった一九三六（昭和一一）年二月の名簿にのっている吉田の経歴は、「吉田氏は個性の強い人という印象は与えないが、話し相手として人づきあいが良く、好感がもてる。同氏は英語、フランス語を話すが、いずれの言葉もあまり流暢でない……」[*2]と穏やかでいささか意外な書き方をしているが、それ以上のことはほとんど伝えていない。ほとんどあらゆる方面で、彼は松平恒雄すなわち「前任者ほどの力量はない」[*3]と先入観をもってみられていた。

こうした個人としての不利な条件に加えて、一九三六年から三八年にかけてアジアにはつぎからつぎへと事変や事件が起こり、衝突が避けられないとみるサンソムの暗い予感を裏づける材料になっていた。日本の国内政治は分裂するきざしをみせ、ロンドン到着から日中事変までの一年に、吉田は三つの違う内閣（広田、林、近衛）と関係することを余儀なくされた。しかも日本国家の政情不安定とは逆に、アジアにおける侵略政策の追求は一貫して高まっていくように思われた。日本が後押しした華北の分離運動、「北支」事変が戦争に発展、さらに拡大し南京では殺意に飢えた大虐殺事件の爆発、中国の欧米側利権を次第に侵害するなかで航空機によるレディバード号とパネー号の攻撃という画期的な事件——これらはみな吉田のロンドン在勤中に起こり、それについていちいちイギリスに説明することが、彼の任務であった。いまではほとんど忘れられたさまざまな事件がはなはだしく時間や気力を消耗させるのであった。たとえば、華北における日本の密輸事件は、イギリスの運営する中国海事税関の重要な税収を遮断することでイギリス政府を窮地におとしいれた。[*4] 台湾の日本人警官がイギリス海軍士官を殴打して顎に傷を負わせたいささか象徴的な事件は、いく月もイギリス外務省の上下を悩ました（基隆事件）。また北京駐在イギリス大使のヒューゲッセンが自動車で通行中、日本の飛行機に襲われて負傷する事件が起きた。吉田がイギリスに協調と妥協を説いている同じときに、イギリス人の多くは、日本は一九三四（昭和九）年の天羽声明以来「中国から手を引け」というのっぴきならない要求を欧米に突きつけているにひとしいとみていたから、意味のある協力関係はまず問題にならない情勢だった。[*5]

しかしながら、吉田は日中事変の前、またその後もある程度までは、いくつかの根拠からサンソム流の悲観論をとらなかった。第一には、イギリスの政策当局者の日本に対する考え方に二つの矛盾する流れがあることを見分けていたことである。それはちょうど日本に「二つの派」をみたのと同じであった。彼はそのころ、以前にくらべると「日本にとっての友人たちはいよいよ友好的に、敵意をもつ批評家はいよいよ敵対的になっている」[*6]とマーカム・ケネディに知らせた。この同じ印象を一九三六年八月、牧野伸顕あての手紙でも伝えたが、そのなかで吉田は日本に対して「悪気流」のある反面、「存外の好感」もあると述べている。ネヴィル・チェンバレン、オースティン・チェンバレン、サー・サミュエル・ホア、サー・ホレース・ウィルソン、サー・ウォーレン・フィッシャー、R・A・バトラー、サー・フランシス・リンドレー、それにサー・ロバート・クレーギーなどが、日英同盟の廃棄をイギリス外交の一大失敗としてともに惜しみ合える人びとであった。[*7]それにとどまらず、吉田はこうした好意ある態度は具体的意見にもとづいているから、これを日本に有利に役立てることができると、固く信じていた。しかも、こうした具体的意見なるものは決して実体のないものではなかった。

第一に、イギリス資本主義の危機は対日差別関税を促す原因ではあったが、その危機の様相からみて、イギリスは近い将来に経済上の理由から対日協力をやむなくされるかもしれないと考えられた。日本市場がイギリスにとってきわめて重要なことは、イギリス本国が日本の輸出貿易の大きな割合を占めているのと同様で、通商保護論は有利な反面不利でもあるから、考えようでは交渉の余地があった。[*8]また吉田の考えでは、イギリスの失業増加はかねて関心をもって注目していたところだが、このためイギリスの政策当局者は中国市場を拡大する必要を認めないわけにいかなくなり、そうするうえでは日本との協同が必要になるはずであった。[*9]

第二に、特に中国に関して、帝国主義間の協力という伝統的な考えは、イギリスの古い中国通にとってまだ大きな説得力があり、これらの人々は、一九三六年末の南京駐在イギリス大使の言葉では「中国は日英両国にとって十分に大きい」[*10]と見込みのない希望をまだもちつづけていた。そのうえ、イギリス自体の中国「再建設」案は、財政上のみならず政治的、技術的理由からも、日本の参加が何よりも目的にかなうものであった。この点は特に鉄道建設への借款といった決定的な分野について言えることで、イギリス当局者たちは、日本の協力なしにつづけることは「決して容易な、あるいは望ましい選択ではない」ことをひそかに認めていた。[*11] これに加えて、吉田はイギリスの自称中国専門家のいく人もが、中国は「腐敗」していて自分で家の中を整頓できないというのを聞いて、満足に思っていた。こういう意見がやがて広まり、そのためロンドンの政策当局者が、日本の大陸への政治関与が増大することに応じればそこから相互に利益が得られる、と認めるようになることを吉田は希望した。[*12]

第三に、ロンドン政策当局はヨーロッパとナチスの脅威にすっかり気をとられていた。吉田はネヴィル・チェンバレンの仲間のなかに最も同情ある聞き手を見いだし、チェンバレンのヒトラー宥和政策を、当時の状況では政治的識見に富む現実的なものだったとして終生弁護した。[*13] 彼自身の目的に関連していえば、ドイツの脅威によってイギリスは、本国方面で自由に行動するため、アジアでは日本を宥和する気になるのではあるまいか、とも考えた。

第四に、以上の点と関連して、イギリスのアジアにおける立場は軍事的にも経済的にもきわめてもろいものであった。イギリス陸軍省は「日英友好の重要性」と題する一九三六(昭和一一)年一月の覚書のなかで、つぎのように記した。「極東の事態は急速に進展しており、われわれが日本側の平和的浸透によって、しかも一発の弾丸も発射することなしに、同地における通商上の地位のすべてを徐々に失う危険にすでに直面していることは明らかである。しかし、日本との政治協定は、その好機をとらえさえすれば、いまでもわれわれの地位の多くを、これまた平和的手段によって救う機会を与えていると思われる」。まさしく平和的手段こそはイギリスがこの時点で動員できるすべてであった。またこの報告はつぎのことを認めていた。「ヨーロッパの問題が片づかないうちは、極東における、ともかくシンガポール以北におけるわが方の利益は、日本のなすがままに委ねられる。したがって、あらゆる手段をつくし、また多少の犠牲を払っても、対日友好協定によって、軍事手段では守れない利権を防衛することに努めるのが、理にかなった予防措置と考えられる[*14]」

　吉田はこのような情勢に敏感であったが、そのために日本軍国主義に関する立場はかえって両面的になり日和見的になった。日本の侵略はそれまでは日英関係を損なう力として働いていたが、それ以上に侵略が進行することからくる恐怖感にかられて、イギリスはいっそう協調的な政策をとるかもしれなかった。そこで、一九三六（昭和一一）年八月、吉田は牧野あての手紙に、そのような間にも何か華北あたりで事件が発生し、ロンドンでの自分の立場を悪くしまいかと「ビクビクものに御座候[*15]」と書いたのであった。しかし、一九三七年四月になると、そうした事件の起こる恐れについてはるかに楽観的な見方になっていた。「極東に事生ぜば、日本を敵としてその権益保護に成算あるべきにこれ無く、これ今なお英当局が日英関係（に）留意する所以と存じ候[16]」

第五に、イギリス外交官たちは、全体としてソ連の脅威に関する吉田の分析の内容に同意せず、それどころかソ連がドイツのヨーロッパ侵略と日本のアジア侵略への対抗勢力として維持されることを望んでいたのであるが[17]、それにもかかわらず吉田は、イギリス外交官は根本において反共の敵意をもつものであるから、特に中国に関して日英の接近をはかるにあたり、その点を利用できるものと考えた。

最後に、あまり実体のあることではないが、英米関係にかくれた緊張が存在することにいくらかの励ましを見いだしていた。イギリス外務省は、日英間にかりにも何か決定的な合意が行なわれるとすれば、事前にアメリカと協議する必要があることをたえず吉田に知らせていたし、彼も表面ではただちにこれを受け入れていた。しかし、吉田がかねてアメリカは根本的に「外交感覚がない[18]」といっていたことはすでに見たとおりであり、イギリス外交官たちもまた同じようないらだちをしばしば見せていたのである。この時期には、大西洋の両岸の協力関係は意見の不一致だらけで、これが対アジア政策に直接反映していた。ロンドン政府のほうがワシントン政府よりも中国での積極的共同行動の提案を真剣に考える気持が強く、イギリス外務省の多くの外交官が、吉田のように、アメリカ国務省の表明する高尚な「道義外交」を空虚で現実ばなれのした利己的なものとみなしていた[19]。

吉田は政府から比較的自由裁量にまかせるという了解のもとに駐ロンドン大使を引き受

けた。一九三六（昭和一二）年五月、日本から出発するにあたっては新聞にいろいろ記事がのり、当然イギリスでも注目された。それは、「日本の対英政策の完全な遂行」につき西園寺公望や軍の代表や実業界と協議したとか、中国での日英対立と、自治領およびイギリス植民地における日本の通商問題にもっぱら意を注ぐつもりとか、また大使はかなりの主導権をもつとともに、「文書による訓令など特別の交換」は避けることになっているから、両国間の正式協定は当面は望めないというものであった。吉田は記者会見で、日英関係が乱れていることをはっきりと認め、外交は「勝手な想像」ではなく「確定した事実」にもとづかねばならないと強調した。自分のロンドンでの主任務は、したがって、毒された雰囲気を清めるという比較的予備的な仕事になるだろうが、それは「両国間の状況は何か特別の条約ないし協定を必要とし、または可能とするところまで実際に進展していない」からであると、吉田は語った。イギリス人所有の英字紙『ジャパン・アドヴァタイザー』も、本国外務省のように、この吉田発言を「自明な事実の表明であり……吉田氏の任務が協定を交渉するものとは、日本で考えられていないし、イギリスでもそう受け取られていない、と確言できる」[20]として拍手で迎えた。

その後、吉田がロンドンで上層部の関係筋に歴史と政治講義をいやでも聞かせようと試みたのは、この雰囲気を清める努力であったわけだが、前章で見たように、彼のいう「確定した事実」のほうは、聞き手から「勝手な想像」とみなされることが多かった。しかし同時に、そして出発のときの言葉とは反対に、吉田はなんらかの正式暫定協定を結びたいという誘惑に負けてしまった。その手始めの行動はイギリス側外交官たちの油断を衝いたが、吉田はこれを執拗につづけたから、結局のところ大使としての一年目は計画に努力したというにとどまった。そして努力そのものは細目にわたっているために、真の危機の時代において帝国主義間の協力は可能かという問題に関するケース・スタディに、得がたい具体例を提供している。

吉田は着任後まもなく、イギリス外務省の代表者（ことにアレグザンダー・カドガン外務次官代理とイーデン外相）その他イギリスの有力者たちと一連の秘密会談を始めた。会談は明らかに、旧同盟両国のあいだで未解決になっている諸問題の包括的解決の基礎をつくり出すことを目ざしていた。一九三六（昭和一一）年一〇月二六日、彼は最初の詳細な「吉田案」を提出し、これに対しイギリス外務省は内部で十分に検討したのち一一月一八日に回答した。その三日後に、吉田はこの回答に対してあいまいな言葉で答えたため、そのやり方は外務省を激怒させ、一月二三日になって吉田は再考した覚書を送ったが、イギリス側の憤慨をなだめるにはいたらなかった。一九三七年六月二日、吉田は非公式の改訂案を草案の形で外務省に提出した。これは彼の意見によれば正式交渉の実務的基礎とするに足る全般的で同時に具体的な案であった。だが、もし七月七日に日中事変が起こってイギリスに討議の中止を余儀なくさせなかったとしたら、その案がはたして意味ある妥協をもたらしたかどうかを問うてみても、あまり実際的な価値はない。

提案について働きかけを行なったのは、終始吉田のほうで、はじめはかなり軽蔑をもって迎えられたけれども、その努力はイギリス外務省から次第にまじめに受け取られるようになり、のちには「吉田・イーデン秘密計画」として知られるようになった。これにはのちに大蔵省、植民地省、自治領省、商務省、ならびに吉田が賛成してくれることを期待して自分で動員したいろいろな有力政治家が関係するようになった。一九三七年六月までには、両政府とも吉田提案を本格的交渉の基礎にできると考えるようになっていたらしい。七月二八日、日本の外相は議会で、華北に武力衝突が起こる前に「極東問題について日英の会談は相当進んでいた[*21]」と述べた。それから一九三九（昭和一四）年の後半、吉田の帰国後かなりたってからも「日本に対して寛大で、中国に対して公正な平和」――ただし、当時対日寛大論への反感をまだつのらせていなかったスタンリー・ホーンベック米国務省極東部長にイギリス大使から伝えられたところでは、単に「日本と中国の双方に対して公正な平和」となっている――を保障するため、「全世界的な日英経済取決めにつき、一九三七年のイーデン・吉田計画案を再び考慮する用意がある」というのがイギリスの方針であった[*22]。

希望の表明——第一次吉田案

吉田はまず一九三六（昭和一一）年七月三〇日にイーデンに対し「明確な政策合意」を希望する旨を切り出し、同日サー・ヒュー・ナッチブル・ヒューゲッセンにもこのことをくりかえし表明した。彼は一般提案なるものをもちかけたが、近く中国へ大使として赴任することになっていたヒューゲッセンはこれを「風変わり」と評し、イーデンも奇妙なものと考えた。イーデンは吉田の申し入れをつぎのように要約している。

大使はひきつづきまったく自分一個の案だと称する、いくぶんはっきりしない提案をくわしく説明した。日本は中国の法と秩序の維持に任ずべきであり、一方イギリスは同国の灌漑に任ずべきである。灌漑は巨大な事業であるが、イギリスにはそれを遂行する特別な資格がある。中国の繁栄にとって長いあいだの洪水の危険に対処するより重大なことはない、と大使は述べた。私は、なんらかの了解に達したらアメリカも参加すべきだという考えがあるかどうか、また日本が中国全土で法と秩序を施行することに対して中国人はいかなる意見をもつと考えるか、を大使に質した。中国人はそれをむしろ自分たちでやりたいというに決まっている、と私は考えたからである。私の最初の質問に対して、大使は、アメリカはいかなる協定にも加入しないわけにはいかないだろう、さもなければ満足するまい、と述べた。大使は、アメリカには中国の繁栄を取り戻す事業で役割をふり当ててよいという考えであった。法と秩序については、大使はつぎのように答えた。中国が自らそれを維持できると主張しても現実には無理である。今、中国には、北、中央、南と三つの政府がある。中国人が北方の紛争は日本が起こしたものだと主張することは承知しているが、だからといって南方の政府に法と秩序を維持する能力がない事実に変わりはなく、日本人は南方にはいないのだから、それが日本のせいでないことはたしかである。[*23]

日本が中国で「法と秩序」の責任をとるという構想は、吉田のその後の個々の具体的な提案にも、それとなく含まれていた。その意味は、日本の事実上の中国支配であり、イギリスには好ましくなかった。だがそれは日本国内で軍部派の賛成を得るために必要だと、吉田は主張した。[*24]もっとも彼自身もそれを見込みのある考えと思っている様子であった。灌漑についての提案は一〇月二六日の第一次吉田案では強調されていなかったが、のちの修正案で再びとりあげられた。これもまたロンドン政府の熱意をさそい出すにはいたらなかったが、おそらく水利事業ではただちに利益配当金を想像できなかったからであった。

イギリス外務省極東部は、吉田と日本政府の不安定な関係を知っていたから、その「働きかけ」が東京政府の公式の考えとどこまで一致するかについてたえず確信がもてなかった。九月になって、吉田は日英同盟の実現を目ざして努力するよう一般的訓令を受けたこと、しかし現在のところ具体提案はないことを明らかにした。あとで語ったところでは、実際上「白紙委任」を受けていたのであった。吉田の文書は不明確なものであったけれども、イギリス外務省は、実質討議を始める基礎案を明確に策定したいという吉田のいわゆる「夢」を先へ進めるように促した。[*25] たとえば一〇月七日、カドガン次官代理は七月三〇日のイーデンとの会談に言及して、吉田に「いまだなんらかの明確な提案または行動方針を提議する立場にあるか否か」を質した。吉田は直接答えることを避け、まず「本国の当局と協議」したい旨を告げ、つづいてひとつの文書を送りつけた。これはカドガンの言葉によると「なんとも不可解な見解」で、その趣旨は、日本の「政治家たち」が中国政府と直接交渉を試みたのは正しくなかった、「好結果は得られなかったし、自分の意見では本国政府は他の関係各国政府と協議し、中国政府に対する共同方針につき合意に努めるほうがよい」というものであった。カドガンはこれに回答しなかったが、あとでひそかに非難した。が、彼は、通信、生産などの開発のため中国を共同で資金援助する件については、吉田を励ました。[*26]

「第一次吉田案」は、異例にも、当時ネヴィル・チェンバレンが蔵相になっていた大蔵省という経路を通って一〇月二六日、外務省に受理された。このような吉田の間接外交好みはそれからもイギリス外務省をいらだたせる種となるが、この場合、極東部が吉田を同情的に扱う気持にならなかったのはたしかである。「大使は、主として直接の関係をもつ者を除きだれとでも政策を討議する抗いがたい欲求をもっている」というのが、吉田スタイルについての典型的な批評であった。もっとも、イギリス自身の在外大使たちがそれより周到に正式の慣行を守っていたかどうかは疑問の余地があろう。吉田のイギリス外務省内での信望がこの結果傷ついたことは否定できない。[*27]

吉田覚書は、このように不吉な始まり方をしたものの、その後数カ月間イギリス政府内のいたるところで論議された。その内容はつぎのとおりである。

覚　書　案

（日本大使より大蔵大臣に伝達）

（極秘）

日本大使は東京政府より、日本およびイギリスのあいだに両国共同の利益に影響するあらゆる事項に関し明確な了解を打ち立てることを目的として、イギリス政府と交渉するよう訓令を受けた。

この了解の形式については特別の訓令が定められておらず、よって本使はこの件において自らの主導権を行使する十分な権限を有するものと判断し、したがって、以下の諸提案をイギリス政府の考慮に付し、その結果につき日本政府に通報するものである。

本使は中国の現況は相互の誤解の主原因を構成するのみならず、また日本にとり最も死活の問題を意味するものと思考する。本使は、かかる情勢安定のための日本およびイギリス間のいかなる協定も、極東における平和のための安定勢力を確保するに加えて、両国政府間の他の未解決案件に広範な結果をもたらす、との意見である。

本使は満足な解決が得られる前に多くの困難が存在することは十分に承知しているが、相互理解の精神をもってこれら困難を克服したい真正なる希求は、希求される結果をもたらしうるものと信じ、この目的のもとにつぎの提案を提出し考慮を求めるものである。
（a）両国は万里の長城以南の中国の領土権および主権を十分に尊重することを保証する。
（b）両国は現存条約の定めるとおり、中国の「門戸開放」の原則を完全に支持し、中国のすべての条約港における中国海関の保全を尊重する。
（c）両国は中国における外国の権益を承認しかつ尊重する。ただし、近年中国における外国の権利は中国政府によって完全に尊重されてこなかった点を指摘せねばならない。その明白な事例は通商排斥にみられるが、中国政府はこれに反対するなんら有効な措置を講じてこなかったし、また学生運動もその事例であるが、事を防止するなんら有効な措置も講じられなかった。日本政府はかかる状態を生じた一半の原因は関係諸国間に協力が存在しないことにあると考え、したがってつぎのとおり提議する。中国政府として以上のごとき権利を尊重しない場合、中国政府がそれら権利を害するため受容しがたい試みに出る場合、あるいはいかなる国に対しても通商排斥行為をとる場合には、日本政府およびイギリス政府は、その係争問題につき共同申入れを行なう目的をもって互いに協議すべきものとする。同様に、日本あるいはイギリスのいずれか一方が中国に関する既存条約を変更または改訂するためなんらかの行動をとる場合は、その問題は二国間において率直かつ十分に話し合われるべきものとする。

(d) 中国の安定と通商上の繁栄との原則は、繁栄する中国が日本産業の生産物にとり自然の市場であるにかんがみて、日本にとり死活の重要性をもつことが十分に認められる。しかし、中国の現状が中国の正常状態への回復に危険なまでに影響を与えていることは否定できない。したがって、現在中国に起こっている混乱を終らせる目的をもって、協力行動計画を進めることを提議する。

中国政府が秩序回復と国内資源開発を真剣に試みつつあることは感じられるが、この試みの成功は他の諸国が金融的、政治的援助を与えるか否かにかかっており、これがあってはじめて中国は秩序の維持、洪水防止手段、通信の拡張など実際の再建設に必要な事業を実行できる。よって、中国政府に所要の金融的、政治的援助を与える可能性につき、率直な討議を行なうよう提議する。

この金融援助に関連して、日本とイギリスのあいだであらかじめ討議すれば、迅速かつ満足すべき結論に達しうることが考えられるゆえに、中国、アメリカその他関係諸国に共同提示する前に、ひとつの案を作成することを提議する。中国に金融援助を与える件は、サー・フレデリック・リース＝ロスにより検討中と了解されており、その勧告が討議の基礎となりうる。

（e）日本政府は、南京政府の中国における秩序確保を妨げる強い危険のひとつは、ソ連政府により共産主義の影響がたえず伸張されていることにあると考える。イギリス政府は、この影響の間断ない拡大を中国政府が抑制しない場合、その結果として中国におけるあらゆる外国の利益に危険が生じることを理解していない懸念がある。イギリス政府の注意は、ソ連の新疆進出によって中国西部に存在する危険に特に向けられている。よって、中国政府との討議には共産主義の伸張を抑制するための援助の問題を含むべきことを提議する。

しかしながら、中国における政治秩序回復の問題は、中央政府の軍事力に依らざるをえないと認められる。日本が秩序回復に最も死活的利害をもつ国であるにかんがみ、中央政府軍隊の必要とすべき武器および弾薬購入のため、日本が長期信用を供与することにつき、南京政府と日本のあいだに取決めを結ぶよう提議する。また適当数の日本軍人が顧問の資格において中央政府に雇用されるよう提議する。

本使は、本提案には中国の軍事支配を獲得する意図を含まないことを十分明らかにすることが至当であると考える。所期の目的は二つある。第一に、中国に対する武器弾薬の輸入経路は一国のみに限り、これにより独立の将軍らがほかより供給を受ける道を能うかぎり遮断すること。第二に日本政府の対中国政策の統一を強化することである。目下、日本の中国政策が一定しないのは、外務省が南京の中央政府と直接に交渉するとともに、陸軍の政策は主として華北に向けられ、他方、海軍の政策はさらに南方に向けられていることによる。陸海軍将校を南京政府の顧問に任命することにより、現在の不統一は避けられる。

本使は、この提議に取り上げた二つの問題は日本と中国の直接交渉によって取り扱うべきものであるとの意見であるが、もし両国がこの件について合意に達しない場合には、イギリス政府の同情ある助力を歓迎する。

(f) 中国が世界市場として徐々に解体されつつあることの重大な結果のひとつとして、日本はその進んだ工業化のための自然的市場を見いだしえなくなっている。かくして中国市場を失った直接の結果として、日本商品のイギリスおよびその植民地への輸出が量的に増大し、不幸な通商論争を起こしている。日本政府が日本工業の生産物に公平な市場が提供されるべきであると考え、また高関税、人為的割当などの通商障壁は両国間の悪感情の原因となっており、たがいの困難を理解し合うことによってその原因を除去することが望ましいと考えるのは至当である。

中国の繁栄回復を実現するうえに両国が共同して援助するとの前提のもとに、日本とイギリスとは日本輸出品の妥当な割当量を討議することにより、相互友好を立証すべきことを提議する。この提案には、繊維品とレイヨンの輸出量は一九三五年の数量を基礎とするが、日本側においてこれより二〇パーセント減じた数量をイギリス政府が承認することを含めることもありえよう。かかる取決めの期限は五年とし、その終了するときに、状況によりさらに交渉を再開することもできよう。

(g) これらの方針につき合意に達した場合、イギリス政府はイギリス自治領と日本のあいだに同様の協定を結ぶことを斡旋するよう提議する。

(h) 両国間の金融関係を緊密化するよう提議する。金融政策に関する意見交換も考慮しうるものとする。

(i) 上記の方針について両国間で達せられるいかなる合意も、結果として両国の海軍問題に関する見解の類似をもたらすことは明らかであり、したがって、その合意が達成された場合には、この見解の類似にもとづき海軍会議の復活が実行可能と考えられることもありえよう。

了解に達する以上は、それを防衛協定の方面に拡大し、日本とソ連の戦争の場合、イギリス側において好意的中立を守るに対して、日本政府はイギリスが他地域で戦争にまきこまれた場合、極東におけるイギリス属領および通商ルートを保護するとの了解を具体化することがありえよう。

（j）同様に、以上の方向において合意が成立すれば、日本政府はイギリスが国際連盟の再建につき受け入れるいかなる計画についても、イギリスとの協力を考慮しうることを提議する。[*28]

希望、軽視される——イギリスの対応と吉田の屈辱

イギリス外務省は、覚書は東京政府と相談してから作成されたものと想像したが、ジョージ・サンソムはa項からe項までは吉田の個人的意見の性質をもつという意見を述べた。[*29]

この案に対する反応はいくつかの方面で現われた。真剣な討議のためはたして全体的で実務的な基礎として使えるかどうか疑う意見もあれば、にもかかわらずイギリスが日英間の行きづまりを打開するためなんらかの積極行動をとろうとするなら、実際にそれでやってみるしかないではないかとしきりに暗示する向きもあり、項目ごとに検討してどの点で協力が実行可能かを決めるべきだという意見もあった。

一般的にいって、イギリス外務省内部の反応は積極的なものとはいえなかった。「論評するには困ったもの」というのがすぐに出たひとつの注釈で、「このようなやり方につい

てはあまり誠意が感じられないと言わねばなるまい」というのがもうひとつの注釈であった。[*30]そのあとで論評した者は当時の常用句を選びながら「われわれが善意を装った希望とありきたりの言葉のかげに隠れるなら、彼の与えるものはきわめて少ない（要求するものは多い）のではないかとの危惧」を表わし、「しかし、それはやがてわかるだろう」と述べた。[*31]クライヴ駐日大使は「われわれに求めるものは特殊かつ具体的で、われわれに提供されるものは漠然として抽象的である」と打電したが、同時に、イギリス外務省としては吉田を落胆させるのでなく「勝手にやらせておくことだ」との希望を述べた。[*32]そしてこの希望、いやこの言い回しそのものがイギリスの対応を表わす標語となった。イギリスにはその泡のような幻想を破るだけの余裕がなかったと、カドガンは一二月一一日に書いた。「われわれは日本の政策も変わるかもしれないという考えから、むしろ日本に勝手にやらせておきたいと思った」[*33]のであった。選択の余地はほとんどなかったし、クライヴが年末近くこの問題に気乗りうすになったとき、ロンドンの本省の人々が憤慨したのは意外なほどであった。その一人は「真剣な話し合いのためには雰囲気がよくないのはたしかだが、吉田氏とのこうした討議を試みずに、雰囲気をよくする見込みが本当にあるのか」という反応を示した。[*34]

これを別の観点からみると、イギリスの反応は全般的にいって道義的主張と現実政治《レアル・ポリティーク》とが結びついたものと考えることができる。道義的主張のほうはたえずくりかえされる中国の保全尊重の宣言に現われていて、それは「外国の支配」を押しつける結果になりかねないどのような提案にも反対すること、またイギリスはすでに共同行動とか秘密外交とか相互主義の古い戦術を放棄していると主張することであった。[35] イギリス側は吉田に、会談の結果生れるいかなる日英合意もアメリカおよび中国との協議に付されることを、たえず通告していた。イギリス外務省も、儒教の美風にしたがって、日本側の「誠意」[36]のなさについて長々しい解説にふけっていた。この点で、イギリスの吉田と日本に関する一九三〇年代の覚書類は、皮肉にも一〇年前の中国に関する吉田の覚書類を鏡に映したようなものである。そこで、政府というものは、すべて自らは「誠意」を体現すると考え、交渉する相手国には「反省」が足りないと思うものである、と結論できるかもしれない。だが、それは格別な文化価値の問題というよりも意識されない利己主義の問題である。

　イギリスの全般的な反応のなかに現われた現実政治は、以上の道徳主義を背景に、ひときわ高い調子を帯びていた。なぜなら、現実政治からいえば吉田案は基本的に利用価値があることが明らかに認められるばかりでなく、イギリス自身が中国に対する昔の権謀政治の態度をまだ完全に捨て切っていないことを暗に意味していたからである。それまでに最も目立って変わったのは、イギリスが結集できる力であり、だからこそ、いやいやながら態度も変わらざるをえなくなったのであった。たとえば「外国の支配」が大体において望ましくないのは、「イギリスの平和《パックス・ブリタニカ》」の時代が終りに近づいていたからであり、現状において外国の中国支配といえば何といっても日本が優勢だったからである。一〇月二六日の吉田覚書以前に表明された最も楽観的な見方は、吉田は「中国を日本とイギリスが手術する無抵抗な人体とみなす傾きがある」[*37]というものであったが、こうした見方も長くはつづかなかった。吉田覚書のd項、e項に含まれる政治的援助の考えは、イギリスから見るとうっかり口をすべらしたもので、「これは、吉田氏が華北の侵略を中止し外務省の政策に従わせるため、自国の軍部に差し出した餌である」から、イギリスがこれを受け入れたら、「結果として中国を日本の従属国家にしてしまうだろう」[*38]。また別の当局者は書いている。「問題全体の核心は、全般的な宥和と協力か、それとも中国搾取のためのイギリスと日本の一種の連合体か、いずれをとるべきかである。前者ならわれわれの望むところだが、後者はうまくいって日本の望むところである（もっとも実際には、日本はわずかばかりの残り物をくれることでわれわれの黙認を得て、あらゆる搾取をやりたいのである[*39]）」

しかし「協力」とか「連合体」とかいずれの言葉で述べられていても、イギリスの関心は、結局のところ道義的ではなく物質的なものであり、そのことは「イギリスの通商のための中国の秩序と繁栄」や「われわれは自国の権利を維持し利益を保護する決意である」[*40]という、まるで神聖不可侵といいたげな言い回しに現われていた。「われわれは自ら特殊な利益を求めない」と解説したのはカドガンであるが、それはすでに膨張と搾取をとげ、いまやその既得利権が脅かされている国の、古典的現状維持の表現法にはかならなかった。[*41] またこの時点で、イギリスは日本に対してある程度までこう主張していた。日本が中国とイギリスから、イギリスが前に中国から奪ったものを奪うのは道義に反する。それからしばらくのち、外務省のサー・ジョン・ブレナンは率直に記していた。「ことの真相は、イギリスが中国に支配的な地位を獲得したのは、一九世紀にこの国といくたびか戦争をした結果である」。そして彼はその支配的な地位を説明して、それはただ「多数の貴重な商企業」ばかりでなく、「イギリスが税関運営参加権、上海（共同）租界行政の管理権、鉄道職員人事権、中国沿岸および内水の船舶業務の維持などについて有する異例の治外法権的特権」から成っている。「これこそが、わが方の権益を尊重するという日本側の確言に対して、われわれの付与する意味である」。さらに、ブレナンがつづけて述べるように、日本の親英米派でもその保証を与えようとしないだろうし、与えようとしてもできない。そうすれば一九三〇年代の「国家的犠牲」を無にすることになるからであった。[*42]

だが同時に、この点には根本的な矛盾があった。それは、外国による支配に反対するとのイギリスの公約と、中国で自国の既存支配手段を維持するとの言質との矛盾であり、また協力と相互性の解釈をめぐるイギリスと日本との矛盾であった。[*43] それ以上に、日中事変前にはイギリスの観察者たちは、日本は中国支配に最後には失敗すると単純に考えていた。外務省の一員は一〇月二六日の覚書に関する議事録のなかに、「中国はゴムボールに似ている。強く押しつければ跡が残るが、それも圧力がかかっているあいだだけである。日本はこんな風に際限なく圧力を使わなければならなくなる公算をはたして冷静に考えているだろうか」。その公算はありそうもなかったから、結論は実利を考えることであった。すなわち、日本が「利益を与えるからといってわれわれが通商相手である中国人をわざわざ敵にまわしてもいいほどまで、万事を牛耳ることは結局のところありえない」[*44]。道義論は特殊権益とは違って、融通のきくもののようであった。もっとも日中事変勃発後には、特殊権益のほうも日本によって全面的に抹殺される危険にさらされたから、ホワイトホール（ロンドン官庁街）の外交官たちにとってそれほど不可侵なものではなくなった[*45]。

吉田は一一月六日、イーデン外相に会い、一〇月二六日の覚書について一般的な説明を行ない、それは自分で実際に書いたものではないが、東京政府の明確な訓令の範囲内での彼自身の提案を意味する、といくらか謎めいたことを述べた。それから二人は提案の要点についてざっと目を通した。イーデンはａ項、ｂ項の領土保全と門戸開放に歓迎の意を表しながらも、吉田の「長城以南」という限定的な意味をもつ重要字句にふれるのは、ことさら避けた。ｃの共同申し入れの項について、イーデンは共同行動すなわち棍棒政策を意味するものであり、実際的にも道義的にも受け入れがたいというイギリス外務省の見解を、さらに上品な言い回しで明らかにした。吉田はこれに異論を述べず、相手国の利益の尊重を強調し、ことに「中国中部における」利権に関しイギリスに保証を与えたい考えであるにすぎないと述べた。

援助と防共に関するd項とe項は、イーデンにとっても、また外務省全体にとっても同様に、格別の関心があったから、この機会に外相は、日本の「政治的援助」をいう場合、吉田が何を考えているのかを聞き出そうと努めた。「ちょっと意外なことに、吉田は、これは日本と中国の将軍たちとの関係を指すものだと説明した」とイーデンは記録に書いている。吉田は、あまりはっきりとではないが、日本が従来のように軍閥政治に介入することをやめ、代わりに中国に強力な中央政府をつくることに政治的支持を与えることに専心すべきであるとの見通しを語った。イーデンが、中国は兵器をもっぱら日本だけから購入すべきだとのe項の吉田提案の真意を質すと、吉田はニコニコしながら、この点を入れたのは「日本の陸海軍当局にある種の満足を与えるためで、中国はいま多くの方面から兵器を受け取っているが、対日関係がいったん友好を基礎に樹立されたうえで、この点の譲歩が得られる場合には、日本の政治環境に大いに力になろう」と述べた。

ついでイーデンは通商金融関係項目（f、g、h）は関係各省に検討させると述べ、これに対し、吉田はロンドンで日本の信用格付けが「ひどく低い」ことを嘆き、そのような差別は日本にいっそうの輸出を強い、ひいては両国間の通商上の敵愾心を高めるから、何の得るところもないと論じた。吉田案の最後の二点、i項の海軍条約とj項の国際連盟は、一般的に言及されただけであった。イーデンの意見では、基本的に二国間というより国際間の問題だったからである。[*46]

イーデンの評言は外務省の関心のパラメーターをかなりよく表わしていた。たとえば、a項では地理的に境界を画する「わな」、c項では「排他的協力」と「中国いじめ」の暗示、d項とe項では政治協力の「悪魔の本性」[*47]を避けることであった。f、g、hの各項は、外務省よりも大蔵省、商務省、自治領省、植民地省の管轄領域にあると考えられ、i、j両項は遠い先のしかも陳腐な問題であるから、現在注意に値しないとみられた。しかし、それより外務省内ではるかに鋭い関心が向けられたのは、d項に提起された日英の対中国金融援助の可能性であった。イギリスからみれば、これこそ具体的な吉田提案のなかで最も当面実現性ある点、イギリス自身当面の対中「協力」構想に最も合致するもの、「日本の誠意の試金石」となるものであった。[*48]それは「全問題の核心」であり、すなわち「各方面」[*49]の風あたりを弱める鍵であったが、せんじつめれば、それは吉田が一九二〇年代以来日本帝国の活力源として関心をもっていた、鉄道という古くからの問題に突きあたるのであった。イーデンはこの金融援助の提案を一二月八日の吉田との第二回会談で論議したが、[*50]かなりの時間と各省間のやりとりが、中国の鉄道建設に対する合同借款の可能性を打診するために費やされた。その過程で、二つの点が明らかになった。ひとつは、イギリスはさまざまな理由から一方的にでもそのような借款を供与するように迫られよう、したがって、日本の協力を必要とする。[*51]第二に、この件に関する日本とイギリスの対話は既存の国際借款団の内部で事実上行なわれているが、日本政府は南京政府との交渉の行きづまりが打開される前には、鉄道問題について確言するのを渋っていた。[*52]

イギリス外務省が吉田覚書に対する中間回答書を作成することを確定したのは、ようやく一二月二一日ごろであった。吉田はその翌日、その回答書が来ることを知らされた。ところがその前にひとつの不愉快な事件が起こり、この時期の荒々しい緊張関係や個人的失望の姿を異様なまでに生き生きと示すことになった。一二月一〇日、イギリス外務省はローマの大使館を通じて報告を受けた。『タイムズ』紙に最近敵意ある記事がのったため、当時日独防共協定の調印を阻止しようとしていた石井菊次郎子爵その他の「穏健派」ははなはだ意気阻喪し、結果としてその調印阻止の努力をあきらめてしまったというのである。在ローマ大使館の報告は「不運なことに、ロンドン駐在の日本大使もこの記事が出たとき手を引いた。そしてイギリス政府は少しばかり前に日本との友好を望むことを示していたのに、日本の手順の遅いのにいらだって、明らかにこれ以上何もしないことに決定した、と日本大使は言明した。大使は、『タイムズ』の記事はイギリス政府とイギリス国民の日本についての本当の意見を表わしたものである、と本国政府に告げた」と述べている。

この報告の起こりは日本の駐イタリア大使で、大使はまた「部下の参事官をローマからロンドンに派遣し、吉田氏の任務を応援させたが、吉田氏は気が滅入りがちで、事が起こったとき事態の成行きにまかせた」といっている。もし吉田がローマからのこの公電に対するロンドンの回答をすぐ見たのであったら、伝えられる失望はたしかに深くなったであろう。「彼は非常に気の弱い人物で」、「その職についても大して役に立たない」と一担当官は書いていた。そしてカドガン外務次官代理は、かねてから日英協定の可能性について失望をしばしば表明していたのだが、その反応は公平というより痛烈をきわめたものだった。「吉田氏については、きわめて不満足な〔代表者〕といわざるをえない。氏はわれわれを敬遠し、大蔵大臣にその『提案』を伝達した。彼は外部のあらゆる人と相談したが、当方へは決して来ない……彼は何がイギリス政府の見解であるかを語る立場にいない。それを知ろうと努めないのだから」[*53]

一〇月二六日の提案に対するイギリス側の最初の回答草案は一二月二一日に作成され、説明電文とともに駐日大使クライヴに送られた。電文は振り子理論がまったく効果がないわけでもないことを示していた。クライヴは、この回答が「日本政府の穏健分子をたすける」[*54]かどうかを特に聞かれたからである。一月七日には、商務省と植民地省、自治領省の見解を織り込んだ改訂案がつくられ、それには「回答は日本の見地から格別励ましになるものがない」[*55]ことを認めた付属書が添えられていた。一月一三日から一五日にかけて、外務省と大蔵省はかなり活発に意見交換を行なったが、少なくともそれからみると大蔵省は長城以北とか以南とかについてあまりはっきりした認識をもっていなかった。またこの意見交換によってチェンバレン蔵相が吉田案に個人的にかなり興味をもっていたことがわかり、結局のところ大蔵省が正式回答のぎりぎり前に出した意見は、あれだけカドガンをいらだたせた吉田の外務省を通さない行動も当然で筋道の立ったものであると述べている。[*56]

最終的な会談備忘録《エード・メモワール》は一月一八日にイーデンから吉田に直接手交され、彼に予期しない苦痛を与えた。a項は長城への言及を取り除き、中国の領土保全の尊重を中国の行政への不干渉に適用していた。門戸開放についてのb項は、日本による密輸事件を非難し、海関業務を再確認するように字句があらためられていた。c項は、イギリス利権の保護を強くうたう一方で、中国に関する協議については友好的ながらなんら言質を与えていなかった。中国に対する金融・政治援助を中心とするd項については、イギリス側は、積極的協力に「最大の共感」を表しながら、中国にとって全面的に受け入れられる形でなければならないと強調していた。鉄道借款計画が特に言及され、この協力が失敗した場合の責任は明らかに日本側にあるとされていた。このd項の結びのところで、「あらゆる国がときどき失望するのはやむをえないが、その場合、最大限の忍耐と抑制を行使してはじめて中国の安定は得られる」と力説することで、現行の日本の政策をほとんど歯に衣を着せず非難していた。

e項について、イギリス側は軍事顧問と兵器はもっぱら日本から中央政府に供給されるという吉田の当初提案を、にべもなく拒否した。中国での共産主義の脅威を否定はしないものの、この項ではイギリスは日本と同じ考え、すなわち基本的に政治的、軍事的な問題でモスクワに指導されたものという観点をとらなかった。この点について、外務省は実際のところ、共産主義運動を農民の経済要求にはっきり関連づけて強調した大蔵省の見解には反対であった[*57]。通商問題に関して重要なf項とg項については、イギリス側は市場の世界的配分を交渉する可能性をまったく排除してはいなかった。しかし、この備忘録のなかに何か現実的な期待を読みとるためには、だれか楽観的な日本人をつれてこなければならなかったであろう。イギリス領植民地で繊維品に輸入割当を課する問題は、まったく防御的に「過度の規制されぬ競争」への対応と説明され、一九三四（昭和九）年に事前にこれを解決する試みが失敗したのは日本側の責任である、とはっきり述べていた。

h項は金融問題に関する意見交換については簡単に通り一遍にその意志のあることを表明しただけで、さきに日本はロンドン政府から金融援助または便宜をほとんど期待できないと吉田に伝えた悲観的説明には、なんら立ち入っていない。i項、j項の海軍問題と国際連盟については、イギリスは、これらが国際的な性質のものであって、いかなる日英協定にも結びつけがたい点を強調した。そして備忘録の結びでイギリス政府は、「現在の困難を相互理解の精神をもって打開するのに努めるため」吉田と協力したい意志であると表明している[*58]。

備忘録の終りに表明された協力の意志は、イギリス外務省員たちが吉田に対して異常なまでの侮蔑的嫌悪感を爆発させたことで、たちまち打ち消されてしまった。なぜなら、極東部を非常に憤慨させたことには、吉田は三日後に回答して、イギリスの回答は「当惑させる」ものであると述べ、代わって単に漠然とした一般的な声明文を希望し、またも本国の「仲間を励ます」保証を迫ったからである。[*59]カドガンはこれに同意したが、「大使の異様ともいえる術策」に内心腹を立てた。「大使は普段よりひときわ理解しがたい」と彼はその議事録に書いた。そのとき海外にいたイーデンあての報告では、「彼は支離滅裂だ」とまで極言した。吉田がいま要求するような漠然とした宣言なるものは「何ものも意味せず、事態をまったく進展させない紙切れ」にすぎないと彼は考えたのである。ヴァンシタート外務次官はこの新情勢の要点をまとめて「はなはだ歪んだもの、間違いなく一歩後退である。日本側は実際問題となるといつも後退する。このことは彼らが現在交渉する用意のないことを明らかに示している。しかし、このまわりくどい手順に訴えたいというのであれば、機嫌をとって勝手にやらせておくほかはない[*60]」。

だがこのことはイギリス外務省の書類に見られるかぎり、吉田が最も評判を落とした一週間の始まりにすぎなかった。一月二三日、彼は当初の一〇月二六日付覚書の改訂文を提出し、これによって「誤解を招く点」を除去しようと考えた。外務省が承知していたように、吉田はかねて本国政府と直接相談するため近く東京に帰りたいと許可を求めており、カドガンあての手書きの添え状で、「責任ある方面のごく限られた人々に貴国の友好的な感情を示す」ために用いられるような回答がイギリスからほしいことを明らかにし、そのような文書は決して公の場にもち出されることはないと保証した。吉田の一月二三日付改訂覚書は、主要な《リーディング》（吉田はまぎらわしい《ミスリーディング》という）字句のうちイギリス側の注意を引いた点の多くを除外していた。たとえばａ項の「長城以南」、ｃ項の共同行動の暗示、ｄ項とｅ項の日本による排他的な政治的、軍事的「援助」の提案、などである。中国への金融援助は再び強調されていたが、今度は、前からの「洪水防止」の考えに新たに力点が置かれ、鉄道借款については明らかな言及がされていなかった。海軍協定と国際連盟も格別とりあげられていなかった。紙面が最も多く使われたのは、通商危機と中国問題との関連を述べ、日本とイギリスの繊維協定の考慮を要望している部分であった。[*61]

カドガンは一月二五日に再び吉田と会い、新しい吉田文書は前のものと同じく、かなり特殊なものであるという、一見明白なことを指摘した。だから、吉田がいまほしいと表明しているような漠然とした回答をイギリス側から出すことは、この場合できないわけであった。[*62]この時点で、吉田はカドガン自身にまずまずの漠然とした「日本的」声明文を起草してくれるように求めたふしがある。――そしてこの点をよく考えてみるために退出したとき、吉田の評判はどん底まで落ちた。一月二七日、クライヴ駐日大使はつぎのように電報した。「日本大使には敬意を払うものながら、その入手を希望する文書が日本に自由主義的政府のできる機会を強めるとの言明は、馬鹿げている。……吉田氏は日本であまり重く見られていないのではないかと思う。彼がひきつづいて帰国を希望していることは理解に苦しむところで、何をやりとげようというのかも私にはわからない」。クライヴの主な情報源は松平恒雄だったらしいが（「親英米派」同士の中傷をかいま見させるものか？・）、彼はつづけて、吉田がロンドンへ出発するとき一見つまらない「失策」を犯して、「宮中をいたく悩ませた」[*63]と述べている。この電報はやや融通のきかないクライヴからの変哲もないあらさがしのように思えるが、それがイギリス外務省極東部で回覧されると、部員のあいだに吉田に対する一連の異常な個人攻撃の引き金を引くことになった。「吉田氏は札つきのへま男と思われる」とか「吉田氏と何であれまじめな問題を話し合うことはまったく不可能である」とか、「吉田氏ははっきりいって良くない。それはそれでいい。やらせておけ。だがまじめに相手にするな」などの意見が続出したのである。そういう書類にイーデンは「同感だ……」とペンで書き込んだ。[*64]

このように吉田は大目に見られることになったが、その翌日、彼はカドガンの書いた文章を自分の改訂ステートメントとして提出した。それはまさに、中国問題、通商危機、両国間の金融関係を修復する希望を表明しながら、それが必然的に不可能であることを立証する背理法の文書であった。[*65]「すべてが……あまりにも不毛、むしろ途方もない」とカドガンはいった。そして二月五日になって、イーデンは同じ種類のイギリス側回答を直接吉田に手渡した。それはイーデンが一月一八日付のイギリス側当初回答を伝達してからはじめての二人の会合であった。吉田はその回答を受け入れない理由を率直かつ簡潔に述べた。彼は「困難なことがらについてあまりに詳細、あまりに正直」だというのであった。彼はイーデンに「事態をある程度まで日本側からながめる」ことを求め、「両国間の世界的な通商競争はいまやきわめて先鋭なものとなっているから、日本では昔の良好な関係に戻ることはできないと考える人が多い。自分はこの考えはとらないが、この点につき日本政府を説得すべきなら、話し合いの道をふさぐ難問を最初からもち出さないことが賢明である」[*66]と述べた。

希望、打ち消される——第二次吉田案

吉田の帰国計画は実現しなかった。彼がイギリス外務省を相手にぶざまな舞踊《パ・ドゥ・トゥ》をつづけていたそのとき、一年足らず前に成立に協力した広田内閣は倒れた（一九三七年一月二三日）。そしてつぎに来たものは、雰囲気の一時的な、ぼんやりした変化であった。二月二日に成立した林銑十郎内閣の外相になったのは、意外にも、それまでパリ駐在大使であった「穏健派」の佐藤尚武であった。佐藤の日英関係声明はロンドンで歓迎され、その対中国政策は協調的になるものと判断された。前にクライヴ駐日イギリス大使が激しく否定していたにもかかわらず、いまや新内閣は振り子が揺りかえすことを示すかと思われた。佐藤の存在は、カドガン、クライヴその他の、吉田は真に本国政府を代表していないというたえ間ない不満をわずかながら解消したかと思われた。[*67]

だが佐藤の外相在任は短かった。林内閣が五月三一日に総辞職し、六月四日に成立した近衛内閣では、吉田の期待にかかわらず、佐藤の留任がなかったからである。[*68] しかし、ここにいたっても、イギリス外務省内のためらいがちな有望論は鈍らなかった。佐藤の退任は残念であったが、近衛文麿を首班に広田弘毅を外相とする新内閣は「かならずしも一歩後退にはなるまい」[*69] と結論したからである。こうした予想の高まりは、一九三七（昭和一二）年春から初夏にかけて、吉田の悪口がイギリス外務省文書のなかで少なくなっていったことに間接ながら現われている。そして、六月になるとイギリス側は真剣な対日交渉を望むようになっていた。成功の可能性について幻想をいだいたわけではなかったが、以前のような切迫感からくる極端な激しさを失っていたように思われる。たとえば、四月にカドガンは、イギリス外務省は日本政府から明確な提案が来るのを待っている、とアメリカのノーマン・デイヴィスに通告し、その会談の要点をつぎのように記録している。

同時に、日英情勢を実質的に緩和するどのような提案を行ないうるかとなると、いささか難しい。日本にその希望する通商利点を与え、かつイギリスと各自治領が許容する措置を文書にすることは不可能に近いだろう。日英関係改善の方策は、日本側が中国に関する政策を変更することにあるのは疑いない。日本がその隣国とよりよい関係を樹立し、その市場の発達につき助力するならば、情勢を全体的に緩和することができる。日本がこの方向に動きはじめるかもしれないある兆候が見えるから、当方としてはその動きにはずみがつくことを希望するばかりである。デイヴィス氏はこの情勢観にまったく同意した。[*70]

五月六日、イギリス政府は下院において、非公式の会談が進行中で正式の交渉に発展することも考えられる、と認めた。[*71]だが、このときまでに、あれこれの予想や論争が公然ともちあがっていた。たとえば、会談は「中国で『勢力圏』体制を復活する」狙いがあるという噂がしきりであった。イーデンも当時の佐藤尚武外相もこれを否定したが、グルー駐日アメリカ大使は東京にいて情勢を判断し、これに相変わらず疑問をもっていた。日本とイギリスが否定したにもかかわらず、グルーはワシントンに電報してつぎのように述べた。「華北を日本の利用すべき特殊圏とみる日本国内の傾向が強まるばかりでなく、勢いを得つつある事実に変わりはない。また佐藤氏は……日本が華北を中国のほかの地方から切り離して扱うべき地域とみなしていることを、二度までも明らかにした。日本は見たところ華北の独占的経済権を求めておらず、それを受けると期待もしていないが、一九二一（昭和六）年以前に満州で特殊利権を打ち立てたと同じく、その地域にも特殊利権を打ち立てる方向に動いている。この試みが成功したら、満州での結果から判断して、その結果は掛け値のないところ排他的『勢力圏』の設定と大差ないであろう」[*72]。中国はイギリスとアメリカの代表にその懸念を伝え、両国より、イギリスは従来どおり中国の最善の利益をしっかり念頭に置いている旨の確約を受け取った。[*73] 五月の末に、イーデン外相とチェンバレン蔵相は、予想される吉田案は「日本商品に対するイギリスの割当撤廃に関する合意と、中国の経済発展に関する合意にもとづく」ものとなることを、直接中国側に通告した。二人は中国代表に対し、イギリスは中国における日本の特殊な立場の承認を考慮するものでないことを確言し、その理由のひとつは、そのような合意はイギリス自身の中国での経済利益を制限することになるからだとほのめかした。[*74]

実際に交渉が始まるのではないかという新しい、またはかない希望があったが、それはかなりの程度まで、吉田が本国政府とともに、一月の徹底したやりとりを考慮に入れて正式声明を打ち出せるかどうかにかかっていた。イギリス側は、吉田は佐藤が外相になってから、一〇月二六日の覚書も、これに対するイギリスの当初の回答も、本国政府に伝えたものと理解していたようである。[*75] 五月三日、吉田は「考慮中の日英協約に関し、私は東京政府から見解を受け取ったが、それは原則的に私の考えに沿ったものである」とカドガンに書き送った。しかし、まだいくつか不一致点が残っていたからその見解をイギリス政府に提出するには若干の時間を要した。ところがなんとめずらしいめぐりあわせか、吉田が佐藤外相はかならず承認してくれるものと信じた案文を本国に電報したのは、林内閣の総辞職を知った日のことであった。そして六月二日には、遠からず行なう「確定提案」がどんなものかを知らせるため、この案文の写しをイギリス外務省に秘密に伝えていた。

六月二日の覚書は、今度もまた主として吉田の私案で、「第二次吉田案」というにふさわしいが、それには今度もまた多少表現上の問題があり、イギリス側に異論があった。問題点を指摘されて、吉田は訂正個所を平静に受け入れ、最近まで日本大使は駄目だと考えていたイギリス側当局者も、この提案で「交渉は幸先よく始まる」[*76]だろうと今度こそ本当の希望を表わした。だがそうはいかなかった。六月二日の「非公式案」は、吉田が明確な合意を期待したかぎりでは、行路の終点であった。この案の全文はつぎのとおりである。


日本とイギリスのあいだに過去に存在した親密な関係を想定し、一九二一―二二年のワシントン会議以来中国に起こっている複雑な情勢を考慮し、また極東における平和と世界の全般的繁栄の不可分の関連を認識すれば、日本とイギリスとの関係を調整し、従来より満足すべき基礎のうえに置くことは、きわめて重要と考えられる。

日本とイギリスのあいだの不一致の主因は通商上の衝突にあり、両国間の通商上の衝突は世界中に拡大しているが、その主たる原因は中国にある。中国においては排日運動によって日本の産業がその自然な市場から排除され、世界の他の地域にはけ口を見いだすよう余儀なくされている。中国における日本商品ボイコットにつづいて全世界に全般的な貿易不況が起こり、この二つの要因が相まって、目下の日本とイギリスの通商利害の世界的衝突をもたらしている。したがって、もし日本とイギリスの協力によって中国における秩序の維持と繁栄の増進が実現されるならば、日本とイギリス間の通商競争がいたるところで緩和されるのみならず、全般的貿易回復の見通しが極東の方面から現われることになろう。

イギリスと日本の両国政府間で率直な討議を要する主要な問題は、つぎの三項目にまとめられよう。

(1)世界貿易の確実な要因として中国の再建設を目的とする日本とイギリス間の協力。

この点に関してはつぎの点が不可欠と考えられる。

a　日本とイギリスとが各々の中国主権尊重の政策をくりかえし表明し、中国における秩序の維持と繁栄の増進に協力すること。

b　日本政府とイギリス政府とが、中国に関連して起こりうるいかなる政治、経済上の進展についても、ひきつづき必要に応じ率直な意見を交換すること。

(2)日本とイギリスの通商競争の問題。

各自治領との最近の交渉の結果、貿易協定を締結するにいたったが、日本政府はいっそう永続的な解決策の基礎となるものを探求しうるものと考えている。このためには、世界貿易における日本とイギリスの通商上の要件につき、現状を共同して研究することが必要と考えられるが、満足すべき解決にいたる措置は、つぎの方策にしたがって討議しうるであろう。

a　イギリス政府は、イギリス自治領および植民地において、日本商品に対して設けられている現存の障壁あるいは差別につき考慮を加え、機会あるごとに基本的平等待遇を実施するために、あらゆる助力を行なう。

b　日本商品のイギリス本国への輸入について、日本政府はロンドンに日英合同貿易委員会を設置することを提案する。

c　他の世界市場における日本とイギリスの通商上の衝突について、日本政府は相互に満足しうる解決策を見いだすようきわめて熱心に望んでおり、イギリス政府の提案を歓迎するものである。

(3)日本とイギリス間の金融連絡の緊密化。

両国間の友好関係を固くし、日本とイギリスの金融市場間の長期にわたり樹立されてきた結びつきを推進する目的にかんがみ、日本のロンドン駐在財務官とイギリス大蔵省とが両国の金融政策および、その他起こりうる金融問題につき意見を交換することが望ましいと考えられる。

日本政府は、この機会にイギリス政府がつぎのいずれかの方法によって金融援助を供与しうるか否かを質したい。

a　日本債の市場価格が許せば、日本に別の借款を供与する可能性を考慮できるや否や。

b　貿易信用保証局の機構を通じて、長期信用にもとづきイギリス商品を購入する取決めができるや否や。

中国に関する問題についての説明

(1)日本政府は華北を南京政府から分離し、あるいは同地域より外国利権を排除する意図をまったくもたないことを断言する。

しかしながら、日本政府は、華北が満州国に地域的に隣接している事実にかんがみ、華北におけるいかなる無秩序、あるいは地方官憲による行動で日本および満州国にとって不利なものに対して無関心でありえないことを指摘するのは、十分正当な理由があると考える。日本政府は、華北の現情勢は満州国の地位について中国がいまだ同意していない事実の直接の結果であることを認識している。しかしながら、華北の現状は、もしイギリス政府が南京政府に勧告して日本の華北における権益および満州の平和的発展に不利な行動を差し控えさせることができれば、〔「ただちに」の一語が覚書には入っているが、あとで抹消されている〕あらたまるものと考えられる。

(2)日本政府はあらゆる未解決問題につき中国政府と交渉し、両国関係を確実な基礎のうえに築きたいと強く望んでいる。

日本政府は、日本と中国の関係につき、その願望をイギリス政府の前で率直に披瀝する充分な用意がある。日本政府はその代わりイギリス政府が随時、中国政府に対する友好的助言により助力と支持を与えてくれるよう期待する。

(3)中国への投資にあたり、個別的競争を排除する目的をもって、日本政府およびイギリス政府は、なんらかの対中国金融援助がいずれか一方の側で考えられる場合、たがいに協議することを提議する。

(4)日本政府は中国海関の現存組織に全体として賛成する。

中国の再建設は金融援助を含まざるをえないゆえに、中国税関組織の強化が重要であることを日本政府は認識している。日本政府は、イギリス政府が日本代表の中国海関参加が同海関における外国代表に関する根本原則にもとづき維持されるよう保証してくれることを期待する。

(5)日本政府はまた、イギリス政府が貿易に障害となっている現存関税の改訂を保証するため、日本政府と協力することを提議する。

(6)日本政府は平和で繁栄する中国を築きたい欲求をもつことを確言し、イギリス政府がこの目的に沿うため望ましいとすでに考えているいかなる提案をも討議する機会を歓迎する。

両国の相互利益を増進する目的をもって、日本政府は中国におけるイギリスの権益を完全に尊重することに同意し、イギリスの経済的発展を妨げる意図を一切もたないことを確言する。イギリス政府としては、日本商品ボイコット運動あるいは、その他日本の利益に介入するいかなる運動をも完全に停止させるため、日本を助けることが期待される。[*77]

六月二三日、イギリス外務省は、日本政府は吉田の草案概要を承認した、と東京のアメリカ大使館に通報し、今後のロンドン会談は公認のものとなることをにおわせた。アメリカ大使グルーは、情勢についてのかぎられた知識から、日本の交渉立場の本質は、「日本が中国でのイギリスの利益を妨げないと宣言するのとひきかえに、イギリスが自治領市場も含むイギリス市場で日本商品に対する差別をしないと確約する」ことであるとの結論に達したが、これはイギリスにとって受諾しにくい取引だろうと予測した。[*78]しかし七月一日になっても、カドガンは、吉田から日本側提案の正式通知をまだ受けていないことを報告し、近衛内閣は最近の期待に反し、華北に関して強硬路線政策に転換しつつあるかもしれないと結んでいた。[*79]このとき、七月七日、日中事変は起こり、中国の心臓部とイギリス「権益」の実際の神経中枢を目ざして南進する日本の侵略は始まった。吉田の一年にわたる努力は一日で脇へ押しやられ、近く始まると予想された交渉は、乱雑にとり散らかした歴史のごみ箱のなかの小さな一片となった。だが、当然そうなるべきであったのかもしれなかった。

帝国意識――一九三七年

日中事変直前のカドガンの心配は見当違いではなかった。なぜなら、吉田は提案が現実の交渉に発展しようとしていたちょうどそのとき、新外相、新首相でありかつての同族的仲間であった広田、近衛と、思いがけず論争を始めていたからである。もし日中事変が起きなかったら、時間と議論の進行が日本側の意見の衝突をはたして解決していたかどうかは、まったく憶測に属する問題である。それはまさに、一九三七（昭和一二）年七月の危機が生じなかったとしても、秘密の「吉田案」にもとづく実際的交渉に成功の機会があったかどうかという、つぎにくる問題と同様である。

イギリス側からみると、吉田の駐ロンドン大使としての最初の一年は、彼の後年のかたくなな定型化したイメージとはほとんど一致しないように思われる。日本官僚社会の型やぶりな「ワンマン」も、当時は「強い個性をもった人間という印象を与えない」、感じのよい人物と見下されていた。その日本語での公言がそっけないことで知られた辛辣、高慢なエリートが、英語を話すとなると「首尾一貫しない」「理解できない」「首尾一貫するというよりただ熱心な」人物として描かれ、ときにはみじめで、ぐらついたあわれむべき男として現われ、その高慢さは本場のイギリスではほとんど勝ち目がなかった。自らの「現実主義」を誇り、ロンドンへ向けて出発したときも「勝手な想像」を避け、「確定した事実」に依拠する必要を強調した中国通が、友好という漠然とした表現を懇請することに多くの時間を費やし――そして、イギリス人からみると、サンソムその他が「感情論者」と呼びならわした日本人たちの仲間に属していたのであった。吉田の最も好んだ外国語の字句は英語の「外交の感覚」であったが、イギリス人たちは彼にそれが情けないほど欠けており、悪ければ「へま男」、よくてもせいぜい「勝手にさせておく」男にすぎないとみていた。吉田は西欧の場ではうまくやっていけなかった。そこでは彼は日本や中国での権威主義的な性癖を支えた階級や地位や物質的優位ももっていなかった。

それかといって、吉田がこの難しい時期においても、弱い、はなはだしくは「感情的」人物であったと考えることは正しくなかろう。なぜならイギリス人は、吉田の「軍部集団」反対と、またそのゆえの影響力の無さをたえず暗に指摘していたけれども――そしてカドガンにいたっては「ある意味では喧嘩早い少将とでも付き合うほうがよほど満足だ」[*80]と叫び出したとしても――同時にイギリス外務省は、中国に関する吉田の「具体」提案が帝国主義的、激情的で、根本の点で軍国主義者の態度と合致することに気づいていたからである。イギリス当局者による吉田提案の要約は、この点をはっきりときわだたせている。「邪悪な中国人」「獅子の分け前」「従属国家」「無抵抗体」「共同行動」「排他的協定」など、そこに使われている字句がそれである。吉田が防共協定とか日英関係にかけるべき比重とかいう基本政策をめぐって、本国政府と反目していたことは否定できない。たしかに彼は関東軍の役割を率直に批判したし、上司よりは、中国危機について欧米の仲介を求めるほうに傾いていた。しかし日本がアジア大陸で獲得したものについては、古い帝国主義の法律的二枚舌によるものであっても、新しくは満州国や華北のような既成事実によるものであっても、それを放棄させようとはしなかった。愛国者は、自由主義的な者たちでも、すすんで不当利益を吐き出そうとはしないものである。吉田の中国に対する態度は、私的にも公的にも、一九二〇年代と同じく優越感に裏づけられ、譲歩を知らぬものであった。

ロンドンの担当当局者たちが、吉田から熱心ではあるが、いくらか頭のぼやけた、へまばかりする男の印象を受けたにかかわらず、吉田のほうは彼らに対して格別感情的だったのではない。日本はイギリスを必要とする、しかしイギリスを万力で押さえつけ、しかもたくみに締めあげることで譲歩をしぼり出せると信じたのである。ここで角度を変え、吉田の東京政府との当時の通信の観点からみると、いまや力が次第に失われていく事実に当面して、中国における在来の権利と特権の保持を主張して感情的になっていたのは、イギリスではなかったかと問うことができよう。吉田はイギリス外務省にもちかけたと同じように、つまり友好の漠然とした表明を懇請したりして、本国政府に申し入れをしたりはしなかった。彼は本国に対してもイギリスに対しても、中国問題と世界貿易の危機は切り離せないという基本命題を強調し、いずれの政府に対しても解決の困難な点を軽視しなかった。しかし、吉田が東京政府に向かって、イギリス資本主義の内部的窮迫（失業問題から起こる）は保守党を中国に関する取引に追い込むだろうと力説したこと——その一方で、イギリス側には日本資本主義のさしせまった危機（軍備と財政不安定）を指して時を稼げば得をする兆候として注意を促したことは、ちょっと皮肉な情景であった。

吉田が第一次吉田案でイギリスに対し「誤解を招きやすい諸点」を明らかにする努力をしていた一方で、彼の東京あて電報は、そういう点をイギリス外務省が実に正しく理解したことを示していた。すなわち吉田は、排他的軍事援助の取決めと日中経済統合にもとづき、中国のうえに日本の事実上の保護国の像をつねに描いていたのであった。彼はイギリスの日本に対する伝統的感情や友好や、その潜在的否定面である道義的関与とかそれに似た信義行動の公約などを不当に重視せず、むしろ、イギリスは実際的であるから和解はできると論じていた。すでにイギリスのアジア「専門家たち」は、中国は弱く、「腐敗し」、権謀政治のため無力化していること、遅かれ早かれイギリス政府はアジアにおけるイギリスの戦略的、経済的弱体のきびしい現実と、中国への過大な関与の不毛性とを認めるものと考えられると述べていた。

日本側のこの間の記録は断片的であるが、「吉田案」時代の吉田の本国政府に対する立場を明らかにしてくれる文書がいくつかある。一月はじめ『タイムズ』の記事事件で極度に気落ちしていたときから、イギリスの一月一八日付備忘録が強い調子を伝えたときにかけて、吉田は東京政府に慎重ながら楽観論を伝え、「イギリスと日本のあいだの関係が非常に好転しつつあるように思う」と書いて、いくつかの理由から非常に望みをもっていると述べている。「第一にイギリス政府は日英関係を非常に重視してきた。第二に支那の問題について日英協調の意思が強い。第三に、日英通商関係——日英通商関係は、イギリスと日本の間でなくて、むしろほかの市場における日英商品の競争である——を打開する趣意に賛意を表してきた。第四は日本の通商発展に脅威を有すること、第五は日本の公債の低利借款のことも商議に応ずる用意があるというような意思を表示していた」。原田熊雄によれば、広田総理はこの報告を喜び、「これで行くと全体の様子が大変よくなるように見える[*81]」といったそうである。しかし、広田内閣はそれから数週間のうちに倒れたから、吉田の意見のありようを洞察させる最も興味ある資料は、その後、彼が日中事変前に霞ケ関の廊下をわずかのあいだ動きまわっていた政治家たちへつぎつぎに送ったいく通かの長文の簡潔な公文のなかに見いだされることになる。

林銑十郎大将の新内閣は二月二日に成立し、三月三日まで林が外務大臣の職を兼ねた。吉田のこの内閣になって最初の長文の電報は、二月一七日に外相としての林あてに発信されている。それは中国・イギリス・日本のジレンマについての彼の立場の要点を説明し、終りに独自の中国問題解決案を述べていた。この覚書のなかではつぎの点が力説されている。(1)日本・イギリス国交調整の鍵は、中国市場の繁栄を招来することで全般的な通商利害を調節することにあり、日本は「右繁栄の実現、保持および増進」に寄与することによって、東アジアにおける「安定力」としての役割を最も有効に表現することができる。しかしそのように事態を発展させるためには、イギリスおよびアメリカの理解と助力が必要である。(2)イギリスがかつて日本の通商の発展に相当の恐怖を感じていたことは否定できないが、この恐怖は割当制が適用されて最近はいくらか緩和されてきており、原料値上がりによって日本の進出もいくぶん鈍っている。これはオタワ協定の作用、イギリス国内の景気によるものである。しかしながらイギリスはいまだ中国における日本の行動のみならず、その国内事態に関して不安をもっている。ヨーロッパの政治情勢が混沌としているおりから、イギリスはアジアにおける権益保護の能力について一層の不安を感じており、ことに日本との関係に注意している。(3)イギリスの保守党は失業問題にははなはだ悩まされており、「この見地よりするに、英が対支貿易ならびに投資を等閑視し得ざるはけだし自然の数にして、支那の安定および繁栄は日英関係打開の一大眼目たらざるべからざるものとす」。(4)日本の立場からみると、日中関係の行きづまりを打開しなければ、日本がアジアにおける安定力となろうとする努力は妨げられ、「対蘇関係についても、一大障害」となるであろう。日中交渉から第三国の関与を排除する帝国政府の方針はこれまで有効でなかった(「支那に少しく重圧を加えんか、支那は英米その他にすがり、わが鋭鋒を避くるの作戦に出た」)。したがって、中国は日英関係の鍵であると同時に、イギリスは日中関係の鍵である。[*82]

これを一般的背景として、吉田は林首相兼外相に対し、つぎのような「粗雑なる理想案」を、中国問題の困難に対応し、「日英通商全般関係」の調整を実現する基礎として提出した。

(1)日支間に話し合いを遂げ、支那軍隊所要の兵器、軍需品はもっぱら日本に依存せしめ、現に支那が傭聘中の外国軍事顧問、教官等を日本軍人により代わらしめ、もって支那軍備強化の指導を計り、蔣介石はこれに対し反日共産運動の弾圧および治安維持にあたる。

(2)日支経済的提携につき充分なる話し合いを遂げ、関税協定、資源開発および産業発達に関する互恵的協力をなすこととし、

(3)以上(1)および(2)を南京政府が応諾するにおいては、帝国政府は一貫せる方針の下に蔣政府を援助し、その政府の安定に助力す。

(4)支那の治水および交通に関し広く日英(米)の技術および財力を利用し、もって同国市場の繁栄を招来するに努むること。

(5)以上政策は英の了解を取付け、英をして日支間の交渉の側面より我を援助せしめ、ま

た英と話し合いのうえ米をも誘うこと。[*83]

このような案は中国の立場からみて、とうてい協調的なものとは考えられなかった。五項の提案は順を追っていえばつぎの意味を含んでいたからである。(1)日本による中国の政治的、軍事的支配、(2)日本に対する特殊経済特権の供与、(3)蔣介石支持のため日本の中国国内政治への干渉、(4)中国の交通通信への外国支配の増大、(5)南京政府に対する大国の圧力。

これらの提案については、全般的にもう二つの点に注目しなければならない。第一に、提案は、国民党と中国共産党との抗日統一戦線を成立させた西安事件（一九三六年一二月）にひきつづいて行なわれていることである。日本は蔣介石を「援助」すべきであると主張することで、吉田は中国の国内政治に関与すべきでないという従来の方針を修正したばかりでなく、またおそらく統一戦線の分裂をはかったのである。[*84] 第二に、吉田は一九一五（大正四）年当時は二十一カ条要求に反対だったが、一九三六（昭和一一）年末、三七（昭和一二）年初の具体的提案は、二十一カ条要求のうちでも、当時反対の声があまりに高く日本が結局放棄せざるをえなかった悪名高い「第五号」に含まれた「希望」や「欲求」の一部とほとんど同じ条件を、中国に押しつけようとしたものとみることができる。「第五号」は中国が日本の軍事、政治、財政顧問に依頼すること、兵器を日本から購入すること、指定地域に日中合同警察権を設けることを提案していた。[*85] この提案は中国主権に対するあつかましい侵害として、当時世界中から非難されたもので、吉田は日本の動機について欧米に疑惑を起こさせるという戦術的根拠からそれに反対したのであった。だが新しい既成事実外交のなかでは、時節が到来したと結論していたようである。

三月三日、佐藤尚武が林に代わって外相になると、吉田は新しい上司のため自分の主張を再検討してみる必要を感じた。（三月一〇日と一一日の）二日にまたがった電報で、彼は林あての通信で述べた基本点の大半に再検討を加えた。すなわち、日本の対中外交とイギリスとの相互関係、イギリスのヨーロッパ問題への没頭とその結果なんとしてでも対日敵視を避けたい欲求、イギリスの態度形成にあたっての失業問題の重要度、中国市場の重要度とその発展にあたっての対英協力の必要、アジアの「安定力」となるべき日本の運命、日英協力の具体案の必要、日本は中国共産党に反対し蔣介石を支持すべしとかつて林外相に特に進言した点、などであった。[*86] 吉田は佐藤外相に、ロンドンで影響力もあり考え方も同じ連絡相手の一人は、大蔵省でチェンバレンの側近のリース＝ロスであると説明し、つぎのように述べた。

英政府わけて保守党政治家の終始念とするところは失業問題なり。彼等が英国産業のための新市場と最も目指すものは南米および支那にして、後者はそのいっそう嘱目するところ。しかるに「リースロス」はその渡支以来支那の繁栄は日支関係の改善にまつべく、日支関係の改善をみざるかぎり対支投資の安全期すべからずと論断し、英国政府わけて「ネビル・チェンバレン」を動かせりと存ぜらる。「チ」の親日論はその独自の主張もあるべきも、「リ」の所論により確信をさらに強めたるものあるべし。

支那の真の繁栄によりて日英通商関係の緊張を緩和すべく、日英の協力によりてのみ真の繁栄を招来し得べしとの本使の所論は、たまたま「リ」の所見と一致せるがために、「チ」の支持を受くるにいたれるものと思わる。[*87]

また吉田は、その中国問題提案の効力のひとつは、日本が中国に領土的野心をいだくという疑惑を一掃する点にあると考えること、提案の線に沿ってイギリスの「了解」を取りつける自信があることを、佐藤外相に陽気に報告した。結論として、中国に関する協定にはアメリカを除外してはならないとくりかえし述べ、ただし「今なお支那事情に暗き米の国情をもってせば、まず英の了解を取りつけ、しかるのち米に及ぶを可とすべし[*88]」と付言した。

イギリス側の記録は、一九三七（昭和一二）年四月から六月にかけて、吉田がかねて英語で作成していた各種の覚書について、イギリス外務省とかなり具体的に文書をやりとりしていたことを示している。だが日本の記録は、この点についてまったく明らかでない。

佐藤が吉田に努力をつづけるよう促したことは疑問の余地がないが、六月四日には広田が代わって外相になり、吉田が政治的救済者ともちあげる近衛がはじめて首相の地位についた。六月二日の「第二次吉田案」は、どうみても日英関係で広田新外相が第一に当面する問題であったが、六月なかばころ、彼はこの案について根本的な批判を吉田に伝えた。まさにこれこそ、吉田が六月二八日のそっけない回答で予測していたものにちがいなかった。その回答で吉田は昔の級友の政策提案に「はなはだ失望」を表明し、すすんで八項目の反論をまとめた。[*89]

(1)日本の東京および南京からの外交電信は、イギリスの実際意図を、吉田の了解するところとは違い、誤って解釈している。実際に、日英接近への関心は吉田のロンドン到着前から存在し、イギリス側がすすんでこの種会談の件を取り上げたのである。吉田の強調するところでは、これはイギリスの知人らの漠然とした友好感情といったものでない。「これ、もとよりその私情に出ずるにあらず、日英接近が英国策上有利と信ずるがゆえ」であった。[*90]

(2)極東におけるイギリスの目下の軍事的な弱体さは、日英取引に通じる。「欧州政情の紛糾はついに英をして十五億ポンド国防案を決せしめたりといえども、一朝変に臨みインド以東の英の権益擁護の困難を思えば、日英同盟旧時に想到し日英提携の利益に考え及ぶは、常識として英側の真意ははなはだ明瞭なり」[*91]

(3)ついで吉田は現実政治《レアル・ポリティーク》のきびしい面を適用して、吉田自身の評価とは反対にイギリスの対日態度は和解できないまでに敵対的になったという議論を反駁する。「支那における抗日思潮の横溢を目前に見ゆる英国出先官吏中、自然対支政策上日本接近の愚を説く者もあるべし。支那政府側においても抗日の目的のために、ことさらに英支親交を誇張する者もあるべし。しかれども英人にして支那をもって rotten〔腐敗した〕もしくは mysterious〔神秘的〕となすもの、本使自らこれを耳にせることも再三ならず。支那の既往現在を知る英人識者は真面目に能く支那を信頼し得べしと自信し居る者いくばくあるべきや。支那政治家にして英の信頼を得たりと自信し居る者いくばくあるべきや。いわんや英の常に主張する世界の平和に支那が貢献し得べき実がありとは御世辞にも言えざるべく、英国政治家がその世界政策的見地より日本を重視すべきこともまた常識と言うべく、出先官吏もしくは一部事務当局の新支那論と英本国の政治的中心よりすれば重視せられざるところなり[*92]」

(4)しかし、吉田はイギリスに日本に対する批判と疑惑が少なくないことを認め、これをなくするためには「消極的には支那主権尊重、積極的には繁栄協力を揚ぐるの必要」を論じている。ついで一見広田の主張に譲歩するかのように、主権尊重がよろしくなければ繁栄と協力を強調することがいよいよ必要になるとし、「空虚の文字を用ゆるに努めて、ついに無意義の提携を提議するがごときこと[*93]」のないよう警告する。

(5)つぎに彼は、イギリス人のなかで中国の事情に通じた者は、また融資や投資によって中国に深入りする危険を知っていると力説する。その議論は、イギリスが融資にのりだしたら日本の不利になるのではないかという不安を、からめ手からやわらげようとしているように思われる。「投資の増大は危険の増大なり。我はいたずらに英の投資を嫉視するを要せず。投資大にして英が支那に深入りすれば、それだけ英の我に依頼せざるべからざる公算大なるべく、これ経験に富める英人の容易に対支借款談に応ぜざる所以なり[*94]」

(6)かつて駐日アメリカ大使グルーが用いた「勢力圏」を想起させ——かつ吉田や穏健派が反対したと自称する「既成事実外交」を暗示する——項目のなかで、吉田は特に華北の情勢に注意を向け、つぎのように述べている。「北支事態は満州熱河事変の付随事態にすぎず。支那が率直に満州熱河の既成事実を認めてその善後処分に関するわが交渉に応ずれば、北支問題は自然解消すべき論理なり。しこうして満州熱河の現状既成事実の現存することにかかわらず、その善後処分に応ぜざる以上、北支事態の今日あるは当然にして、その責支那にありとの態度において英その他に臨むべく。他面北支事態もまた過（去）数年我の努力において築き上げたる一既成事実なるをもって、支那に対してはこの事態を対支要求の一武器としてわが正当なる要求達成に利用すべく。これを要するに、北支事態は対支関係にして日英間の問題にあらず。日英交渉において日支関係打開に英をいかに利用すべきやの問題あるのみ」[*95]

(7)および(8)この最後の二項目で、吉田は、主として前に提出しておいた案——おそらく六月二日の覚書——にもとづきイギリスと交渉を開くよう広田に許可を求めている。しかし、広田を困らせたらしい「主権尊重」の字句を撤回することには同意している。[*96]

広田がその意見に動かされなかったのは明らかである。彼は六月二八日、吉田あてに回答を電報しているが、これも電文を見ることはできない。しかしこれに対して、広田はまもなく、そのロンドン駐在のあまり外交的でない部下から、またも憤慨の表明と正当な外交慣例についての短い説教を受けることになった。七月七日付、ロンドンからの怒った公文で——それは日中両軍部隊が蘆溝橋で運命的な衝突を始めるわずか数時間前のことであったが——吉田は最近の訓令遂行前にまだ説明を要する点があると確認を求めてきた。[*97] それは、吉田の説明によればこうであった。「英の求むるところは帝国政府の意嚮説明にあらずして、日英国交調整の definite (or concrete) proposal なり」。吉田は、広田の訓令は一方でこの要求に合わないばかりか、他方、求められないことに説明を加えるものだという。「帝国政府の政策はこれを問われるも、場合によりては答えざるも可なるべく。いわんや問われざるに我より説明、弁明を加うるがごときは、わが帝国の名誉のために本使のあえて為すあたわざるところなり」。[*98] 吉田はさらにつづけて、広田の訓令は彼の理解するかぎり、中国に関する日英国交の調整にとって「一片の事務的意味」しかないから、低いレベルで扱うことができるという。広田の案を実際に伝えたなら、イギリス政府は「はなはだ声の大にして、その実の小なるに驚くならん」と思われる。吉田の意見では、同じ批判は日英通商問題に関する広田案についてもあてはまり、日英間の実質的協力の不可能を確信しての案であるかと問うている。*99

広田の訓令をイギリス外務省に伝達することを事実上拒んだあとで、吉田は自分の基本的主張をもう一度くわしく述べ、そのなかでこれまでの林、佐藤、広田あての電文にはさほど明示されていなかった国際間の力関係についての考察をつけ加えていた。

卑見をもってすれば、日支関係の局面打開と日英協力主義を善用し、支那が貧金に窮して借款運動に狂奔するに乗じ、まずその糧道を断ち、英をして日支関係改善せざるかぎり対支借款に応じ難しとの建前を執らしめたしと存ずるところ、貴電台方四四七号によれば対支関係においては当分主として経済および文化提携の方針をもって進まるる御方針と承れるも、日英関係を御利用相成る御考もなきもののごとし。これ（本使）の失望禁ずるあたわずとなすところなり。

国費膨脹、歳出倍加の今日、わが国運維持のためには通商貿易（を）倍加せしめ百億台にはぜひとも上せざるべからざるところ、世界四分の一の国土を占有する英帝国と、世界人口四分の一を包有する支那を敵視し、もしくは除外してわが通商発展を考うるあたわず。当今の時局においては対英、対支関係善処のために拙案についてはさらに充分御考量を仰ぎたし。[*100]

電文の最後に吉田は、広田が吉田と意見を異にしながら「大体の趣旨」において吉田案と大差ないと認めたことを型どおりとらえて、先に提出した案にもとづきイギリスと交渉を始める許可をあらためて求めた。その結果が決まらないうちに、この文書をもって吉田が帝国主義の世界的取決めにかけた最後の望みは終りをつげたのである。

現実主義と道義主義――帝国意識補論

吉田案は一九三七（昭和一二）年七月七日に消滅した。だが、日本による日中事変の大規模な拡大に対するイギリスの当初の反応ぶりから考えて、「道義主義」と「現実主義」の問題について短い補論を書く必要が感じられる。日本軍の猛襲の前に、しかも中国の抗戦力がまだ十分に復元力を発揮しない状況において、イギリスはその標榜する理想と中国における伝統的「権益」とについて、いずれも話し合いの余地があると考えていたらしい。それは吉田がずっと希望していたことと同じであった。

一九三八（昭和一三）年一月、サー・ジョン・ブレナンとサー・ジョン・プラットの二人が外務省に提出した報告はこのことを示唆している。[*101]「日本の疑う余地もない軍事力と、東アジアに強固な経済、戦略地位を確保しようとする固い決意に対し、現実的な態度をとらないのは愚かであろう」とブレナンは書き出し、つづけて「ドイツと同じく日本もいつまでも抑えつけておくことはできない」といい、同時に中国の抗戦の長期化を予想している。したがって、日本に対しては万里の長城以南から撤兵することを促し、中国には満州国を承認し、華北において広範な鉱山、工業、鉄道利権を日本に与えることを促さなければならない。国際的税関管理は、「日本にとって有利に関税を改正しながら」維持しなければならない。上海は、日本の希望するように非軍事化し、行政を再編してこれに可能なかぎり多くの中国人を参加させるべきである。上海の国際警察隊を改組し、中国がこれを支配することが望ましいが、「居留民の数が多いことからみて、日本人がその構成と指揮権の相当部分を占めることになろう」。外国の治外法権は、中国政府が立ら直れないまでに損害を受けなければ、保証条件つきで中国側に引き渡すことができよう、とブレナンは述べている。[*102]

サー・ジョン・プラットもこれと並行して提案を行なったが、その場合、イギリスとアメリカの海軍が中国で共同行動をとってその提案の実施を支援することを前提にしていた。彼はこう強調する。「もしイギリスの艦隊が極東に派遣されるとすれば、それは制裁を加えるため、盟約を守るため、世界平和を維持するため、そのほか利他的目的のためではなく、破壊の脅威にさらされているイギリスの重要利権を守るために派遣されるのである」。しかしながらイギリスは華北に直接関与すべきではない。和平条件は「日本には寛大」で「中国には公正」なものでなければならない。問題の最重要点は上海である。「日本に対し何か譲歩が求められるなら、イギリスとアメリカも譲歩するという自制的な布告が出されれば、日本は上海について宥和できるのではないか」。プラットは、ブレナンと同じく、上海が中国における帝国主義の立場の矛盾をどこまで体現しているかを認めていた。すなわち「九カ国条約に規定されているイギリスとアメリカの政策の伝統的目標は、従来、中国が近代国家に発展することを助長することにあったが、この目標は、武力によって監督を加えたり、外国の利権を保護する旧来の伝統と訣別することができなかったために、大方挫折した」。外国租界、治外法権等々は今では時代錯誤になったし、そのうえ、もしこの外国の管理体制が恒久化されれば、日本の支配と中国の抵抗という一対の災厄を招くのは避けがたい。「日本の侵略と中国の民族主義に対抗して、外国による上海市政制度を維持するため強制力がもはや使えなくなれば、条件が有利なうちにその立場を全部解消してしまうほかに賢明な道はない」。こうして、プラットは中国の管轄下に上海市を非軍事化し、その市政に外国の代表を参加させることを提案した。

神経中枢である上海の問題とは別に、プラットはこういう説を唱えた。イギリスは「必要なら圧力をかけてでも、中国に影響力を用いて、たとえば教科書の抗日教育とか、日本の貿易に不利な関税率など、日本が重視する点について満足させる処置をとらじるべきである。……華北については、たとえわれわれにその実力があっても、日本軍を長城の向こうまで追い払うのは、われわれの関知するところでない。したがって、われわれは中国と日本に華北問題解決の交渉をまかせ、日本には穏健な態度を促し、中国には華北五省に対する中国の主権を全面的に認める代わりに、経済面で日本にできるかぎり譲歩するよう促すべきである」。ただ、日本軍の長城以南からの撤退は欠かせない。しかし、満州国は日本に譲られた地域である。なぜなら「長城は、中国と事実上中国の一部とみなされていない領域とを画する自然の境界」だからである。[*103]

イギリス外務省はこのような意見に賛成し、二月一四日アメリカに送った秘密覚書に織り込んだ。この覚書は、日本の「体面を失わせない」――あるいはまた「中国に対して公正であるとともに、日本に対しても公正で寛大である」和平条件を支持する必要を強調していた。特に、外国による上海管理の性格をブレナン―プラット提案の線に沿って修正する――市域と周辺半径約三〇マイルを非軍事化することにより「日本がたえず重視していた希望要件のひとつを実現する」――ことが望ましいと力説していた。さらにこの覚書の提案は「中国による満州国の承認――この措置によって国際関係全般に波風を立ててきた刺激要因を除去する――と、華北での経済協力と日本の投資に特別の便宜を与えることであった。この便宜のうちには、日本の会社に鉱工業利権を与えること、華北鉄道の経営にある程度日本側の参加を認めることが含まれよう」[*104]となっていた。手短にいえば、イギリス外務省はこの時点で、日本の華北での要求に応じ、満州の分離に賛成し、その代わりできれば広く華中、華南および香港に存在するイギリス利権の保障措置を要求する意志が相当にあったのである。[*105]しかしその過程で、イギリス外務省は、いや応なく、外国の強い手が中国の門戸をひきつづき「開放」させていることを認め、かつ、帝国主義以後と称されるワシントン体制のあつかましい不平等条件の一部放棄を提案しないわけにいかなくなっていった。

イギリスの秘密覚書に対するアメリカの回答は四月なかばまで遅れた。それは二六ページからなる非公式ステートメントの形をとり、スタンリー・ホーンベック極東部長が大体起草したもので、そのなかにはかねて見覚えのある、かの「道義外交」の言い回しがいっぱいに花を開かせていた。ホーンベックと国務省の同僚たちは、イギリスの提案に含まれる満州国や華北関係のさまざまな譲歩を拒否し、中国がそのような「協調」から利益を得ると考える理由はほとんどない点に言及した。上海に関する提案は興味あるものと歓迎したが、それには「上海の将来について、なんらかの確約――たとえば特別な『計画』の着手に加わるような――をする時機はまだ来ていない」という、周知のいらだたしい議論がつけられていた。

このように、イギリスが中国を売り渡しながら不平等条約改善の意志を示すかと思うと、他方アメリカが中国も、また中国の主権と統一を否定する機関もいずれも放棄できるものでないと論じたのは、帝国主義のブラック・ユーモアの輝かしい伝統のなかでも、いくぶん逆説的なできごとであった。アメリカの立場は簡単にいってしまえば、ほとんどあるいはまったく何もしないということであった。もっとも、そうした批判を予測する試みがあったのはたしかである。「アメリカがこれまでとってきた、また現在とっている方針は、とりうる方針として健全なものではないのか」というのが、アメリカの修辞学的回答であった。そして、アメリカの極東政策は「不当に理想主義的」で「現実」に十分対応していないといういつもの不満に直接答えて、覚書はひきつづき「関係ある問題に対応するアメリカ政府の方策は事実明確できわめて現実的なものである」と強調していた。この現実主義の本質は、一五年前にワシントン会議から生れた九カ国条約の条項を遵守するよう主張する点にあることが、さらにかさねて説明されたのであった。

国務省はその長文の回答の最後の一節ではじめて、中国の危機にイギリスと共同行動をとる可能性に、遠い将来のこととして、また面白いことに偏らない立場から、触れている。そして、それはアメリカの「道義外交」の究極の試金石もまた不平等条約のなかにあったことを示唆している。アメリカの当局者は、「現在の戦争のためアメリカその他の国々の権利、利益、外交権が無視されていることに関連して、通商経済の面で日本あるいは中国、またはその双方に対し報復措置の性質をもつ行動をとる」[*106]（傍点、著者）ことが実行可能かどうかを検討していることが述べられていた。

二月一四日のイギリスの提案は、プラットの進言と歩調を合わせて、提案条件を、英米海軍の合同示威行動と同時に日中戦争の交戦当事国に提示することを主張していた。四月なかばのアメリカの回答はこの点をはっきり拒否したから、それだけでその案は駄目になった。そのうえ、その二カ月の推移のうちに戦争の風向きがいくらか変わり、ブレナンがアメリカ側回答に付けた注釈で書いているように、「(当初の提案が) 書かれた当時、日本は軍事的成功の絶頂にあり、中国の戦場でのいちじるしい回復は始まっていなかった[*107]」。

ところで、「現実主義」とか修辞とか観測者の目とかいう長期にわたる問題は、まだ十分に論じられたわけではないが、日中事変についてのこの補論をみれば、そういう点ではイギリスと日本のあいだは、吉田がいつも考えていたように、潜在的な意味でイギリスとアメリカのあいだより近かったのではないかと思われる。イギリスの立場は結局のところ、率直にいって実力の考慮にもとづいていた。いうならば、激しく変転する現実勢力のいまわしくぎらつく光のなかで、国家利益の定義は色あせ、道徳観念はセルロイドのように燃えつきる。「歴史は成功した征服者の例にも、屈従しつづけた被征服国家の例にもこと欠かない」とブレナンはアメリカの回答を論評したなかで観察した。そして当初の提案は「そのものに固有の価値があったからではなく、現在の衝突における日本の基本目的の一部を容認すれば、日本に少なくともここ数年は平和を守らせることができはしまいかという理由からもち出された」[*108]のであった。のみならず、この関連からみれば、アメリカの道義主義もイギリス外務省の極東問題担当者からは、純粋な愛他主義であり、尊敬しがたいものであった。それは国家利益を異にすることによってはじめて許容されるぜいたくと考えられた。「アメリカ人はこの衝突に対してわれわれよりもとらわれない、哲学的、長期的態度をとる余裕がある」と感じられた。それは主として「彼らの中国での既得利権はわれわれにくらべて小さく、その本国は日本の勝利がもたらすかもしれない危険から地理的に遠く離れている」[*109]からであった。

イギリス外務省極東部の幹部カドガンがアメリカの回答に与えた告解の言葉はいっそう短くさえあった。「この大部分はひどいしろものだ」と彼は書いている。そして、たぶん吉田から借りたかもしれない言い回しでこう結んだ。「私はアメリカから学ぶものは何もないことを知った」[*110]。にもかかわらず、アメリカが関与を拒絶したことでイギリスの行動は挫折した。それはまた日英協定を足場にアジアの危険を解決したいという、吉田のさめやらぬ希望をも打ちくだいた。こうして、中国に戦火が燃えているさなかに、各々の当事者たちは——自称現実主義者や平和愛好者たちはみな——動きがとれずにいたのである。

第六章　虹を追って――一九三七―四一年

イーデンは私が吉田、前任者の松平その他のような日本の教養ある国際人としばしば接触して非常によく知っていることを思い起こさせてくれた。それは、この種の日本人の言明を日本政府の態度を代表するものと受け取ることは、だれもできないということである。[*1]

――駐英アメリカ大使ビンガム／一九三七（昭和一二）年一〇月三〇日

私は吉田の言明に仰天した。[*2]

――駐日アメリカ大使グルー／一九三七年一一月一日

われわれは、彼がこのような意見をもち出すについて本国政府からなんらかの権限を与えられているかどうかを、いろいろな場合に確かめようとしたが、彼は権限は何もないと断言し、それから数週間姿を消し、その間に、ほかの人々に彼の個人的意見を打ち明けるのがつねである。外国の大使が「個人の資格」で発言することに、注意を払うことは、まったくできないと考える。[*3]

——イギリス外相ハリファックス／一九三八（昭和一三）年五月七日

吉田はわれわれのあらゆる困難の解決が「すぐそこに」あるとあまりしつこく言うものだから、だれでも彼は生れつき希望的観測のくせがあるのでないかと疑っている。[*4]

——駐日イギリス大使クレーギー／一九三九（昭和一四）年二月一七日

彼の場合、願望は思考の父であり、よいことはいつもすぐそこまできている。[*5]

——グルー／一九三九年四月二七日

それから私は吉田と長いあいだ話し合った。彼はいつも虹がすぐそこまで来ているというが、今夜も例外ではなかった。[*6]

——グルー／一九四〇（昭和一五）年四月一六日

吉田は、大変好きだけれども討論はやりにくい。なぜなら、他人が何を言っても、自分の最初の論点に戻ってしまうから。――妥協、妥協、妥協、と。[*7]

――グルー／一九四一（昭和一六）年一〇月二四日

近年多くの不幸な事件が起こりましたが、われわれのながくつづいた友好関係がこのように悲劇的な結末を迎えるとは、何人も予想しなかったことであります。[*8]

――吉田のグルーあて書信／一九四一年一二月一七日

日中事変が始まると、日本と欧米との関係はもう後もどりできない段階を越えてしまったという議論が、軍国主義者やマルクス主義者やブルジョア悲観論者などのあいだから騒々しく起こった。けれども、吉田はそういう議論に近づこうとはしなかった。一九三七（昭和一二）年から四一（昭和一六）年にかけて、彼は和平という魚を狙うささやかな釣人としてたびたび姿を現わし、時局の荒海にいろいろな計画案を浮かべ、それを真珠湾攻撃ののちもつづけた。だが、その荒海のなかで、そうした計画案はしばしば見えつ隠れつしても、やがて何か大きな事件が波がしらを立てると、ひとたまりもなく打ちくだかれ、状況に合わなくなり、忘れられていくのであった。ほかの者が深い海で釣っているのに、吉田は小さい釣針にたよりない餌をつけて浅瀬で釣っていた。まわりにはもっと真剣に努力する漁夫たちがいたけれども、結局あたりはずれはみな同じであった。いや、そのときはそう見えたのである。降伏後の時期になってはじめて、この点での運、不運というものは人によって違い、また過去にさかのぼって決まることが明らかになったのである。そのときになって、吉田はそのあいだの時の推移のなかで手を汚さなかった前からの平和の釣人として、新しい生涯によみがえらされ、これに反して近衛文麿、広田弘毅、重光葵、木戸幸一、東郷茂徳などの同僚や同時代人は、手を汚した者としてとがめられた。吉田は一九四五（昭和二〇）年の春、「反戦」活動に関係したかどで四五日間投獄され、主としてこの事件によって反戦論者の評判をとることになった。しかし、それは吉田が平和を求めて、あるいは少なくとも欧米との和解を求めて釣糸を投げた一連の場合の最後のものにすぎなかった。

日中事変から真珠湾にかけての時期の、吉田「和平案」は、あまり宿命論的でない観察者たちが、あの陰鬱な時代の重大な転換点とか失われた機会とみなしてきたものにかかわっている点で、興味がある。そうした案がいくつかあるなかで最も注目されるのは、ひとつは一九三七（昭和一二）年末の論争を呼んだ日本の申し入れ事項であり、もうひとつは一九四一（昭和一六）年一一月、のっぴきならない事態になってからアメリカに提示された「提案乙」である。一九四二（昭和一七）年から四五（昭和二〇）年にかけて、吉田の最も興味ある活動は、日本の体制内に起こった反東条の動きのある面に参加したことである。この動きは一九四五年はじめの、注目に値する「近衛上奏文」で最高潮に達する。吉田個人についていえば、この時期の活動は吉田の「現実主義」の、またその「抵抗」の意味を明らかにしてくれる。また、戦前のエリート内での吉田の位置、その尊皇主義、日本国家のダイナミックスに関する頑固なまでの楽観論、民衆的、急進的運動への全面的な嫌悪、ソ連への不信、また一見直線的に見えるイデオロギー的志向のなかにときどき現われるあいまいな屈折を、くっきりとした焦点のなかに浮かびあがらせてくれるのである。

協調外交――一九三七―三八年

吉田が本国政府に対しても、またしきりに接触するイギリスやアメリカの政府当局者に対しても、独自の裁量で行動したがる傾向をもっていたことは、しばしば不安や誤解を招くもとになった。その問題は、東方会議（一九二七年）ののちに奉天での彼の独走に関連して起こったことがあるし、それからほぼ一〇年後に防共協定をイギリス側に説明するときにまた起こった。一九三六―三七年の秘密提案の場合もまた同様に、私的な説明か公的な説明かをはっきりさせないという厄介なことがあった。これほど重大なことではないが、一九三七（昭和一二）年八月イギリスの中国大使が車で南京から上海に向かう途中、日本軍の航空機に攻撃されて負傷する事件があったときには、吉田の言明と本国政府の主張とが分裂した事例がある。吉田が即刻遺憾の意を表したのに、東京政府の事件処理は手間どり、しかも問題への取組みはイギリスからみて不満足なものであった。[*9]

このように外交上の仲介者として不正確で信頼できないという評判があったため、一九三七年七月以降に吉田が日本の対欧米関係のこれ以上の崩壊を防ごうと試みても、意図を疑わせたり、割引きして考えさせたりすることになった。簡単にいえば、英米の接触相手にとって、吉田が公式に発言しているのか、非公式に発言しているのか、いつもまったくはっきりしなかったから、この不たしかさのため、誤った希望を抱かせたり、日本側からの、ことによると何か意味のあった申し入れをはっきりしないものにしてしまった。吉田の親しい知人で当時ロンドンで書記官をしていた加瀬俊一によると、このように個人色の強い外交手法が一九三八年夏に、吉田の召還につながった事情のひとつであった。[*10]

歴史の気まぐれや道楽から、一時はとても食べられないと思われた果物が甘味を増してくることはときおりあることである。たしかに、日中事変をきっかけとした事態の急変によって、吉田案はイギリスからみて魅力を増したから、その週のうちにイーデン外相は吉田に会い、「日本側との会談はまもなく始まるものと考えて重視していたが」、現状からそれができなくなったことは残念である、と強調した。[*11] 吉田は個人の意見として、日中事変は実際日本に有利に転じることができると、慎重ながら楽観論を表明した。九月二一日、彼は牧野伸顕に書信を送り、イギリス側当局者は日本の華北攻撃のときはさほどのことはなかったが、その必然の結果としての上海での軍事行動とイギリス大使に対する不法行為には、極度に気を悪くしていると述べた。また、六年前の満州事変に対する反応とほとんど同様に、彼は外交が有効に行なわれるなら、力の誇示を手加減するばかりでなく、かえって利用できると論じた。「大使事件にして〔英政府に〕満足を与え、事変跡始末如何によりては、日英提携可能なるのみならず、日支国力の相違はたまたま本事変の〔のち〕さらに明瞭とあいなるべきにつき、当局として転禍為福の機会ここに存せらる次第と存じ候」。その一方で、彼は日本政府がこの好機をとらえないのではないかと恐れた。「我は一種の double game を致し居」るから、このようなことではとてもロンドンにとどまっていられまいと訴えるのであった。[*12]

だが、中国に対する戦争が拡大するにつれて、吉田案の条件はいよいよ時代に合わなくなった。もっとも、日英接近の見通しがかならずしも暗くなったわけではなかった。したかな現実主義者は無情な既成事実の潮に乗って進む。吉田もまた戦局の潮の干満をはかって、そのたびに日英和解の好機とする試みをつづけた。吉田は最初イギリスの関係筋に、日本政府は華北の戦闘を自制したい希望であると確言したが、[*13]事態がたえずその逆に進むにもかかわらず、そのような幻想は彼の考えから決して完全に消えたわけではなかった。たとえば、一九三七年一〇月二九日から三〇日、華北の大半が日本軍の手に落ち、中国軍が上海から敗走しつつあったとき、吉田はイーデン外相およびロンドン駐在アメリカ大使ビンガムとつぎつぎに会い、情勢を話し合い、議論をもち出した。その議論はいかにも真剣であるとともに相手を当惑させるものであったし、またその重大な時にいたっても、日本国内の世論の動向について彼が全般的に楽観的な評価をしているのが特徴的であった。

このように日本の情勢、また日本の将来を、はなはだ楽観的に描いて飽きない能力は注目に値する。吉田は、彼の祖国が海外での戦争と国内の分裂の「暗い谷間」にどれほど深く落ち込んでいっても、その社会は根本的に健全で、ジレンマはやがて満足な解決を迎えると相変わらず信じていた。その彼も気落ちしてふさぎこむこと、また次章に見るように、黙示録的な終末の幻想からまぬがれることはできなかったが、その確信——あるいは確信の姿勢——はほとんどくじけることなく、戦後にはこれが彼の最もきわだった効果的な特徴となっていくのであった。この確信こそ、日本人の多くが敗戦にうちのめされ、最初の衝撃と失望を味わっているなかで、彼を支えたのである。だからこそ、彼は、伝統的な体制に対していくら新しい脅威が——この場合はアメリカ占領軍の要員によって——押しつけられても、その力は長いあいだには鈍ると信じて、しっかりと保守・非改革の立場を守ることができたのである。またその確信は、小柄で強靭でつむじ曲がりの人物に体現され、一部の日本市民にとって希望と、日本への、また未来への信頼の象徴となった。このゆるぎない国家主義は日中事変中の災厄の時期にも彼の行動にあふれていたから、グルーの言葉を借りれば、吉田はすぐ近くに虹を見つづけていたのである。

イーデン英外相、ビンガム駐英アメリカ大使との会談を通じて、吉田はイギリス人とアメリカの仲介を求めることで中国における新たな危局を解決しようとした。日本はブリュッセルに開催が迫っている九カ国条約会議に出て立場を説明するようにとの招請を断ったけれども、吉田は、本国政府は実のところ英米両国の代表と問題を討議することを希望していると伝えた。彼の主張は日本を公式に非難すべきでないというもので、これを真珠湾攻撃までひきつづき主張していた。そうした非難は日本政府の公式の立場を否応なく硬化させ、情勢を悪化させるばかりだというのが、その議論であった。そうしないで「煙幕」方式をとることを彼は提唱した。これによってブリュッセルに小委員会を設け、そこにアメリカとイギリスの代表が加われば、日本も非公式、非公開の交渉を行ない、将来、極東危機打開の平和会議を開く基礎を置くことができる、と彼は説明した。日本が中国危機に対する公然の国際介入を正式に拒否したことは、ブリュッセル会議への出席を拒絶したことに明らかであったが、日本政府がどこまで実際に非公式の仲介を望んでいたかは、それほどはっきりしなかった。イーデンは、吉田案はためしてみる価値があるとし、アメリカの支持が得られれば、そうした手段を受け入れるつもりだとビンガムに通告した。しかしイーデンは同時に、吉田が真に日本の立場を代弁する者として信用できるかどうかについて、疑いをもっていることを明らかにした。[*14]

　東京政府のダブル・ゲーム（表裏ある駆引き）につい最近不平をもらしていた人にしては、吉田は自分の「現実」外交の基準が大西洋地域へやってくる途中で変化していたことにあまりにも気づかなかったようである。一〇年前、中国が条約違反を非難され、日本から「誠意」を披瀝することを求められていたとき、彼は友好などという漠然とした考えをあざ笑い、力を背景とした、不動の断固とした立場を説いていたはずである。当時、中国における帝国主義国の既得利権を脅かしたのが、日本の「軍閥」ではなくて中国軍閥であったとき、吉田は万里の長城以南での国際干渉の望ましいことを論じていた。しかし一九三〇年代、ことに一九三七年以後になると、欧米に対して、忍耐と妥協と国際問題での協調という「現実主義」を説く伝道者に変わっていた。[*15]

平和会議が近く可能になるという根拠として、吉田は日本の中国侵入を弁明するとともに振り子理論をくりかえすのであった。その議論には、「中国が敵対し排斥の挙に出たから」日本政府は中国に「膺懲の兵」を出す必要があるが、日本としては上海を保持する意図はなく、事実、国内世論は決定的に軍部に不利に傾いているからそうすることはできない、というのであった。彼は陸海軍が国の内外で主導権を握った原因を、一九三〇年ころ軍事予算の削減が大騒ぎを起こしたことにまでさかのぼり、日本は外からの危険に直面しているというこれまでの軍事宣伝が国民の過半数の支持を得たことを認めた。最初に陸海軍首脳から議会に提出された膺懲軍派遣費予算は少額にとどまり、その執行は「短期即決」となるはずであった。中国の抵抗は弱いと予想されたし、ソ連の干渉に備える必要からも、当初の派遣軍は少数で質も高くなかった。中国の抗戦力が予想以上に強いことがわかると、「政府はソ連の脅威に備えて精強な大軍を派遣せねばならなくなった」。だがこの場合、ソ連の脅威が実体のない議論であることは明らかであった。このように事態が意外にも加速的に進展してくると、国民感情は反軍的になった。それは軍事行動を支えるに必要な増税に対して反感が高まったために国民の支持が逆転したからである、と吉田は結んでいた。[*16] このとき彼は経済負担への国民の反感を振り子運動の支点としてもち出しているが、その数年後にまた、この経済負担論を支点として自分の楽観論のかなりの部分を説明した。吉田は一九四〇（昭和一五）年まで、軍事支出から耐えがたい財政負担が起こり、それが状況の反軍部への逆転を早めるだろうと、欧米の関係者に語りつづけていた。[*17]

グルー駐日アメリカ大使は早速吉田の意見を知らされ、信じがたいと応答した。彼はかりにも日本の責任ある当局者が極東の戦争集結をイギリス、アメリカのいずれかと討議するよう本気でもちかけてきたことはないと否定し、日本の政府も国民の意見も吉田の述べるのとはまったく反対の方向に動いていると説明した。これはグルーの、日本人はほぼ一致して中国での戦争努力を支持しているという一月以来の主張と一致していた。[*18] 吉田がビンガムに意見を表明したまさにその日、グルーはワシントンあてに「日本の戦意はいちじるしく高まっている」[*19] と電報した。一一月一日、彼は吉田の意見表明を直接とりあげ、「日本で最も穏健な新聞」として『朝日新聞』一〇月三一日の社説を引用した。「日本の態度は、支那が反省し抗日政策を清算する用意あるまでは断じて停戦を欲するものではないのである。関係列国はまずこの点に関する認識を正してくる必要がある。日本に停戦の意思あるがごとき風説は、支那を窮地から救わんとする偏頗な策謀からくるものであって、この風説にもとづく列国の和解斡旋のごときは、日本としてはありがた迷惑の感なきをえないのである」

貿易に携わる大企業の一部を除いては、「国民のなかに吉田の述べているような意見をもっている部分がかなりある……という証拠はまったくない」とグルーは結論し、ひきつづいて、実質的な増税は行なわれていないし、失業その他の問題も特筆するほどのものはない、また日本の大陸での戦局は勝利につぐ勝利として国民に伝えられていると述べ、最後に、どこからみても吉田は自身の判断で行動しているとしか思えないと結んでいる。[*20] グルーはこのときから、個人的友情と高まっていく職業的懐疑の入りまじった目で吉田を見るようになった。しかし同時に、彼はクレーギー駐日イギリス大使とともにブリュッセルの九カ国条約会議ではどのような措置がとられても日本はそれを外交圧力と受け取る恐れがあると警告していた。[*21]

グルーが否認したにもかかわらず、吉田はひきつづき日本の主張をいっそう積極的に説明していた。一一月なかばになって、上海が陥落し日本の南京攻撃が始まると、吉田は、クレーギーとグルーはそれぞれ日本の外務次官と外相から「日本政府は平和を期待して仲介の申し出を受ける用意がある」という説明を受けている旨を、イーデンに直接知らせた。

大使は二人とも、次官、外相との会談を確認する一方で、この、日本政府が正式に調停の申し出を求めているという印象は訂正する必要があると考えた。クレーギーもグルーも、イギリスとアメリカの仲介という考えは受け入れたものの、そのような動きはぜひとも中国と日本の双方が承認するものでなければならないと考えたし、日本が西側の仲介についてどのような考えをもつにしても、それは逆に和平交渉に入るよう蔣介石に圧力をかけることになるとの印象をもった。この点について、一一月一九日クレーギーが問い質したとき、外務次官堀内謙介は同様のことを述べていたから、これから推して、グルーは吉田がイーデンに伝えた印象にもかかわらず、仲介するには時期が適当でないという結論に達したのであった。[*22]

一九三八（昭和一三）年二月四日、日本軍が南京を奪ったあと揚子江沿いに進撃していたころ、吉田は再びイーデンを訪ね、イギリスの非公式な調停申し入れが適当となる機会がまもなく来るのではあるまいかと申し出た。彼は訓令を受けておらず個人的に発言しているのだと断りながら、ブリュッセル会議当時こうした方針に沿った彼の最初の提案が実を結ばなかったのは、日本政府がそのときイギリス、アメリカよりドイツに依頼することを決定していたためである、という意見を述べた。ここで彼はまたも戦争による日本の経済、財政のきびしい逼迫を力説し、イーデンに軍部は華南攻撃の計画を放棄したと知らせた。イーデンがイギリスは調停を行なうとしても、アメリカと連帯してはじめてそうするものであると強調すると、吉田は、イーデンの記録によれば「同意したが、あまり熱心ではなかった」[*23]。このときの吉田の非公式の発言は、イーデンに提示された二つの文書に添えられたもので、そのひとつは一九三八年一月二二日、広田外相が議会で行なった外交演説の写し、もうひとつはのちにクレーギーが「きわめて友好的な前進[*24]」と評した日本政府の覚書であった。これら二つの文書はまぎれもなく外務省の立場を反映したもので、「イギリスとの伝統的な友好を助長」することに関してというごく一般的な言葉ながら、たしかに和解を求めていた。イギリスの内閣は二月四日にこれについて協議し、外務省に吉田の主張したような状況があるかを調べるように促した[*25]。いつものことながら、そこからは何の成果もなかったけれども、このできごとは日本もイギリスも同時にわずかでも接近の可能性がないかと手探りしていた時期があったことを示している。そのときブレナンとプラットの宥和案が一本にまとめられ、二月一四日のアメリカあて覚書になっていたことが思い出されるであろう。

吉田はイギリスの中国危機への仲介をあくまで求めつづけたが、そこにはいくらかなみはずれたところがあった。たとえば二月一五日、日本大使館の富井周男爵はイギリス大蔵省にリース＝ロスを訪ね、華北における日英金融協力の問題をあらためて切り出した。そのとき富井は、吉田が二月四日の会談に対するイーデンの回答を待ち受けていることを告げた[*26]。ところが、イーデン自身たまたまその同じ日に吉田と会う手はずをつけていたので、いま吉田は「われわれの仲介が歓迎されると考えられる材料は何も[*27]」提供できないのではないかと判断した。しかし、それからちょうど一週間後に、リース＝ロスは、思慮深い仲介を日本政府はたしかに歓迎するが、現状ではそれを公にいうことはできないと吉田から直接知らされた。イギリス側はこれをまったく「奇妙[*28]」なことと考えたが、数日して二月二五日に、カドガン外務次官代理がおりからイギリス訪問中の石井菊次郎子爵とこの不可解な仲介要請について話し合ってみて、日本の親英家の考えがわずかにほの見えてきた。一九一七（大正六）年の石井・ランシング協定で著名な元外相の石井もいわゆる「穏健派」陣営の揺るぎない一員であったが、そのカドガンの質問に対する答えは「穏健」なるものがどれほどきびしく、また威圧的になれるものかをみごとにうかがわせていた。

石井はカドガンに、仲介を求めるなんら正式な権限を与えられているものでないが、彼個人の考えでは、イギリスとアメリカが中国に圧力を加えるのが適当であろうと告げた。その意見をカドガンが要約したところでは、中国の「情勢は絶望的で、戦いをつづけられる見込みはない。蔣介石総統が日本の条件を拒否したのは、威信の問題を考えて、これ以上日本に接近するのを思いとどまったものに相違ない。石井子爵の考えは、もしイギリスが、あるいはイギリスとアメリカとならなおいいが、蔣介石総統に和平を請うようすすめれば、蔣としてもこれ以上望みがないから、二大国の勧告に従ってただひとつできることをするつもりである、と国民に向かって説明できるのではないか」というのであった。最後に石井は最近の日本の歴史について講釈し――もっともそのころにはカドガンですら正確な出典にもとづいてそれができるほどになっていたのだが――「日本の置かれている情勢、過去四〇年間に高まってきた困難、膨張の必要、市場や共産主義の拡大に対抗する防衛の必要について、しばらくのあいだ語るのであった[*29]」

吉田は時を稼ぐために四月、五月を通じて彼の序曲を演奏しつづけたが、命題に新味がないものだから、代わりに聴衆のほうをさまざまに取り代えた。たとえば四月五日には内閣官房のモーリス・ハンキー、四月二六日にはカドガン、四月二九日には自治領相、五月一日には外務省のクライヴ、五月六日には陸軍省のレスリー・ホア＝ベリシャなどである[*30]。吉田が中国に対して寛大でもなく、「日本は財源がつきている[*31]」と主張するのをためらわなかったのも、いかにもこの人物らしいことであった。またイギリス側が吉田のいうことは説得力に欠けるという感じを強めていったのも、さもありうべきことであった。「吉田氏は出会う人のだれにでもこの種のことを話したがり、だれかれなしに面接を求めてはこの意味のことを語る」とハリファックス外相は五月七日ホア＝ベリシャ陸相に告げていた。「われわれは、彼がこのような意見をもち出すについて本国政府からなんらかの権限を与えられているかどうかを、いろいろな場合に確かめようとしたが、彼は権限は何もないと断言し、それから数週間姿を消し、その間に、ほかの人々に彼の個人的意見を打ち明けるのがつねである。外国の大使が『個人の資格』で発言することに、注意を払うことは、まったくできないと考える」[*32]

五月三〇日、吉田は直接ハリファックスに対し、最近の内閣改造で宇垣大将が外相に就任したことは日本で戦争が不人気なことを反映するものであること、日本国内の反英運動は、「大体若い者たちの運動で、綿業界の一部に利己主義からそうした運動を支持している者もあるが」、「あまり重大に考えるべきでない」ことを示唆した。彼は日本政府の公式の中国政策は、中国の領土保全（これを広田は一九三七年七月、吉田に対してひそかに否認していた）、中国にある外国権益の尊重、中国の抗日運動中止の主張の三点にあると述べ、さらに個人的意見として、ハリファックスの要約によると、「有害な勢力の活動から満州国の立場を守るために、隣接する中国諸省に関して、意味はともあれ、特別な規定をつくる必要があろう」とつけ加えた。ハリファックスはつまるところ、「予想どおり大使の提言には正確なもの、実体のあるものは何もないと考える」と判断した。[*33]

吉田にとって大使としての最後の一年は、たしかに大きな個人的苦痛と困惑に満ちた一年であった。彼はロンドンではいんぎんながら軽く扱われ、自分でもこのことを感じていたに違いない（辞職した吉田に対して、イギリス政府は通常の形式的な栄誉を与えなかった）。[*34]だが、忠実で、愛国的なしかも孤立した帝国主義者が、はたして吉田と違った行動をとりえたかは想像するのが困難である。その行動とは、本国の自給経済体制追求が放棄されるか、少なくとも緩和されるときまで、座がしらけないように努めることにつきた。しかし、吉田の現代史に関する熱心な講義が、イギリス人にとっては我慢ならないものであったのは明らかである。イギリス人は自身の帝国支配の経験について公刊された歴史にも似たような愚かしいことが書かれていることに気づかなかったし、他方、吉田の日本の立場を説明する努力は、逆に日本と対立するイギリスの立場を述べる意思表示に出会い、*35 外交官の辞書のなかで馬車馬のように酷使される「不誠意」という非難の言葉をもって、多くの者から一蹴されるばかりであった。イギリス側は、いつもの礼儀正しさと上品さのかげで、吉田自身がかつて中国人に対したとほとんど同じ潜在的優越感をもって吉田を見がちであった。

本国政府に対する立場からいっても、吉田は自信をもつことができなかった。イギリス側が少なくとも吉田に一縷の望みをつないだのに対して、同じく日本の首脳者にイギリスの仲介を求めさせようとする吉田の努力は、結局のところ水泡に帰したからである。吉田は日本の政治勢力のうちでも特に伝統的な宮中関係や重臣との接触を利用して、自分の意見を政府に受け入れさせようと努めた。たとえば、五月になって、ロンドンで個人外交を展開すると同時に、牧野と西園寺には、チェンバレン政府は中国問題の解決に手を貸すことに熱心だから日本から依頼があれば何事によらず喜んで助力してくれるだろうと、知らせた。そして手紙の結びに、日本政府でも「できるだけ早くなんとか考えたら」よくはないかとほとんど沈痛な調子で書いた。そこには、西園寺がその方向に影響力を強く発揮してくれてはどうかという意味が含まれていた。[*36] この判断の基礎は、日本の中国蹂躪が進むにつれて、イギリスの最大の関心が「例によってビジネス」であり、イギリスの経済利権が徹底的な混乱に陥らないうちに中国の危機を打開するように助力したいと、チェンバレンが格別熱心に望んでいるという想定であったが、これはまったくの見当ちがいではなかった。[*37] 以下にみるように、吉田は、一九三八年なかばにおいてイギリスが実際どの程度まで妥協するつもりか、また妥協できるかという点について楽観的すぎたが、イギリスは極東の和平に参加する意志があるという彼の全般的な印象は正しかった。というのも、六月二一日、これも吉田の知人の一人、R・A・バトラーが、イギリスは単独でもあるいは他の国々と連帯してでも、中国の戦乱に仲介の労をとるつもりだと、議会で認めたからである。しかし、バトラーは言葉をつづけて、たった四日前、日本の外相は第三国の仲介を拒否し、その直後、日本の一スポークスマンがこのイギリスの公然の申し出をことさらはねつけたことに注目した。[*38] こうして吉田はまたも虹を追っているように見えた。だがはたして彼はずっと虹を追いかけてきたのだったろうか。

　ふりかえってみれば、答えはそのとおりである。しかし、もし吉田が日中事変が始まってからの長く憂鬱ないく月かのうちに情勢を見そこなったのだとしても、彼の見通しに一貫したところが欠けていたのではなく、それよりも、重要な点でその見通しに欠陥があったからである。それは第一に、イギリス、アメリカ両国が、反共と「安定」の名のもとにアジアにおける資本主義間協力という伝統政策を、既存の（だが世界全体からみれば二義的な）利権の一部を犠牲にしても、どこまで維持するつもりかを過大に評価したことである。第二に、いわゆる日本「軍閥」はさておき、振り子を逆転させると主張する文官有力者たちについて読みを誤ったことである。第三に、彼の想像した「仲介」は信頼できそうな「穏健」な代案であるから、イギリス側もそう見ているのではないかとする自己欺瞞に陥ったことである。ふりかえってみると、吉田の理論は、資本主義の危機の深刻さ、日本の情勢、中国民族主義の力、そして彼自身の役割についてさえ誤っていた。

形式的な外交という点では、日中事変勃発後の数カ月から一九三八（昭和一三）年二月ないし三月までも、日本政府は第三国の仲介の可能性を受け入れる姿勢をいくらか示していたといえる。一九三七年一〇月と一一月の会談に先立って、吉田は東京からこの点に一般的関心があるという通信を受け取っていた。そして、ドロシー・ボーグのような学者の一説では、その数カ月間の吉田申し入れは、実は「日本側の異常に激しい『和平工作』の一部」であったが、西側諸国、特にグルー大使が当時の日本支配層内部の複雑な情勢を読み違えたために、その兆候を見逃したという。[*39] 同様に、二月四日のイーデンとの会合で吉田が提示した二つの文書、すなわち広田の議会演説と覚書は、中国にあるイギリスの合法的利権を認める点で異例に友好的なものであったことは、すでに注意したところである。原田熊雄の日記『西園寺公と政局』の伝える日本側の記録からすれば、広田外相はこれら友好の表明を重大に考えていたらしい。なぜなら、広田自身がそのとき原田に対して、吉田に訓令を出してイギリス政府につぎのように伝えさせた、と直接話しているからである。その趣旨は「(われわれは) イギリスの利益を傷つけるようなことは絶対にしない。この時局を進め、またはまとめようとすることについては、イギリス側との親善関係はますます増進して行くつもりであるから、万一戦局が更に進んでなお継続するようなことが起こっても、イギリスの利益を侵害する気は無論ないから、イギリス側でも船舶や居留民のことについてはよく考えておいてくれないか」というものであった。二月の末近く、広田はつづいて一般的な訓令を出し、吉田にチェンバレンや新外相ハリファックスと会って「日本のほうから働きかけるようにせよ」と伝えた。[*40]

こういう事実は、額面どおりに受け取れば、ロンドンでの吉田の活動からドン・キホーテ的役割の汚名を除き、その活動はむしろ日中事変以後の極東に平和的解決をもたらすための、失われた最善の機会であったと考えられよう。もしそうとすれば、彼の独断とか不正確な表現といった評判が、日本の和平意図の合図を相手側に伝えるのにあまり役立たなかったのはたしかである。しかし、合図が実際に存在し、日本政府の内部情勢が局外者の考えるよりもっと複雑でかつ弾力性をはらんでいたとしたら、なぜそこから何も生れてこなかったのだろうか。それは、前章でみたブレナン案やプラット案が明示するように、イギリス外務省は一九三八年二月までに、中国でのかなり異例な対日宥和の必要性を受け入れていたと思われるからである。それが実現しなかった理由は、ひとつには、イギリスの和解提案にアメリカが冷水を浴びせたことであり、もうひとつには、中国の戦局が急速に進展していたことであった。

しかしそれ以上に、おそらくもっと説得力のある議論として、広田のような、あるいは吉田のような人々が提案したいといったこと、あるいはそう考えたことは、苛酷な状況に踏みにじられてしまったのであって、しかもその状況をつくり出すのに彼らはわずかしか加わらなかったといえるかもしれない。帝国の新しい動向ははずみがついて進み、同時に状況がたえず新しくなることによって、日本が中国におけるイギリスの決定的役割や中国の実質的な「領土保全」を許容する余地は、容赦なく断ち切られていった。同様に、イギリスは、ヨーロッパでナチスの脅威に気をとられていたにもかかわらず、またアジアでの軍事的無力を知って肌寒い思いをしていたにもかかわらず、さらにブレナン案とプラット案のなかで中国における外国の立場全体が時代錯誤で偽善的で結局は自滅的な性質をもつことを率直に認めていたにもかかわらず、その旧式で困難を引きずった大英帝国は、それ自体ののろのろと重苦しい惰性で動いていた。イギリスの指導者たちは、後出のブレナンからの引用が示すように、結局のところ、彼らもまたアジアにおけるイギリス自身の錯綜した帝国主義機構を否認してそれから彼ら自身を解放することができないのを知った。この視点からすれば、吉田の提唱するような外面おだやかな調整措置が、現実の利害関係に対して、すなわちせまりくる危機に対して、なんらか実質的な関係をもったかどうかは疑わしい問題となる。

それのみならず、日本の政策決定者層の内部では、吉田が望みをかけた「穏健派」自身が、中国との戦争拡大に力を貸していた。ジェームズ・B・クラウリーが示しているように、日中事変の危局こそが、実際に近衛首相に通常ではありえないほど幅広い権限を握らせたのであって、近衛と広田外相とがこの重大な時期に実質的な権力を振るったのである。蘆溝橋事件からの数カ月は、振り子理論にとって、すなわち吉田がつねに日本の真の支配階級、真に開明的政治家であると指摘した、日本エリートのあの穏健な文官構成員にとって、きびしい試験を意味した。だから、その振り子理論の妥当性と、この期における吉田のイギリス、アメリカへの説明の正確性は、つぎのような考察に対置されなければならない。

(1)日本の強硬派を指導し、戦闘的、拡大的言辞を用い、中国派遣の野戦司令官らに侵略の拡大を許す政策を編み出したのは、結局近衛と広田であった。*41 日本政府を「日支関係の抜本的打開」に踏み込ませ、こうしてその後の軍事拡大に門戸を開いたのは、彼らの一九三七（昭和一二）年七月一一日の一方的決定であった。*42 一〇月なかば吉田とイーデン、ビンガムの会談の直前、中国での軍事、政治行動に対する参謀本部の反対にあいながら、華北、華中での一連の組織的侵略作戦を唱える野戦司令官らを支持したのは、近衛と広田であった。[*43] 吉田が、本国政府は「平和を志向する仲介の申し入れ」に関心をもつとイーデンに語ってから程遠くない一一月一九日に、近衛と広田はまたも参謀本部を押し切って、南京占領を支持した。[*44] 一九三八（昭和一三）年二月、吉田とイーデンの会談のときまでには、近衛と広田が内閣に国民党との関係を断絶させ（一月一六日、「国民政府を対手とせず」と声明）、対中「抹殺戦争」を声明して（一月一八日、補足声明）からほぼ一カ月たっていた。この時期を通じて、近衛と広田を先頭に木戸幸一らの宮中官僚に後押しされた文官派は、戦争の早期終結を望んでいることをみせては日本が弱いという印象を与えかねないことを理由に、中国側に具体的和平条件をもちかけることを拒否した。[*45]

(2)経済困難が日本の世論を対中戦争反対に向かわせているという吉田の説とは反対に、この期間に日本の商工業界有力者たちは、税負担の増大に反対しなかったばかりか、「軍事政府をつくるなら、華北だけでなく中国全土につくるべきだ」という日華経済協議会の主張に賛成した。近衛内閣の既成事実外交に遅れないように、実業団体は日中事変以来の日本人の生命と物資の損害を引き合いに出して、中国全土の征服を支持する理由とした。政党も断固とした対中政策を支持した。[*46]

(3)牧野、吉田のいう日本の究極の保証である天皇は、参謀本部の和平案を認めようとしないことで、間接ながら近衛の抹殺政策に自ら承認を与えた。参謀総長が一九三八年一月一四日拝謁を求めたとき、天皇は、のちに近衛に語ったところでは「自分はこれはかならず決まったことをまたひっくり返そうと思うんじゃないかと思ったから」という理由で、その要請を却下した。それから七年後の有名な近衛上奏文で、近衛は吉田とともに和平に陛下の力を借りようとしたけれども、参謀本部の一九三八年の試みに対しては、近衛の態度は軽蔑的なものであった。彼らは「天皇を道具に」しようとしている、と近衛はいった。[*47]

真の穏健さとか良識に対するこのようにはっきりした裏切りを——しばしば特に近衛についていわれるように[*48]——個人的欠陥によるものと説明するか、あるいは政策のダイナミックスの点から説明するかはさておき、「穏健派」なるものはお粗末にみえてくる。ほとんどあらゆる「穏健派」が弱かったのか、それともいわゆる穏健な立場そのものがそれほどまで容易に対外搾取と実際の戦争挑発への転向を許したのか、そのいずれかを結論としなければならないからである。この点、吉田自身の役割は啓発的で、右の後者の説明が少なくとも二つの点で妥当性が大きいことを示唆する。まず、一九三七—三八年の近衛・広田「軍事外交」と、満州・日中両事変前の吉田自身の姿勢とのあいだに、用語、目的認識、確実性の尊重、すなわち外交における「現実主義」について、いちじるしい共鳴があったことである。もうひとつは、石井菊次郎や吉田のように一九二〇年代末の日本の政策について批判的な立場をとった自称親英家たちが、日中事変後の政策の重大な局面に無言の支持を与えたことである。

たとえば近衛グループが日本の侵略を正当化するために用いた修辞法は、吉田が中国政策について行なった初期の発言に充満している「誠意」と「反省」、「徹底」と「決意」、「威信」と「膺懲」といった教理問答を無神経に暗誦しているようにひびく。たとえば、広田は一九三七年九月五日、議会でつぎのように演説した。わが方は「断固として支那の猛省を促す」決意である。同日やはり議会で、近衛は「帝国自衛と正義人道のため」に断言した。「支那が容易に反省を致さずあくまで抵抗をつづくる場合には、帝国として長期にわたる戦も」辞さない。[*49] これらの緊迫した発言にくらべれば、吉田が一九三八年二月四日にイーデンに提出した一月二二日の広田演説はもっと余裕のあるものであるが、やはり帝国的常套語という勝手知った魔法の庭を通りぬけるようなものであり、そこでは吉田を研究する者にとって張作霖や莫徳恵や奉天日本領事館の影が亡霊のように浮かび上がってくるのである。その演説で、広田は日本の「真意」に対する中国側の「無理解」、「後悔」の無さ、「わが寛大さの無視」、「一応の誠意と認められる回答もしない」ことを非難した。しかし、心配はない。「わが政府国民の誠意」はやがて通じるであろう。[*50]

このような修辞法はそれを使う者自身を酔わせたと考えられよう。しかし、たとえ宣伝家のたわごとと片づけるにしても、中国の軍事能力や民族意志ばかりでなく、自己生存の権利に対する軽蔑がその根底にあったことは見誤りようもない。そして、近衛・広田と参謀本部の衝突は、一九二七―二八年の満州政策をめぐる吉田と関東軍の紛争の複写であり、引き伸ばしであって、そのいずれの場合にも、最も侵略的な行動路線に賛成したのは文官の自称穏健派であり、反対したのは責任ある軍首脳部であった。日中事変のときには、多田駿、石原莞爾を先頭とする参謀本部は、まず何よりもありうべき対ソ戦争に備える必要があり、中国での冒険はそのための活力と資源を浪費させる泥沼になるという実利的根拠から、中国に対する穏健策、協調政策を主張した。そのうえこの主張は一九三八年のはじめにも、陸海軍のなかにかなりの支持を得ていたのである。[*51]

その一方、これと究極において決定的に逆の主張は、原田の日記の一九三八年一月一九日の項に、近衛および木戸の話として要約されている。

参謀本部の平和への切なる希望はどこまでももっともだけれども、しかしここまで事を起こしてしまってから、中途半端のまま、なんでも向うに引きずられて、結局まるで敗戦国のような態度で、こっちからわざわざ肚を見せた条件等を出して、「これで講和したらどうか」というようなことは、今日連戦連勝の国の側から示すべき態度じゃあない。そんなことをすれば結局、「日本はよほど弱っている。もうすでに危ないんじゃないか」というようなことで、内兜を見透かされ、そのために対外的には日本為替の暴落とか、公債の下落とかいうようなことで、商売もなんにもできなくなり、品物を買おうとしても買うわけにはいかんし、パニックでも起こったら一体どうするのか。やはり事をしてしまうにしても筋の立ったまとめ方で行かなければいけない。まことにおかしな話である。[52]

しかも、吉田が好戦的な外交を緩和すること、欧米との関係にもっと注意を払うことを説く意見を伝えるうえで根拠にしたのは、主として近衛、木戸、牧野、西園寺など、宮中を中心にし、原田の活発な情報収集伝達網に結ばれたエリート層であった。

このように中国征服の巨歩が進められるなかで、吉田が一定の「穏健な」打開策を唱えたことは否定できない。早くも一九三七（昭和一二）年八月の上海事変のとき、吉田、牧野、松平は事変の拡大に反対したため、膨張支持勢力から非難攻撃を浴びせられたが、[53]吉田は親英論をかかげることが日本で次第にやりづらくなっても、それを隠そうとはしなかった。また、イギリス側に打ち明けたように、一九三八（昭和一三）年一月「蔣介石および国民党を対手とせず」との声明が出されたとき、彼はこれを誤りであると考えた。[54]広い見方をすれば、吉田は、自給経済体制の追求が、第一に経済的に欧米と緊密な関係を維持する必要を無視するかぎり、第二に、次章で述べるように、そこに急進主義と「国家社会主義」の要素が強く浸透しているかぎり、それに一貫して反対した。しかし同時に、忠実な親英論者の石井のように、また近衛内閣自体のように、吉田もまた戦争の風潮に乗ったといわなければならない。なぜなら、この数カ月間に穏健派自身の行なった「仲介」申し入れは、軍事的抹殺とは反対の選択として無条件降伏の機会を中国に与えようとすること、しかもそれを同時に中国における、また中国の利益に反する伝統的な大国間協力方式を復活させることで実現しようとする試みとしか解釈しにくいからである。

それのみならず、「親英米派」があらゆる機会をとらえて日英同盟の「古きよき日」を呼び返そうとしているあいだに、彼らの描いた構想は、一九三〇年代末には単なる郷愁の域をはるかに越えてしまっていた。彼らが満州国の正当性について、あるいは華北を日本の定義し直された勢力圏に組み入れるという新しい経済、戦略目的について異論を唱えたことは、まず一度もない。[*55] 本国政府が中国との和解を考えようとしない情勢のなかで、吉田はイギリス、アメリカが日本に対し協調的であるように説くことに全力をあげた。たとえば、吉田や石井に模範的に代表されるグループが早い時代の帝国主義間協力の方向へ時計の針を逆転させようと努めていたと同じときに、彼らの空想するアジア大陸での協力の舞台では形勢が一変していた。彼らは中国の民族的願望に何の譲歩も行なわず、反対に新植民地支配の拡大と強化を是認した。このことだけでも、彼らの現実主義は当然失敗する運命にあった。そして、その過程で、イギリスとアメリカは伝統的な在華「権益」の一部を犠牲にしてまでも、日本帝国圏の画定し直しにかならず同意しなければならないものと想定した。こうして、穏健派もまた既成事実外交を演じ、戦争につきものの血債を要求する証書をふりまわし、知ってか知らずにか、アジアにおける新秩序という毒ガスを吸い込むことになった。この点にてらしてみると、彼らがイギリス側の担当者をいかにもうんざりさせた歴史の講義は、最近数十年間に日本が不正に扱われたことについての苦情以上のものとして現われてくる。それはまたアジアにおける日本の明白な運命を教える教科書であることを暗に意味していた。そして忠実な現実主義者は、運命と争わなかった。

しかし、このように個々の国家の観点から見た運命は、最後には衝突することになった。イギリス外務省のサー・ジョン・ブレナンが分析したように、一九三八年なかばまで吉田のジレンマの核心は、東京政府から明らかに孤立していたことや、東京で影響力がないことなど、より深いところにあった。なぜなら、日本の「穏健派」と親英論者の立場そのものがロンドン政府にとって受け入れられないものだったからである。一九三八年一月と二月の協調的秘密提案には、ブレナン自身が起草に加わっていたが、イギリスは最後に、中国での自国の立場については基本的に交渉の余地がないという結論に達した。このような結論に影響を与えたものが、中国の戦争が明らかに行きづまりの時期に入るにつれて、イギリス政策当局者が日本の軍事機構の潜在能力をあまり恐れなくなった事実であったことは疑いない。しかし、この点にはもっと大きな問題が含まれており、特別に興味深い。それは日本側については、穏健派の戦争努力、戦争目的への暗黙の協力という問題点をはっきり示すものであり、同時に帝国主義陣営内部の危機が容赦なく増大していたことを如実に描き出しているからである。ブレナンは、ぶっきらぼうな点でアングロ・サクソンの吉田めいているが、一九三八年七月、日中事変勃発後ほぼ一年の彼の分析はつぎのようであった。

友好的な関係を再開したいという希望をわれわれに確言する日本人に、意識的な不正直の責めを負わせる必要はない。……これらの人々が、われわれとの関係をよくしたいと望むのは誠実にそう思っているに間違いないが、これをどう実現するか、その条件は何かという点について、彼らの考えはわれわれと大きく異なっている。多数の貴重な商企業の保持は別としても、われわれは中国におけるわが影響力を無傷のまま維持したいと考える。すなわち、イギリスが税関運営参加権、上海租界行政の管理権、鉄道職員人事権、中国沿岸および内水の船舶業務の維持などについて有する異例の治外法権的特権がそれである。これこそが、わが方の権益を尊重するという日本側の確言に対して、われわれの付与する意味である。意識するしないにかかわらず、われわれは、日本が時計の針を逆にまわし、われわれを戦争勃発前に占めていた位置、あるいはできるだけそれに近い位置に復帰させることを要求している。

しかし、〔外相〕宇垣大将や政府の「親英」派はその種のことをむろんしたいとは考えないし、考えたとしても、それは力の及ばないことが次第に明らかになっている。日本の当局者が、われわれに好意的な者でも、この戦争の国家的犠牲に対する唯一の報酬を要求しないですませるつもりがないことはたしかであろう。ドイツ、イタリアとの連携を信じず、民主諸国との親善を維持したいと思っている者であっても、われわれのいう協力とか外国利権の尊重とかを考えているのではない。彼らが望むのは、わが国と他の国々が大陸での日本の新しい立場を受け入れ承認すること、われわれが蔣介石を見捨て、日本企業に融資することで占領地域の開発に日本と協力することである。われわれがもしこれをすれば、日本は小さな立腹の種をいくつか取り除き、鉄道債を払い、借款の提供をつづけるなどするであろう。だが、それは（彼らの意図では）われわれのそれより大きな対中通商利権が存続することを意味せず、彼らの通行の方法と速度がやわらげられるだけである。……

問題の真相は、われわれは一九世紀に中国と戦争をした結果、この中国において支配的な地位を獲得し、今それを同じかあるいは類似の方法で保っているにすぎない。われわれは強制力を使うか、あるいは他の方法で日本当局に十分な圧力を加え、彼らが戦利品と考えるものを否応なく手放させなければならない。もし日本が中国との長期戦で消耗したら、われわれは自ら戦うことなく、圧力を用いることができようが、ただ頼むだけで、あるいはわが方の「権利」の侵害について抗議したり、または友好的な態度で、望むものを得ようとしても、無駄である。

……中国を捨て、日本と協力することによって永続的な価値あるものを得る見通しは、少なくともまだ存在しない。「行きづまり」政策はいまだ中国におけるわれわれの影響力の残存にとって最大の希望を提供している。[*56]

吉田のロンドン在勤は、この不吉な行きづまりを告げる記述とともに、その後まもなく終った。吉田はひきつづき、自分の提言をイギリスの比較的同情のある同志的な友人に伝え、彼らからわずかな励ましを受けていた。たとえば一九三九(昭和一四)年七月、吉田は実は外務省内部で書かれた回答をサー・ホレース・ウィルソンを通じて受け取った。その回答は、「日本は、地理的に近いこととはまったく別に、中国と特殊な関係に立つ」ことを認め、「日本に対して寛大、中国に対して公正」な和平を期待していた。さらに「中国と日本が無益な戦闘に力を使い果すことをわれわれは欲しない――純粋に物的な理由からだけでも、それはわれわれの災いとなろう」と率直に記し、中国と「われわれ両国が通商する余地はある」が、イギリスの利権は日中経済関係の拡大によっていくぶんか不利益を受けることと思われるとの見通しさえ甘んじて受け入れていた。[*57]

しかし、東京へ帰ると、吉田の活動はイギリスよりもアメリカに向けられるようになった。それは国際危機の焦点が変わってきたためと、彼自身のグルー大使との個人的な関係によるものであった。この時期の事態の推移を概観するうえで、ふりかえってみて何よりも興味があるのは、一九三七（昭和一二）年末と三八年はじめの諸事件が、吉田に振り子理論、穏健論、天皇制安全装置論などの修正を促さなかったことであろう。なぜなら、彼はその後数年間にわたって日本に穏健な感情が高まる日の近いことを予言し、一九四一（昭和一六）年に遅ればせながら近衛の失敗を認めたのちも、すなわち太平洋戦争中にも、彼はまたしても、この名声に傷のついた公爵に日本救済の希望をかけたからである。そのうえ、吉田は全生涯を通じて、一九三〇年代の危機は、過激で陰謀的な軍国主義者の抗しがたい圧力にそそのかされて、明治、大正の伝統外交から逸脱したところから起こったという見方から決してはずれることがなかった。

パイプラインと振り子——一九三九—四〇年

一九三八（昭和一三）年九月、まもなく大使を退任することがわかっていたとき、吉田はイギリス政府に対して最後の公式意思表示を行なった。中国が国際連盟に経済援助を訴えていたので、吉田の任務は、イギリスがこの要求を支持すれば日本の世論に不幸な結果を招くことを、ハリファックス外相に明らかにすることであった。吉田は日本が日英両国の関係改善を望むことを強調し、最後に日英関係について「イギリス政府の善意が日本の世論に印象づけられる」ようにイギリスが行動できることを個人的に希望する旨を表明した。ハリファックスは、善意を示すのはイギリス側であるという考え方を好まなかったが、[58]吉田は真珠湾攻撃のときまでも、決定的な外交決裂をふせぐため英米側から日本に対して協調的態度をとることが重要であると力説しつづけた。日本側で彼自身の方策が一般的に継続されるように、彼は後任に重光葵を推し、それを実現させることができた。[59]

東京へ帰ってきたとき吉田は六〇歳になっていて、外交官として二度目の退官をした。しかし、グルー、クレーギーとはひきつづき非公式、半公式の関係を保って、二人に日本の政情を説明し両大使の本国、米英政府が忍耐と穏健な態度を保ち、善意を積極的に表明するようにたえず説いていた。たとえば、一九三九（昭和一四）年二月の末に、吉田はグルーを訪ね「もしこのときにあたり、アメリカ政府が日本に対しなんらか友好の意思表示をすれば、多大な効果があろう」という意見を表明した。ところがその二日後、グルーが驚いたことに、アメリカは任地ワシントンで亡くなった斎藤大使の遺体を巡洋艦で日本に送り返して、度量の大きいところをみせたが、「多大な効果」は得られなかった。[60]

同じころ、吉田は、松平、樺山、原田らの穏健派とともに、グルーとクレーギーに一九三九年の夏中は予定の休暇をとらないよう説きつけた。クレーギーがロンドン政府に事情を説明したところでは、「吉田はいつものようにきわめて率直で、そう思うわけは、日本はもう数カ月しかもちこたえられないから、その避けられない反動が起こったとき、私がそれを利用するよう日本にいることが肝心だ、ことにグルーも留守になることだからといった」。前蔵相で三井財閥の大立者、池田成彬は吉田グループに結びつき、「日本は財政的にもう数カ月しかもたない」という見方を支持する手紙をクレーギーあてに書いたが、これが吉田の楽観論の基礎であった。[*61] 四月に入ってグルーは日本の新聞の論調は「まったく反英的」と日記に書いたが、そのすぐあと吉田との対談の模様を記録して、対談は「中国との和平の見通しに終始し、イギリスはそれを取り決める必要があるというものだったが、はなはだ雲をつかむような話だ」と書いた。グルーはここでまた吉田の英語力の貧弱なことに言及し、かつ「彼の場合、願望は思考の父であり、よいことはいつもすぐそこまできている」と、またも例のように嘆きを表わした。[*62]

夏のいわゆる財政危機が「避けがたい反動」もなく過ぎて、同年一〇月、グルーが休暇から帰ると吉田邸で夕食会が開かれた。吉田と白洲次郎（戦後の総理時代に終戦連絡事務局次長として吉田の重要な補佐役をつとめた）は、グルーにアメリカの対日世論の印象を新首相阿部信行大将と近衛に直接伝えてくれるように求めた。近衛は八月の阿部内閣の組閣に力を貸したと、彼らはいった。グルーは外務省を経由する正式ルートを無視することに難色を示し、阿部首相のほうも明らかに、そのような直接会談を行なおうとはしなかった。[*63] その代わり、四カ月半の短い任期中に、阿部は吉田をグルーとの仲介者に使った。グルーがこうした交流から引き出した一般的印象では、日本政府は日米関係に「とまどって」いた。[*64]

一九四〇（昭和一五）年四月一六日、グルーは吉田一家、牧野伯とまた一夕を過ごし、そこでは古い議題がくりかえされた。

私は吉田と長いあいだ話し合った。彼はいつも虹がすぐそこまで来ているというが、今夜も例外ではなかった。彼は私に、六月には情勢に重大な転機が来るから、どんな事情があっても日本を離れるべきでない、クレーギーと私自身がそのころいないのははなはだ賢明でない、といった。彼の議論では、新しい税法が発効すると輸出業者は、輸出シーズンのはじめにあたって、輸出品がひどく制限されることを知るし、目下の高物価による農民その他の現在の楽観論はなくなってしまい、国民は中国との戦争をやめるように要求し、それは軍部にさえも影響を与える。そしてアメリカはその中国における利権が尊重されるようになることをすぐに知る、というのであった。私はいった。それが本当なら、大変いいニュースだが、中国におけるアメリカの利権に対する日本の干渉が次第に増えている事実（天津、北平、厦門、福州などからそういう報告が毎日のように私の手許に来ている、と私は吉田に語った）を考えれば、情勢の突然の急変について、それほど楽観的でない、と。吉田は前にいったことをただいく度もくりかえすばかりだったから、われわれは意見が一致するどころではなかった。私が最後にいったのは、アメリカ政府と国民の忍耐がいつまでもつづくとは保証できない、もし変化が来るべきなら、早く実効をともなって来るほうがいい、ということであった。[*65]

だが、グルーは半信半疑であったにしても、吉田やその仲間たちが約八年前にはじめて目の前にぶらさげて見せてから止まりっぱなしの振り子にまだ魅力を感じていた。彼は休暇の計画を先へのばし、一九四〇年六月なかばには日本人有力者のいだくさまざまな意見の要点をまとめ、それを主として、ソ連との協定を求めるもの、親独陣営、親英米穏健派に分類した。彼の主張では、穏健派は、東アジアに閉鎖的経済圏をつくろうとしても不可能であること、汪精衛を首班とする傀儡政府はかならず失敗することを認め、したがって蔣介石との寛大な和平を支持している。彼らは、日本の将来の繁栄は、何よりも「民主主義的通商大国との親善協力」にあることを認識している。しかし、この主張を日本の支配層内で強調するためには、民主諸国が信用供与や、含みとしては通商取決め上の無差別待遇をはじめ、経済金融上の援助協力を日本に保証することが必要であるというのであった。「これはいく年も前に聞いた古くからの説で、今は表面に出ていないが、注目に値する穏健派が存在するから海外からわずかの声援があれば頭をもたげ軍部や反動派から支配権を奪い返すことができるというのである。吉田や樺山などの人々は、私が日本へ来て以来、いつも虹がすぐ近くに現われると予言してきたが、今度こそ、何かがそこにある」とグルーは認めた。国民は「『日中事変』に心からうんざり」しており、日本が自給経済体制を追求するのは虚妄であることは、穏健派ばかりでなく「実業界の大半、一部の先見の明ある高級軍人、政府内外の多くの有力者の意見になっている」とグルーはいまや感じていた。彼の「パイプライン」にもとづいて、米内光政首相、陸海軍大臣、外務大臣らはみなこの意見に同調してきているから、声援を歓迎するだろう、と考えたがった。

だから、グルーの有名な、次第に論争を呼んだ「建設的協調」の対日提唱は、吉田や日本穏健派の代表するこの路線、および「パイプライン」(そして結局は馬鹿げた希望《パイプ・ドリーム》)に緊密に結びついていたのである。中国の戦死者が二〇〇万人に近づいていたときでも、グルーは、懲らしめを受けはしてもまだ強力な日本が、アジアでイギリス、アメリカと同盟することをひきつづき望んでいた。[*66] 彼は自分の主張をチェンバレンのミュンヘンでの対独「宥和」と比較されるのを嫌ったが、[*67] アメリカの世論は次第に彼に不利になり、日本国内の諸事件もまたそうなっていった。一九四〇年七月の第二次近衛内閣の成立は、グルーにははじめから逆行的なものと映ったから、九月一二日の有名な「青信号《グリーン・ライト》」電報で、このグルーでさえ「穏健派」と袂を分かった。彼にとって問題は、もはやアメリカは日本に対し積極行動をとるべきか否かではなくて、いつとるべきかであった。

必死の外交――一九四一年

一九四〇（昭和一五）年九月二七日、日独伊三国同盟条約の調印につづいて、二週間のちに、近衛新体制の一環として大政翼賛会が設立されるとともに、グルーの悲観論は深刻になり、同時にその日本側の知人との接触も少なくなっていった。しかし吉田とは、特に吉田の妻が一九四一（昭和一六）年の秋、死の床にあったときと、その後真珠湾攻撃にいたるまでのいく週間か関係を保っていた。そして、一九四一年六月ドイツがソ連攻撃を開始し、そのあとで日本側から近衛・ルーズヴェルト会談の申し入れが行なわれたとき、グルーにはまた振り子の空想がよみがえってきた。しかし、彼の見通しは概して暗かったし、一九四一年一〇月末、ワシントンで進行中の野村・ハル会談について意見を述べるため吉田が来訪したとき、グルーの反応は無愛想なものであった。

彼はアメリカが日本と共同宣言を行なって両国はインドシナに「浸透する」意図をもたないことを明らかにしたいといい、いつものように、前進すべきものなら妥協が必要であると述べた。私はこれに答えてかなり手きびしく、妥協の余地はないことを指摘し、彼の提案するような共同宣言を出すのは愚かしいことを説明した。私は九月一日付の副島あての私の長い手紙の写しを渡し、読んで、考え、学び、内面的に消化するように求めた。吉田は、大変好きだけれども討論はやりにくい。なぜなら、他人が何を言っても、自分の最初の論点に戻ってしまうから。――妥協、妥協、妥協、と。[*68]

だが、吉田は容易にあきらめなかった。彼はつぎの週のうちに、二度までもグルーを訪ねた。一〇月三〇日の三度目の対談のあとで、グルーは日記に記した。吉田は「以後舞台裏で働くつもりだから、ひきつづき会いにくることはないだろうといった。賢明な決定である」[*69]

これは賢明な決定という以上に必死な最後の手段であった。主流外の人間にしては、吉田は最上層部で行なわれる決定についてきわめて詳細かつごく最新の知識をもっていた。それは、要職を占めるさまざまな個人との連絡網からきていた。エリートの集まる東京倶楽部は戦争政策に反対する人々の主な会合場所で、吉田が会談する内輪の仲間は主として華族や宮中高官であった。その顔ぶれは牧野伸顕伯、樺山愛輔伯、松平恒雄宮内大臣、木戸幸一内大臣、松平康昌内大臣秘書官長、原嘉道枢密院議長で、岡田啓介、若槻礼次郎の両元首相と三井の大番頭池田成彬も真珠湾攻撃の日まで主要な接触者であった。また小林躋造海軍大将を通じて、吉田は海軍、またある程度は陸軍内部の推移もよく知っていた。この仲間にはほかに幣原喜重郎、佐藤尚武、小畑薫良、東郷茂徳などの外交官も加わっていた。[*70]

このようにいろいろの方面に接触をもつ結果、吉田は九月六日の重大な御前会議のことも十分に知っていた。この会議では天皇が「帝国国策遂行要領」を承認したが、これは対米交渉が満足すべき結論に到達する期限を一〇月初旬までと定めていた。その後もなお東京政府とワシントン政府とが行きづまりを打開できないときは、政府はただちに「対米・英・蘭開戦を決意す」[*71]る計画であった。このとき、吉田の近衛への期待は最低になった。九月六日、彼は牧野にあてて、首相は「内心」親米で戦争に反対であるにもかかわらず、自らの信念を断固表明する勇気に欠けている、外相豊田貞次郎も同様である、と書いている。[*72]

九月一七日、吉田は非礼をかえりみず近衛に手紙を書き、辞職をすすめた。吉田は、世間は新体制の性質や意味について理解に苦しみ、国内に不平不満が高まっていると述べ、ドイツとの条約の内容はよく知らないが、ドイツは長期戦になる様子で、その結果が不利なことはいうまでもないと注意を喚起し、近衛の日中事変収拾の失敗を責めている。「日支事変の思うように片付かぬは、助けにならぬ独伊を頼みて、英米の在支勢力利用の用意を欠くゆえならば、屢々進言の通りにこれ有り」。さらにこれらの問題について非難さるべきは、近衛自身というよりむしろその擁立者たちである。これらの輩は近衛公を非難の的にしてしまった、と吉田は述べている。近衛が辞職すべきなのはこのため——すなわち暗にその名声を守るため——であるから、引退の口実は外交、軍事、経済のどれについてでもみつかるではないか、というのである。吉田は近衛の後継首相については何も言及していないし、だれかを考えていたかどうか明らかでない。[*73]

近衛はちょうど一カ月のちの一〇月一六日に辞職し、東条内閣の成立とともに戦争か平和かを決める期限が新たに設けられた。吉田がたびたびグルーを訪ねていたのはまさにこのような背景のもとにおいてであって、彼はほとんど死中に活を求める行動であることを鋭く意識していたのであった。一〇月三〇日、グルーとの三度目の会談の当日、東条内閣は第六五回連絡会議を招集し、つぎの三つの案を討議した。第一案、なんとしてでも戦争を避け「臥薪嘗胆」する。これに対しては東郷外相を除き出席者全員が日本を「三等国」にするものという点で一致して反対した。第二案、ただちに開戦を決意し戦争により解決する。第三案、戦争決意のもとに作戦準備と外交を並行させ、外交交渉の妥結に努めるが、一一月三〇日を絶対期限とする。[*74] 一一月一日、連絡会議は一七時間に及ぶ歴史的な会合で、第三案をとり、一一月三〇日の真夜中までに対米交渉が妥結しない場合は一二月一日をもって戦争を開始すると定めた。[*75]

吉田はただちにこれら会議のことを知り、これまでいだいてきたわずかな楽観論もほとんど潰えたと牧野に報告した。[*76] この時点では、アメリカ側の「妥協、妥協、妥協」以外に戦争を避ける道は正直いってないように思われたから、この状況からみて、数週間前、吉田がグルーあての特別な申し入れでインドシナを話題の中心にしていたのは、グルーが当時考えたように、単に自信ありげなふりをしたのではなくて、もっと大きな意味がかなりあったことになる。すなわち、その申し入れは日本がまもなくアメリカに対して行なった絶対的な最終提案である、対米交渉要領中の「乙案」の中心部に触れるものであったからである。吉田がそのとき、それまでのように中国にではなくインドシナに注意を集中したのは単なる偶然ではなかった。吉田自身が「乙案」の作成を手伝っており、突然グルーにしつこく働きかけはじめた一〇月末のその時期には、その仕事にかかっていたに違いないのである。「乙案」は一一月一日の決定的な連絡会議に東郷外相から提出されている。

それより前、東郷は日本の行きづまりを外交によって打開するためあらゆる努力を行なうことを認めるという了解のもとに、東条のもとで外相の地位を引き受けていたのであった。そのとき、吉田と幣原はかつての反目を越えて、協力して東郷に進言することになっていたから、外務省の作成した「乙案」の原案はこの二人が主としてつくったものと思われる。[*77]「乙案」への参画について、吉田はその戦前最後の時期に日本の運命を決定するほどの有力者では決してなかったが、太平洋戦争を防止するため考えられる最後の機会に直接参加したということができる。関係者が一般に認めるように、「乙案」は、日米交渉を継続すれば、その間に両国を引き離している大きな問題にとりかかることができようというので、その時間を稼ぐための暫定案として提示されたものであった。そういう性格をもっていたから、この案の特殊条件は主として日本のインドシナ進駐問題に向けられ、一方、主要な不一致点——日本の中国派遣軍、三国同盟、通商無差別待遇——は未解決のまま残された。[*78] 吉田と幣原とが直接加わったと思われる一一月一日の連絡会議提出の外務省原案は、つぎのようである。

(1)日米両国はいずれも仏印以外の南東アジアおよび南太平洋地域に武力進出を行わざることを確約す。
(2)日米両国政府は蘭領インドにおいてその必要とする物資の獲得が保障せらるるよう、相互に協力するものとす。
(3)米国は年百万トンの航空揮発油の対日供給を確約す。
備考
a　本取極成立せば、南部仏印駐屯中の日本軍は北部仏印に移駐するの用意あり。
b　なお必要に応じては、従来の提案中にありたる通商無差別待遇に関する規定および三国条約の解釈および履行に関する規定を追加挿入するものとす。[*79]

この「乙案」には最初一一月一日の会議に出席していた軍の代表者、ことに参謀総長と次長から強い反対が出たが、東郷がもしこの幣原案が入れられないならば辞職して内閣を崩壊させるとほのめかしたため、会議はようやく乙案の修正案を承認した。[*80] 第二項は、日米両国政府は通商関係を資産凍結前の状態に復帰させ、アメリカは日本に必要とする石油を保証する（アメリカは七月二五日に日本資産を凍結し、八月一日に石油禁輸を実行していた）ことを明記することによって、日本は七月二四日の現状に復帰することを明らかにするよう改訂された。これに加えて、アメリカは中国問題の解決を妨げないこと、すなわちアメリカは蔣介石に対する援助を停止することを記した第四項がつけ加えられた。[*81] この第四項は重大な性質をもつ一項であった。欧米で一般に受け入れられている解釈によれば、日本はこの点に固執することで、「戦争に固執した」[*82] のであった。

　これより四年前、日中事変のあと吉田が関係した議論の多い日本の「和平呼びかけ」と同じように、この最終提案については、当時の政策当局者からも、のちの学者からも、さまざまに異なった解釈が行なわれている。だが、日本の首脳者たちはこれを本気で考えていた。東条首相自身が一一月六日、陸軍省の下僚にこう語っていた。「乙案は開戦のための口実ではない。この案でなんとかして米国と妥結を計りたいと神かけて祈っている」[*83]。陸軍は乙案の内容に熱心でなく、それが受け入れられるかどうか疑っていたが、それでも一一月五日の御前会議では天皇の前で、一一月三〇日真夜中までに交渉が妥結したら兵力の使用を中止することを約束した。[*84] 東郷外相は心から戦争防止を望んでこの案を出したのであったが、それが受け入れられる可能性についてはきわめて悲観的であった。しかも、これを日本側にとって真の譲歩、当時において日本が「帝国の名誉と自衛」を維持しながら譲りうる最大限であると考えた。[*85]

東郷の悲観論には立派な根拠があった。ハル国務長官は、乙案がアメリカに正式に提示された一一月二〇日より前にその内容を知っていた（マジック・オペレーションによって日本の暗号が解読されていた）うえ、これが日本側の最後の切り札であることも心得ていて、それを最後通牒と解釈し、アメリカ側に「事実上降伏」を要求するものと即座に拒否した。[*86] 彼はまた暫定案の代案も拒否した。これは財務長官ヘンリー・モーゲンソーの発案でハリー・デクスター・ホワイトが起草したのを国務省内で書き直したもので、対日凍結令の取消しと日中交渉が行なわれる間の対蔣援助の停止を唱える点で乙案と一致していた。はじめに考えられたときには、このアメリカ側暫定案は、極東問題の恒久的解決のためのアメリカの「一〇項目要求」と同時に日本側に提示されることになっていた。しかし一一月二六日、ハル長官はルーズヴェルト大統領と協議したのち、一〇項目提案だけを提示することに決めた。これは乙案に対する回答としてアメリカ側の条件をあえて表明したものであった。[*87] このとき、最後通牒を突きつけられたと感じたのが日本側であるということは、おそらく一層もっともな理由があろう。一〇項目は日本軍の中国およびインドシナからの完全撤退、南京の汪精衛を首班とする傀儡政権の放棄を含みながら、暫定決着のなかでアメリカの利権については提案をまったく省いていたからである。[*88]

日本の首脳部にとって、この一一月二六日の有名なハル・ノートとともにサイは投げられた。しかし、吉田は中心をはずれた地位にありながら、この潮流を食い止める試みをつづけていた。悲観的な見通しにもかかわらず、また一〇月三〇日の自分の主張には反しながら、彼はハル・ノートを受け取る前の数週間にわたって、グルーとひきつづき接触を保っていた。一一月の前半に、彼は時間切れが迫っていること、野村・ハル会談が決裂したら「大変な、運命的な結末」になる、とアメリカ大使にまたも注意を促した。[*89] 一一月中に、彼はクレーギーにも数回会っているが、ワシントンの交渉について、イギリスに日本の立場を支持してもらいたい考えからであったらしい。しかしながら、一一月一〇日チャーチル首相が演説を行ない、日米間に戦争が起こったら「イギリスは一時間以内に宣戦布告する」と述べるとともに、イギリスが仲介の役割を演じないことは明らかになった。吉田は後年になって書いている。「当時私がこのチャーチル演説から受けた印象は、英国としては、一日も早くドイツを撃破して、戦争を終結させるためには、なんとしても米国を味方に引き入れて、参戦させる以外に途はないという境地を示唆しているということであった」[*90]

同時に、彼は戦争政策をやめさせる有効な反対勢力を結集する努力をつづけた。一一月なかばに牧野に、ハル・野村会談の見通しはまだ不たしかだと知らせ、一一月二一日、日本の最終案がアメリカに提示された二日後には、アメリカの風潮が「いくぶん緩和した」

のではなかろうかと、かすかな希望を表わした。ルーズヴェルト大統領は国務省よりも対日妥協に傾いているというのが彼の印象であった。小林躋造海軍大将は海軍内部で戦争反対勢力を動員することに努めており、反戦感情をもつ者には南次郎、畑俊六、梅津美治郎など陸軍の将官もいると知らせてきた、と吉田は報告していた。

しかしながら、情勢は明らかに絶望的であった。そして、この時点で、吉田は尊皇家としての大きなジレンマに注意を向けた。天皇をどう利用するか、しかも同時に保護しながら。彼はこのことを牧野あての手紙で論じているが、急いで書いたとみえて、論旨がまったく明らかではない。討論になった場合、天皇が直接に役割を引き受けられるのも防ぐことが大切で、天皇と戦争提唱者との対決の現われを一切避けることが必要である、と彼は述べている。と同時に、吉田は天皇を間接的に利用することを望んでいたかに思われた。この問題は重臣会議にかけるべきで、そこで政府の開戦期限決定の問題を扱ってはどうかと提案している。ついで議事を御前会議にもち込み、若槻や幣原がその弁説で天皇の面前で軍強硬派を押さえるように流れを切り換えられるのではないかという。そして近衛、木戸、松平恒雄を通じて、こうした考えを天皇に伝えるように説いている。[*91] だが、それは遠まわりの結局は無益なことで、数年前イギリス人が「まわりくどい」手続きと評したものを思い出させる。

当時外務省顧問になっていた佐藤尚武を通じて、吉田は到着したばかりのハル・ノートの写しを見せられた。彼はすぐこれを牧野に伝えたが、その反応は牧野その人をよく表わしていた。この老政治家は、西郷隆盛や自分の父大久保利通のような薩摩人を先頭にした明治維新の大業をかえりみ、もし日米戦争が起これぱこの大業は無になる、東郷外相もまた薩摩出身であり、このことには重大な責任があり、「陛下および国民に対して申し訳ないことであるのはもちろんだが、郷党の大先輩に対しても顔向けできない」と語った。[*92]世界戦争の瀬戸際に立って、明治維新から七〇年以上たっても、この老紳士は過去を通して現在をみていた。そして旧藩尊皇派の背景において現在の政策当局者をみていたのであった。

吉田は牧野のこういう心境を聞いて感銘を受け、佐藤や幣原や東郷に伝え、そして東郷に対し、ハル・ノートには一〇項目は「試案的でかつ誓約をともなわない」と明記してあり、「日米合意のための基礎案の概要」にすぎないという注が前書きしてある点を力説して、事態の成行きに影響を与えようと、最後の実りない努力を行なった。日本政府内部の過激派が、アメリカに対する敵意を強め、日本側がこれ以上協調的態度をとるのを妨げるために、これらハル・ノートの字句をぼかしているというのが、彼の印象であった。[*93]だがこの情勢判断はどうみても疑わしいものであった。一二月一日の御前会議での東郷の言明はアメリカ側の主張を正当に評価していたし、ほとんどすべての学問的解説は、ハル・ノートがアメリカの交渉条件の突然の急激な硬化を意味することで一致している。[*94]にもかかわらず、ハル・ノートは、日本が窮地に立たされた根本理由は「無謀な一部軍閥」[*95]の挑発行動にあったという吉田の見方を強めることになった。グルーもまた、ハル・ノートは最後通牒ではなく、単に将来の交渉の基礎にすぎないと日本側に伝えようと努めた。グルーは一一月二九日ごろ東京倶楽部で吉田に会い、東郷との会見を手配してくれるように頼んだ。しかし、このときまでに開戦の決定が下されていたので、東郷はそれを拒んだ。彼がアメリカ大使を招致したのは真珠湾が攻撃されたあとにすぎず、しかも日本とアメリカの国交断絶を告げるためであった。[*96]

吉田と同じく東郷も大の尊皇家で、日本帝国の断固とした擁護者であり、アジアにおける日本の問題を解決するため大規模な戦争に訴えることには反対であった。しかし吉田は真珠湾攻撃前の最後の日々に東郷のとった行動には賛成しなかった。ハル・ノートを受け取ると、吉田は東郷に、対米宣戦を防ぐために必要なら外相を辞し内閣を倒せともちかけることで、別の道をとるよう提案したといっている。そういうことをもちかけた点は興味をそそるが、あるいは東郷が一一月一日乙案の承認を得るために辞職をほのめかしたことから暗示を得たものかもしれない。しかし、それはたかだか当座しのぎの便法にしかすぎなかったのではなかろうか。吉田は、そのような素ぶりでも見せれば東郷暗殺にもなりかねないことを知っていたが、「それで死んだって男子の本懐ではないか」とまでいった。吉田は回想録のなかで、太平洋戦争前の日本の政治上層部のなかに真に明確に開戦に反対する者が出なかったことをかえりみて、それを国民性を反映したものとしている。「こんな時にこそ国民性が顕われるもので、……言うべき時に言うべきことを言わず、しかして事後において、弁解がましいことを言い、不賛成であったとか、自分の意見は別にあったなどと言う者が多い[*97]」

真珠湾奇襲から一〇日たって、吉田はグルーあてに個人的書簡を書いた。

近年多くの不幸な事件が起こりましたが、われわれのながくつづいた友好関係がこのように悲劇的な結果を迎えるとは、何人も予想しなかったことであります。貴下が私にわが両国間の友好を促進することは貴下の生涯の仕事であるとつねに言われていたことを、私はよく記憶しております。また私は貴下がワシントンの会談の決裂を防ぐため、実に最後の瞬間までもいかに真剣に努力されたかを承知しております。貴下の疲れを知らぬ努力をもってしても平和を救うことができなかったのは、誠に悲しむべきことでありますす。しかし、われわれが貴下のわが国とわれわれに対する友情を決して忘れないことは信じていただけます。私の手紙を終るに先立ち、私はひとつだけ付け加えしておかなければなりません。私がすぎた夏に家内の病床の傍らでワシントン会談の進展について語ってきかせましたとき、家内はいつも一語も聞きのがすまいと弱った神経を緊張させるように努めていました。家内が生前にわれわれの親しい関係がこのように悲劇的に終るのを見なかったのは幸いです。

どうか、貴下の個人的友情と私ならびに私の家族に対する御親切への私の感謝の気持を受け入れて下さい。

敬具

吉田　茂[*98]

第七章　「吉田反戦グループ」と近衛上奏文——一九四二—四五年

一九四五（昭和二〇）年四月一五日、吉田は憲兵隊に逮捕され、四五日間勾留された。憲兵隊が特に関心をもったのは、吉田が近衛上奏文の起草にかかわりをもったことであった。この近衛上奏文は戦時中の日本について最も好奇心をそそられる文書のひとつである。しかし憲兵隊が注目したのはそれより幅広い問題であった。吉田はヨーロッパおよびアジアの戦局の推移を伝える短波ラジオ報道を内々で読んでいた。[*1] 彼は早くから日本の敗戦を予言し外交による時局打開を唱えており、[*2] 彼のまわりには多かれ少なかれ志を同じくする人々がいく人も集まってグループをつくっていた。これを警察では、吉田反戦をつづめてヨハンセンという符牒で呼んでいた。[*3] ヨハンセンは日本の上層階級を横断的に代表する人々のゆるやかな結びつきであって、実際的にみれば、その活動の結果はとるにたらないものであった。しかし、それは戦争中の日本の「和平工作」のどれよりも参加者の数が多く長期にわたって活動したといえよう。[*4] したがってヨハンセンは戦時日本の「抵抗運動《レジスタンス》」

の性格や限界を知るためのケース・スタディの基礎となるものである。

ヨハンセンに結びついた人々の戦争反対は保守的な立場からなされたもので、イデオロギー色がつよかった。その大半の者にとって、主な動機は、単に日本が他国に与えている、また国内でもいよいよ大きくなりつつあった物理的な死と破壊を終らせるためばかりではなかった。それよりも、彼らの関心は伝統的な日本国家の維持であり、戦争が長びけば内外に革命的情勢をつくり出し、そのため国体が破壊されはしまいか、というのが彼らの最も恐れたことであった。日本にとって戦局が悪化するにともない、その恐れは一部の人々の心に終末論的な性質をもってのしかかってきた。たとえば一九四五年二月の近衛上奏文は、吉田が推敲をたすけたのであるが、まさにこの見解を完結的に表現したものである。

日本における共産主義と革命、また急進的傾向一般に対する恐怖は、多くの原因によって高まっていた。それは深く歴史的恐怖に根ざし、戦時日本の内部に秘められた意外なほど多様な「革命的」事態の進展に育てられ、また当時世界中で唱えられていた第二次世界大戦の解釈ときわだった類似をもっていた。したがって、戦中の吉田の行動はひとつの重大な関心領域を明らかにする。すなわち現在行なわれている第二次世界大戦についての定型概念、たとえば反動的「ファシズム」とか優勢な自民族中心主義的「封建遺制」とか、脅迫によって血迷った狂信と屈従に追い込まれた民衆とかは、かなりの修正を要するのではないかという点である。のみならず、このような問題点と吉田のそれへの対応は、降伏後の日本で彼が日本政治の最有力者となったときに爆発的に表面化してくることになった。占領初期の改革、一九四五年以後の民衆運動、左翼運動の一見異常ともいえる活力も、これらの進展に対する保守の反応の究極における成功も、戦時中の「急進主義」の幻想および現実を評価することなしには理解できないのである。

近衛渡欧案——一九四二年

真珠湾奇襲後も、吉田はアメリカ大使館に抑留中のジョーゼフ・グルーとひきつづき直接の接触を保っていた。彼はアメリカ外交団が一九四二(昭和一七)年に送還されるまでに、個人としてグルーあてに数回手紙を送り、祭日その他特別の場合に食料品などを大使館に届けた。*5 これに政治的な意味が含まれていたわけではないが、いかにも吉田らしい変わらぬ信義と政治的勇気を反映していた。ながい目でみれば、そのことは結果として彼の信用を高め、「そのほかの日本人」のイメージを存続させ、これが降伏後の日本についてアメリカが降伏前から計画を策定するにあたり、ひとつの役割を演じることになった。なぜなら、グルーは帰国後、日本の降伏まで国務次官の地位にとどまり、国務省内「日本派」の筆頭として一般に認められるようになったが、この日本派は寛大な対日講和を主張し、降伏後、この伝統的な「穏健派」エリートの指導的地位への復権を唱えたからである。

一九四二年二月のシンガポール陥落は日本が和平交渉を始めるに適当な機会と思われたが、吉田がそのときに何かの行動に出た様子はない。彼は、イギリスのアジアにおける主要基地の制圧によって日本は極東全域を支配するにいたったから、連合国は「戦争を一日も早く終息せしめる所以」である和平申し入れを受けるだろうと想定した。当時、内大臣の木戸も日本の初期の勝利を喜びながら同じような考えをもったが、そのことを天皇には伝えず握りつぶしてしまった。[*6] 日本の論者は一般に、そのような意見は日本の緒戦における戦果を温存する試みにすぎないと考えている。[*7] そして、実際のところ、日本にとって戦局の転換点はその後まもなく訪れたのであったが、そのときになってはじめて、日本国内の反戦の動きはいくらか活気を見せはじめることになった。

日本がミッドウェーで大敗してからまもない六月はじめ、吉田はしばらく自分だけで考えていた案を近衛に打ち明けてみた。吉田の回想記によると、それは近衛を（朝鮮、満州、その後はシベリア鉄道によって陸路）スイスに派遣する、近衛は同地に滞在し、注意をひき、真剣に和平を望む日本の意図を象徴し、もしイギリスなりドイツなりが苦戦になれば働きかけてくる者があろうから、そのとき仲介を試みる、というものであった。[*8] 吉田がそのとき近衛に、六月一一日には木戸に、書面で考えを述べているところでは、この案はもっとくわしくまた場あたり的なものであるが、「現実主義者」、尊皇家、愛国者、親英家のそれぞれの役割をひとつに結びつけることがいかにむずかしいかを、ここでもまたかいま見ることができる。吉田はきわめて形式ばった言葉でその案を近衛（と木戸）につぎのように説明している。

聖戦を完遂して国家百年の業を為すに、一意献替せらるること、公が今日、皇室および国家に対する所以なり。公この際、すべからく大使もしくは公使ほか三、四の外務官吏を従え、欧州視察を名として渡欧せらるべく、途中、列国元首および政事家には求めらるれば会談を辞せずとの態度にて、ソ連および枢軸国を通過し、順路中立国スイスのごとき交戦国いずれにも交通便宜の地に一応落ち付かれ、暫時悠々形勢観望の姿勢を持し、その間、随員は薐葯の間に列国政事家を誘致し、公への接近を計らしむ。戦いよいよドイツに利あらば米英は公に依りて窮地に活を求めんとすべく、もしまた戦利なくばドイツまた同様の態度に出ずべきか。公既往の閲歴は米独ともに公をもってその味方と考えしむべく、わが外交が公のこの地位を善用せば、和局において我を主動の地位に置かしむるに足るべし。公在欧数旬、前途に望みなくば淡々として帰路に就かるべく、はたまた多少望みの属すべきものありとせば、わが文武官、学者、実業家中の適材（かなりの者欧米に知人あるものがよし）を招致し、平和条約草案を準備せしめ、もって帝国政府の参考に資するとともに、列国を我の利益に誘導啓発の任にあたらしめ、世界講和の時運いたらば帝国政府の委任をもって、公は主席全権として爾余の諸全権を率いて講和会議に臨まるべく、随員はわが講和全権の帷幕に参して講和事務を担当すべきなり。[*9]

この派遣使節に、吉田は自ら近衛の随員の一人として参加する考えをもっていた。近衛はこの案にいくらか驚いたといわれるが、行ってみる気はあった。近衛の考えによって吉田はこの案を木戸に提示したが、反応はどっちつかずで、このことはそこで沙汰やみとなった。敗戦と占領ののちになっても、吉田はふりかえって、この使節団を出していたら何か成果があったのではないかと考えていた。[*10]

このように近衛に和平の希望をかけることは、一九四五年の降伏前の一〇年間にたびたび見られた注目すべき現象で、吉田は、日本の難局はこの上流貴族の気分屋の子孫を通じてはじめて打開できると考えつづけていた多くの日本人の一人にすぎなかった。一九三七（昭和一二）年から四一（昭和一六）年にかけて近衛が首班となった三次の破滅的な内閣に「自由主義的」支持が与えられた背後には、このような感情があったのであり、それは一九四一年の夏、近衛・ルーズヴェルト会談を開こうとした日本側の必死の試みにはっきりと現われていた。しかもそれは戦争末年に復活し、近衛を天皇の正式特使としてソ連に派遣する案が噂されたが、このように戦争中を通じて、吉田もその仲間であった特殊なグループも近衛との提携を拠りどころとしつづけていた。日本が降伏してからの数カ月間も、近衛は、戦犯容疑で自殺するまで、「穏健派」の最高の相談相手、また象徴でありつづけるのであった。それは帝国日本の悲劇の複雑で不可解な象徴であった。[*11]

「吉田反戦グループ」――右翼の裏をかく

吉田が関係をもった反対派は、きわめて非公式な形態のもので、それに属する個人に「会員」といった言葉をあてはめることはほとんどできない。最も広くみて、吉田およびヨハンセンの中心的グループの関与した和平論議のいずれかに加わっていたのは、つぎの人々である。[*12]

原田熊雄（一八八八〔明治二一〕年生）男爵。貴族院議員。元日本銀行員。一九四〇（昭和一五）年西園寺公爵の死去まで長くその秘書をつとめた。

鳩山一郎（一八八三〔明治一六〕年生）政友会系党人政治家。一九一五（大正四）年衆議院議員初当選。一九二七（昭和二）―二九年田中内閣書記官長。一九三一（昭和六）―三四年文部大臣。

池田成彬（一八六七〔慶応三〕年生）財政家。一九三六（昭和一一）年三井銀行頭取を退職。一九三七―三九年日本銀行総裁。大蔵大臣兼商工大臣。貴族院議員。枢密顧問官。

岩淵辰雄（一八九二〔明治二五〕年生）元毎日新聞、読売新聞、国民新聞記者。政治評論家。

樺山愛輔（一八六五〈慶応元〉年生）伯爵。貴族院議員。大正時代新聞記者、のちに大企業に関係。アマースト大学卒業。各種国際文化友好団体で活躍。

小林躋造（一八七七〈明治一〇〉年生）退役海軍大将。元海軍次官、連合艦隊司令長官。一九三〇年代に軍事参議官。同年代末台湾総督。一九四四（昭和一九）年貴族院議員。小磯内閣国務大臣。

古島一雄（一八六五〈慶応元〉年生）明治時代、新聞記者。大正時代、政治家として犬養毅の同志。一九一一（明治四四）年以来衆議院議員。一九三二（昭和七）年より貴族院議員。

近衛文麿（一八九一〈明治二四〉年生）五摂家筆頭の家柄、公爵。元貴族院議長（一九三三〈昭和八〉―三七年）。元枢密院議長（一九三九〈昭和一四〉―四〇年）。一九三七（昭和一二）年から四一（昭和一六）年まで三度内閣総理大臣。

牧野伸顕（一八六一〈文久元〉年生）伯爵。宮内大臣（一九二一〈大正一〇〉―二五年）、内大臣（一九二五〈大正一四〉―三五年）として天皇に近侍。元県知事、文部大臣、農商務大臣、外務大臣をつとめた官僚。大久保利通の二男、吉田茂の岳父。

真崎甚三郎（一八七六〈明治九〉年生）予備役陸軍大将。一九三四（昭和九）年陸軍教育総監。一九三五年派閥抗争の結果免職、これが一九三六年軍事クーデター企図の原因となり、二・二六事件後予備役に編入。のち事件直接連座の点では無罪となる。

真崎勝次（一八八四〈明治一七〉年生）予備役海軍少将。甚三郎の弟。ロンア、ソ連問題につき専門知識あり。二・二六事件後予備役に編入。その後、中国との戦争に批判的。一九四二（昭和一七）年衆議院議員に当選。

森岡二朗（一八八六〈明治一九〉年生）元内務省警保局長。のち数県の知事をつとめ、一九二九（昭和四）―三二年朝鮮総督府警務局長。一九三六（昭和一一）―四〇年台湾総督府総務長官。

小畑敏四郎（一八八五〈明治一八〉年生）予備役陸軍中将。第一次世界大戦中および革命初期ロシアに在勤。一九三〇年代はじめ陸軍大学校校長。二・二六事件後予備役に編入。

鈴木貫太郎（一八六七〈慶応三〉年生）退役海軍大将。男爵。元海軍兵学校校長。一九二五年海軍軍令部長。一九二九（昭和四）年より侍従長。二・二六事件で重傷。一九四〇年枢密院副議長。四四年同議長。一九四五年総理大臣。

殖田俊吉（一八九〇〈明治二三〉年生）元大蔵官僚、台湾在勤。一九二七（昭和二）―二九年田中総理大臣秘書官。のち、実業に従事。

宇垣一成（一八六八〈明治元〉年生）退役陸軍大将。一九二四（大正一三）年から二一（昭和六）年まで四期陸軍大臣。一九三一―三六年朝鮮総督。一九三七年広田内閣のあと

組閣に失敗。一九三八年近衛内閣で短期間外務大臣。

若槻礼次郎（一八六六（慶応二）年生）男爵。官僚出身政治家。一九一一（明治四四）年まで大蔵官僚。同年貴族院議員。一九一〇年代に大蔵大臣を二期つとめる。一九二四（大正一三）―二六年加藤高明内閣の内務大臣。民政党系政党幹部。一九二六（昭和元）―二七年総理大臣。一九三一（昭和六）年再任。一九三〇年ロンドン海軍軍縮会議全権。

このグループは当時の地位また過去の経歴からみると、全体として、降伏前の日本に存在したエリート各層のかなり完全な縮図を表わしていた。すなわち、宮中関係者、陸海軍、実業金融界、官僚警察、植民地官僚、外交界、華族、枢密院、貴族院、政党、新聞界が網羅されていた。また近衛や若槻を通して、一般に内閣総理大臣奏請の責任を負う重臣に接触していたし、位階や（木戸幸一のような天皇の輔弼者との）個人的連絡によって天皇にも近づく道があった。二、三の例外を別にすれば、彼らは時に明治世代と称されるものの肖像用モデルであった。日本と連合国の戦争が始まったとき、彼らの平均年齢は六三であり、それはたまたま当時の吉田の年齢でもあった。

あとで述べるところからわかるように、日本が戦争から離脱する具体的な行動をめぐってこれら各人のあいだに意見の一致があったわけではない。いく人かの場合には急速に戦争を終結させる決心さえぐらついていた。しかし全般的にいって、全員が現状に不満で、しかるべき政治的手段によってはじめて変化をもたらすことができると考えて疑わなかった。彼らは暗殺やサボタージュのような戦術に訴えて積極的に内部崩壊を起こそうと考えたことはなかったし、実力をともなう政変を起こすことなどは考えに入っていなかった。受け身の「消極的サボタージュ」や物資の買い占め、あるいは故意の非能率など、エリートが占領時代に実際に行なったものは考えてもみなかった。まして
や、大衆を基盤にした抵抗運動の可能性を考えることなどは、グループの本性に反することであった。それよりも、彼らの議論と行動は、主として首相と陸相の地位を手中におさめて現在の軍の首脳部を排除することに向けられた。この目的を胸に秘めて、吉田反戦グループの仲間たちは一九四二（昭和一七）年から四五年にかけて、特定の人物を内閣の地位につけるために一連の工作に従事した。主な首相候補者は宇垣大将、小林海軍大将、鈴木海軍大将、近衛公であったが、これらの案はいずれも成功しなかった。もっとも降伏の少し前に鈴木が首相になったが、それは吉田グループの活動とは無関係であった。一九四四（昭和一九）年七月の東条の排除もこのグループの直接の関与によるところは少なかった。

吉田グループの中心的人物は、吉田、岩淵、殖田、近衛、小畑、真崎甚三郎であった。鳩山もまた戦争の最終段階までかなり近い関係にあったらしいが、宇垣を首相に推すことに関連する戦術的不一致から、グループと分かれた。[*13] この中核グループの唱えた情勢分析

の要点は独特なもので、大体つぎのように要約できる。
○彼らは、日本が軍国主義に走ったのは陸軍内部の統制派「一味」の策謀によるものであるとし、和平実現の第一歩は統制派から政治権力を奪取することであると主張した。
○一九三〇年代の諸事件は軍閥の一部とその支持者の意識的陰謀と解釈され、しかもその陰謀は基本的に、また大部分が意識的に共産主義によるものであるとされた。
○統制派の打倒は軍内部からのみなしうる。近衛が一九四五年二月、天皇に直接語ったように「軍を押さえるには文官では出来ない。軍人の中から、その人を発見して起用する以外にはない」[*14]。しかし、これは正統な政治手段によって推進すべきである。統制派に取って代わり軍各部の忠誠を結集できる勢力としては、二・二六事件に関係し統制派に排除された皇道派しかない。信用を落とした皇道派の代表的な人物が、同時に吉田反戦グループの主要なメンバーであったことは意味がある。小畑、真崎は二・二六事件後予備役に編入された者で、この二人は吉田グループが一九四二年から四五年にかけて考えた各種の政変計画の主要人物であった。
○統制派を排除し和平を実現することは急務である。戦局が悪化し伝統的日本国家の構造、すなわち国体を脅かしていたからである。中核グループの行動は、天皇は日本独特のかつ最後の拠りどころであるという信念に一致していた。なぜなら、結局のところ、近衛上奏文によって、彼らは統制派排除の運動に天皇の直接かつ積極的支持を求めたからである。しかし同時に、日本国民の国体への献身を評価するうえで、彼らは悲観的に傾きがちであった。戦争を早期に終結させなければ革命的激動が起ると予想したからである。

○この国体への脅威は国内的にも国際的にも認められ、内外に「革命的」あるいは「共産主義的」事態が進展しているという幅広い、複雑な見通しにもとづいていた。別な言い方をすれば、グループは太平洋戦争の意味を一義的に日本と連合国の衝突にあるとは考えなかった。それよりも大きな関心は、戦争によって日本の内外に左翼的、潜在左翼的、革命的傾向が出てきたことにあった。

○アメリカの対日空襲のさなかにあってさえ、アメリカおよびアメリカが戦後とると思われる対日態度についてのグループの評価は楽観的であった。一九四四年八月、近衛は、アメリカ国民の大多数は皇室に敬意を払い、天皇は本来平和を望まれているから、将来日本にいかなる変化があろうとも、皇室を中心にして日本を建設したいという意見がある、という報告を受けていた。なお、この近衛に達した情報の提供者は加瀬俊一で、彼は戦後のアメリカの目標は非軍事化と民主政治であると伝えていた。[*15] 近衛はこの見解を翌年二月拝謁のおり、天皇に進言した。アメリカは無条件降伏を要求するであろうが、参謀本部の意見とは反対に、無条件降伏しても、アメリカならば「日本の国体を変革して、皇室まで無くするようなことはしまいと思う」[*16]と近衛は述べた。中核グループの各人が唱えた和平案の多くも同じく、連合国、特にアメリカは日本に対しかなり寛大な和平を講じる意志があるという想定にもとづいていた。近衛の場合、欧米諸国へのそのような信頼は、アジアにおける欧米帝国主義への批判的な態度が多年彼の見解の特徴であっただけに、従来の主張への背反を意味しているように思われる。[*17]

○危機感があったにもかかわらず、吉田グループの中心的な仲間でさえ、しっかりと決心を固めることはできなかったように思われる。彼らはあいまいで空しい感じにとりつかれていた。たとえば、一九四四（昭和一九）年の四月になって、近衛は東久邇宮に、内閣を代えることがいいか悪いかわからない、多分このまま東条にやらせて世界の目前で全責任を負わせ、皇室には責任がないという印象を保つことがよくはないか、と進言した。[*18] 真珠湾攻撃の前、首相であった近衛は、陸軍内部の状況を転換するために皇道派を使うことができるほど強い立場にあったのに、軍事クーデター、真崎や小畑の暗殺を引き起こし、ひいては皇道派の潜在効果を無くしてしまうことを恐れて、その試みをあえてしなかった。[*19] 皇道派の復活は混乱を起こしかねないという議論に対しては、近衛はあるとき、情勢は今でも混乱していると反論した。[*20] 太平洋戦争中、近衛は自分自身のある案を「希望的観測」[*21]かもしれないともらしたこともある。殖田も自分の和平工作案を「夢物語みたいなもの」[*22]と呼んでいた。グループの仲間は、天皇と皇道派を車の両輪として戦争を終結させることを論じつづけながら、天皇が皇道派の将軍連を信用しないのを十分知っていたのであるから、彼らの計画には内部矛盾によってはじめからひびが入っていた。[*23] 一九四五年二月になって、高松宮は自称和平論者らが具体的プランもなく、手ぶらで走りまわっていることを間接に非難した。[*24] グループの活動は全体として、会合や論議が枯葉のように舞い上がると思うとやがて散り散りになってながく不活発な時期が訪れるありさまであって、総体的に気乗りしない、無方向な、不徹底な、希望のないものだったという印象をまぬがれない。

吉田反戦グループの基本方針、すなわち皇道派を統制派に対抗させる方針は、大胆で皮肉かつ異論の余地を残したものであった。同時に、それは真珠湾攻撃以前にもあったという意味では、古い方針でもあった。一九三〇年代の末、首相時代に近衛は、「総力戦」計画と「国防国家」建設を唱える統制派の勢力に対抗するため皇道派の中心的軍人の復活を考えたことがあり、この関係は戦時中もつづいていた。近衛は荒木貞夫、真崎、小畑ら皇道派の将軍たちと親しく、彼らが国体とか大和魂とかのスローガンに示される日本独自の精神的特性を耳ざわりなまでに強調するのに共感していたらしい。[*25] そのような共感は、一九三〇年代の超国家主義テロリストも同様な感情に動かされていた事実からみて、あいまいなものであった。

表面上、吉田反戦グループの特定メンバーに対して皇道派が魅力をもっていたことは理解できる。なぜなら皇道派は、軍は政治や経済に関与してはならないという伝統的な原則に対して、忠実であることを公言していたからである。この原則は、国家防衛を第一の目的とする人々にはすぐには認められないものであった。国内的に、東条ら統制派の支持する国家統制は重大な解釈上の変化を受けた。最初、皇道派から「ファッショ」とか「国家社会主義」とか非難された国家統制は、時がたち戦争が長びくにつれて、社会主義や共産主義の端緒と同一視されるようになった。国際情勢に関しては、近衛は皇道派と統制派の区別は単純であると主張していた。彼のいうところでは、

皇道派の思想は……ソ連の動向、特に共産主義の動きに非常な関心を有し……対外政策は対ソ一本槍で、例えば支那に手をつけ、あるいは南に向って進むことには極度に反対意見を有していた。……こと対外問題に関し、いわゆる皇道派は統制派と全く意見を異にし、たがいに譲らずにいたが、たまたま二・二六事件に皇道派が連座、一斉に葬られたということは支那事変、今次大戦に対外政策が持って行かれる途が開かれた契機となったと見るべきである。[*26]

この分析はあまりに単純化されているし、近衛が「北支」事変を本格戦争に発展させるうえで自ら積極的な役割を果した点について控え目なことはわかるとしても、皇道派が通常「北方の目標」に結びついていたことは事実である。この点からすれば、吉田反戦グル

ープは「誤った戦争」への反対派の役を引き受け、日中戦争と太平洋戦争に反対し、反ソ軍事行動の組織を支持したことになる。

吉田グループに関係したなかで、近衛はおそらく最も複雑な人間だったであろう。たしかに彼は多くの名士のなかでも最も高名な人物であって、その近衛があらゆる問題について吉田と意見が一致したと考える理由はない。二人のうちでは近衛のほうが多義的で冷笑的で、彼なりに型破りであったようだ。彼は若いころ社会主義にちょっと手を出してみたこともあったが、吉田が称賛した、アジアにおける欧米帝国主義の古典的戦術を嘲りながらも、帝国主義者になっていった。一九三〇年代には、急進的な国家主義者の関心をもつ問題に公然と共感を表わし、満州事変とその結果を単純に軍事的成功と見る者は「浅慮」の罪をまぬがれないと主張した。彼は元老、重臣の「国際主義」との関係を否認したが、日本が欧米帝国主義と共産主義の二重の脅威に対する防波堤としてアジアの「新秩序」を宣言したのは、彼の首相時代であった。近衛の行動は吉田にくらべると空想的な、可能性としては「急進的」なところが多いが、しかも同時に暗い宿命観に影響されていた。そして、彼の手を触れるものは灰燼となった。一九四一（昭和一六）年ころになると、彼はここ数年来歩んできた荒涼とした風景をかえりみて、欧米帝国主義への批判をやわらげるとともに、日本およびアジアにおける赤の破壊と激動の亡霊にとりつかれはじめた。このような想定は何者かによる謀略の理論となり、それは自身の破滅的な政策への責任を免除するのをたすけ、ついには近衛上奏文のほとんど妄想にまで高まっていった。吉田は同じ想定に賛成するようになったが、彼はもっと単純な観点から、そこに到達したと考えることができる。[*27]

日本が太平洋地域において期待する和平について、近衛の個人的見解は戦局の推移につれて変わった。しかし、日本の同盟国ドイツの崩壊が迫っていることが明らかになっても、近衛は大国間の同志的和平が可能であると考えていたようである。たとえば、一九四四（昭和一九）年一月には、彼の意見はつぎのようなものであった。

(1)太平洋の問題は、太平洋に臨める主要国において処理す。
(2)日ソ支米英をもって委員会を組織す。
(3)わが国の占領せる地域および太平洋にある諸島は非武装地帯とす。
(4)この地域に存在する主要国以外の独立国（満州国を除く）は、スイスのごとき永世中立国とす。その他の占領地は、右主要国の混合委員会にて処理することとす。
(5)ソ連はこのような和平案を斡旋する。

しかし、近衛は同時に、このような取決めは日本側としてあまり妥協的にすぎるかもしれない、と考えていた。[*28]

近衛と真崎や小畑ら皇道派代表との関係はよく知られているが、吉田が戦争中この二人の将軍と協力したことはやや意外に思われる。二人とも吉田がかつて強く非難した事件に関係していたからである。もっとも吉田は真崎とは日中戦争前に少なくとも面識はあった。たとえば、一九三六（昭和一一）年、二・二六事件の二週間前に、吉田は皇道派強硬分子と宇垣大将の対立について真崎と長時間話し合ったことを、原田熊雄に知らせている。これはのちに吉田グループが宇垣を担ぐ運動をしたことからみると、いささか皮肉な先触れであった。いずれにしても、吉田は真崎を「非常におとなしい」といったが、かつて寺内正毅や田中義一について感じたのと同じ素質を見いだしたことになる。原田が真崎にだまされては駄目だというと、吉田は「だまされていやしないけれども、そういうような話だ」と真崎の宇垣評を話した。[*29]

吉田と将軍たちがたがいに一緒にやっていけると思ったのはもっともである。三人はみな武骨で率直な、かなり個性の強い人間であり、ひとしく天皇に心底から献身を誓っていた。彼らは二・二六事件後権力を握った統制派軍人の手で、同様に挫折を味わされていた。真崎と小畑は予備役へ追いやられ、吉田は広田内閣の外相になるところを統制派に妨害され長い外交官生活の成果を奪われた。しかし、彼らの政策や地政学が一致したかを確かめることは難しい。

真崎は荒木貞夫大将の弟分で、一九三〇年代なかばに急進的超国家主義将校らの偶像となり、一九三五年、三六年の激烈な事件で、あいまいながらも中心的な役割を演じた。彼は統制派の「ファッショ」政策をあからさまに批判し、相沢三郎中佐の永田鉄山少将殺害事件、相沢裁判を皇道派の「国家再建」の理想を宣伝する場に転化すること、陸軍教育総監渡辺錠太郎大将と岡田啓介首相（真珠湾攻撃前の時期に吉田が秘密に接触した一人）の暗殺計画、また二・二六事件（このとき、吉田の岳父牧野伯も「君側の奸」の一人として危うく暗殺されそうになった）そのものを暗黙にまた公然と支持した。一九三五年の前半に、真崎は教育総監として、美濃部達吉博士の天皇機関説排撃に声援を送り、戦前日本の警察国家強化に一時期を画した。[*30] 真崎はまた皇道派の「北方の目標」を支持した。一九三〇年代のはじめには、真崎、荒木の子分である小畑は、皇道派のソ連に対する考えは不慮の事態に対処する長期計画にとどまるものでないことを明らかにしていた。一九三二（昭和七）年末、三三年初、吉田が満州事変の拡大を先へのばし、日本を国際連盟に引き止めておくことに努めていたまさにそのとき、小畑はソ連軍と即戦即決ののち熱河を征服するよう要求し、軍人、文官の双方に大論争を引き起こしていた。吉田が当時この計画を批判していたことが想起されよう。[*31] 一九三〇年代を通じて、対ソ予防戦争をただちに開始することは、クラウリー教授の言葉を借りれば、小畑の「気に入りの戦略思想」であり、これを唱えるについて、真崎と荒木が後ろ楯となっていることはよく知られていた。[*32]

吉田グループの和平案で重要な役割を演じたもう一人の軍人がいるが、その前歴にもほかの二人と同様あいまいなところがあった。それは宇垣一成である。彼は田中義一の後輩で、一九二〇年代には問題の陸軍整理計画を支持し、大企業および政党、特に民政党と近い関係をもっていた。一九三〇年代末には、中国の民族主義的願望に同情的理解を表明し、近衛内閣の外相時代には対英接近の希望を示した。[*33] その間、一九二四（大正一三）年、宇垣の陸相時代に陸軍四個師団削減が実施される一方で軍の合理化と戦力の増加がはかられた。また一九二七（昭和二）年には、宇垣は陸相として文部省に協力して、学校教育への軍事教練の導入、軍事施設の技術向上のための職業訓練の確立をはかった。このように宇垣は軍事と一般社会の分離を不鮮明にすることをたすけた。真崎の二・二六事件連座が問題になったと同様に、宇垣も一九三一（昭和六）年の不発に終った三月事件にいたる過程で、あいまいな役割を演じている。中国の民族主義に対するのちの理解がどうであったにしても、宇垣は早くから一九二〇年代に中国大陸での共産主義の脅威について警告し、日本の中国に対する譲歩が中国側の「暴慢」の原因であると主張して、日本帝国の威信をくりかえし宣言することを求めた首脳者の一人であった。[*34] イギリスとの接近を望み、中国における大国の威信の低下を残念がりながらも、宇垣はアメリカの「偽善的人道主義」[*35]を激しく非難した。一九三〇年代には宇垣は統制派に反対し、グルーの通報者によれば、一九四〇年はじめの衆議院議員斎藤隆夫の勇気ある反軍演説のかげで糸を引いた一人であった[*36]が、その前一九三〇年代のはじめには、永田鉄山の「総力戦」「国防国家」、資源「総動員」論を支持した一人であった。[*37]

吉田がいつから真崎、小畑と緊密に協力しはじめたかは、完全に明らかになっているわけではない。殖田俊吉によれば三人を結びつけたのは殖田自身と岩淵で、吉田がロンドンから帰ってまもなくであるという。あとから近衛が一九四一（昭和一六）年一〇月の第三次内閣崩壊後にこのグループに加わった。[*38] しかし一九四二年の夏までは、彼らは政治工作について真剣に話し合った様子はない。この夏、岩淵が鳩山を通じて吉田に連絡し、小畑をはじめその他の者を引き入れて、東条打倒を計画しはじめた。[*39] 吉田反戦グループに関係した者のなかで、殖田はあまり有名でもなく、社会的地位も比較すれば低いほうであったが、岩淵とともにグループの考えをまとめるうえで中心的な役割を果し、一九四五（昭和二〇）年に和平工作に関与したために実際に吉田とともに逮捕されている。岩淵は、一九三〇年代以来の日本の問題は統制派の責任であるから、その打開は皇道派をもって統制派に代えることで可能になるという議論を立て、またそれを説いてまわることを受け持った。一方の殖田は、統制派による謀略の理論を補強しながら、主としてグループの考え方の基本にある反共主義的意見を終末論にまで強めることに力を入れた。

岩淵はすでに一九三六（昭和一一）年三月から反統制派の新聞記者として知られていた。その年彼は憲兵隊に呼ばれ、二・二六事件をめぐる状況や、いわゆる統制派の中国侵略計画について批判的な記事を書くことを禁じられた。同年九月までには、彼は、中国は華北において対日長期消耗戦を行なう用意があると確信するようになり、一九三七年には、近衛に説いて総理就任を固辞させ、日本の侵略の責任をまともに軍部に負わせようとしたが、果せなかった。岩淵は早くから皇道派を使って統制派を追放することを唱えつづけていた。彼の見るところ、皇道派は陸軍内部で主な対抗派閥であるばかりでなく、軍は政治に関与せずの原則をかかげ、かつ反ソ反共思想であるという点で、彼と同じく「自由主義的」価値観をもっていた。岩淵は、吉田反戦グループ内で最も活動的な工作者、皆を励まし引っ張っていく役で、戦争直後の時期には舞台裏で何がしかの政治的影響力を用いた。一九四五（昭和二〇）年九月、吉田を外相に選ぶについては岩淵がいくらか発言権をもち、これによって老外交官が戦後の政界にデビューすることになったのであるが、彼はのちには占領期の改革案に対する吉田の極端な保守性に愛想をつかすようになった。

吉田グループのほかの中心的な仲間と同じように、岩淵の和平への希望は、かなりの程度まで近衛にかけられていた。太平洋戦争の後半段階まで、彼の「和平案」は、つぎの四点を中心にしていたといわれる。

(1)皇道派の起用によって陸軍部内に一種のクーデターを行ない、皇道派の威信と影響力をもって軍部、特に陸軍の和平態勢を整えること。

(2)和平工作を開始する前に、交渉を有利にするために、残存している戦力を結集して敵に対して最後の大反撃を行ない、一応、戦果をあげること。

(3)和平交渉の具体的方法としては、近衛を重慶に派遣し、まず蔣介石とのあいだに講和の話し合いをつけ、つぎに蔣介石を通じてイギリスとのあいだに講和の話し合いをつけ、最後にイギリスが話し合いに応じたならばイギリスを通ずると同時に、また直接交渉をも併用して、アメリカとのあいだに講和の話し合いをつけるようにすること。

(4)講和条件は、皇室の維持と台湾、朝鮮を含めての現有領土の保全とすること。[*40]

要するに岩淵は、皇道派が陸軍を手中に収めることができたら、和平の道を選び、これに全軍の十分な支持を取りつけられると考えていた。彼は戦場の形勢と和平交渉の関係を認めはしたものの、中国、イギリス、アメリカは日本の必死の攻勢に驚いて、和平提案を受け入れるだろうと想定した。しかも、連合国が一九四三(昭和一八)年末以来無条件降伏を要求していたにもかかわらず、岩淵は、国体を護持するばかりでなく帝国海外領土の一部をも保全する和平を心に描いていた。

殖田と吉田の関係は、殖田が一九二〇年代末田中義一首相の秘書官をつとめたときにさかのぼる。田中は外相を兼任したから、殖田は外務次官の吉田と折衝することが多かった。吉田がロンドンから帰ったとき二人の関係は復活した。殖田の名声はグループのほかの者に遠く及ばず、近衛との直接の接触もほとんどなかったが、彼は近衛上奏文に表わされるようなグループの世界観の形成に特別有力な役割を果した。戦争中、殖田は、軍部と官僚の推進する組織的統制と中央集権的計画化の政策によって日本が共産化されるかもしれないという恐れにとりつかれていた。こういう恐れは、二・二六事件にひきつづいて統制派が影響力を強めてまもない頃にさかのぼるが、殖田が「新興財閥」企業家の鮎川義介から陸軍の秘密文書なるものの写しを手に入れたことで、強まった。殖田の解釈では、この秘密計画は、陸軍が満州国で現地用に発展させた集権的金融経済政策を日本内地に移植する意図をもつことを明らかにしていた。この計画は殖田の説では、ヨーロッパで共産主義者の教師のもとで学んだことのある者の手でつくられ、実行されたら「日本の国を共産主義に引きずり込む」以外の何ものでもなかった。[*41] 殖田はこの計画を若槻、吉田、それにおそらく幣原など多くの知人に見せ、のちに長文の分析を書いて、彼の危惧をくわしく説明した。そのなかに述べられた意見は、他の方面から引いた資料とともに近衛（と吉田）がのちに近衛上奏文を書いたときに利用された。吉田が満州国の中心的計画の設計者たちによる共産主義的謀略という殖田の説を受け入れたのは意外とするにあたらない。なぜなら彼はロンドン駐在大使時代に日本陸軍、特に在満軍内部における共産主義の驚くべき影響について、自分の観察をイギリス側に告げていたからである。殖田の反共警戒論を吉田が評価していたことは、戦後になって殖田が第三次吉田内閣の法務総裁に任命され、官界でマッカーシー流のレッド・パージを指揮したことに現われていた。日本の降伏からまもなく、殖田は戦争の最終段階に描いた筋書の要点を公にしている。

近衛さんに大命が降下する。その晩のうちに真崎陸軍大臣と近衛総理大臣との二人だけの親任式をやり、宮中を退出せずにそのままかねてのプランどおり、用意しているリストに依って、陸軍省、参謀本部の首脳を一遍に首切って、予備役に編入してしまう。参謀総長も次長も、陸軍省の軍務局長も兵務局長は勿論もっと下の奴から、憲兵司令官まで全部予備役にしてしまう。そして「近衛はどうしたんだろう、大命が降下して宮中へ入ったはずだけれども出てこない、どうしたんだろう」と人々がいっている頃には、スッカリ首切りが終って宮中を出て来る。翌朝になれば近衛一連隊を指揮して、予備役にした主な将校の家を包囲して逮捕もし、家宅捜索をしよう。そして国民に何故にかかる断固たる処分をしたかをハッキリと声明して、出先の各派遣軍に向かっても事情を明らかにしよう。陸軍の粛正が終ったらば、さらに次の工作に移ろう。……

殖田自身の言葉によれば、このプランは「夢物語みたいなもの」であった。[*42]

吉田グループに加わった人間のうち、人道的関心や抽象的な自由の信念に動かされたといえる者は一人もいない。その一方で、多くの者がすでに日のあたる場所に位置を占め、しかもなんらかの形でその日をくもらせ、日本が「暗い谷間」に沈んでいく原因をつくった。このことは吉田反戦グループと関係をもった著名な、しかし周辺の人物のうちいく人かについて、簡単なスケッチを試みることで知ることができる。

元首相で党総裁の若槻礼次郎は、一九三四（昭和九）年以来重臣の一人であったが、「自由主義的」な政治努力をもって知られていた。加藤高明内閣の内相として一九二五（大正一四）年の男子普通選挙法の成立に努力した。一九三〇（昭和五）年にはロンドン海軍軍縮会議に日本首席全権となり、熟慮のうえで相当不本意な点もあったが、政府の巡洋艦比率一〇対六受け入れ決定を支持した。満州事変当時の首相として、大陸における軍の活動の拡大を防ぐため熱心に努力したが、あまり効果はなかった。他方、加藤内閣の内相として、若槻は共産主義、無政府主義その他の急進主義の取締りを目的とする一九二五年の治安維持法改正案の起草に内側から役割を果し、[*43]この法律は警察国家の中心的な手段となった。そして、太平洋戦争の終りまで若槻は、日本の全面的敗北以前に戦争を終結させるか、最後まで戦いぬくかで動揺していた。[*44]

池田成彬は、三井銀行の重役、三井財閥の常務理事で、超国家主義者から退廃したブルジョア利権の象徴とみなされ、一九三二（昭和七）年の五・一五事件では暗殺の対象とされた。しかし、二・二六事件後になって、池田は北一輝、中野正剛、松井空華、岩田富美夫、秋山定輔、赤松克麿、津久井龍雄、橋本徹馬などをはじめ、広く右翼に資金をばらまいていたことが明らかにされた。[*45]彼は、真崎、小畑とならんで早くから平沼騏一郎男爵の国本社の有力な会員の一人であった。国本社は一九二四（大正一三）年、左翼運動に対抗し「国民精神の作興」[*46]を目的に設立された右翼団体である。戦争中の一時期、池田は近衛のもとで商工大臣をつとめた。吉田グループのほかの仲間と同じく池田は、戦争の成行き如何にかかわらず、「思想問題」を大問題と考えていた。一九四六（昭和二一）年に吉田が第一次内閣を組織したとき池田を蔵相にするつもりであったが、占領当局の反対にあって挫折した。[*47]

グルーのいう「すぐれた紳士」で、一九三〇年代を通じてテロリストの攻撃の的であった牧野は、「自分は生涯、良心に疚《やま》しいことを一度もしたことはなかった」[*48]という自己満足の言葉を残して死んだけれども、その牧野でさえ超国家主義者と同情的な関係をもっていた。一九二四(大正一三)年、右翼の学者兼イデオローグ大川周明が北一輝と分かれて行地社をつくったのは、牧野が内大臣になる前年であったが、皇道派の将軍荒木などの有力な後援者とともに、その評議員になった。[*49] 一九三一(昭和六)年、満州事変が世間を驚かしているさなかに、牧野は安達謙蔵や久原房之助の率いる反幣原の政治的過激派の支持にまわり、そのことで皮肉にも西園寺公から、実父大久保利通が一八七三(明治六)年同じような危局に当面しながら征韓論に強く反対した歴史の教訓をひいて、たしなめられる羽目になった。[*50] 一九三〇年代を通じて、戦闘的な過激論者が牧野を君側の奸として攻撃しつづけるなかで、原田と西園寺は、牧野内府は「だまされやすく」、軍を押さえるために同じように危険な分子とつき合う傾向がある点を、一様に心配していた。[*51]

吉田グループの関係者全員のなかで、鳩山は、従来のブルジョア的な標準からみれば、自由主義をだれよりも身を入れて徹底的に擁護したと考えられるかもしれない。グループのなかでは鳩山だけが生粋の党人政治家で、一九一五(大正四)年以来議会に連続当選していた。父は衆議院議長、弟は衆議院議員で、国際連盟の代表をつとめたことがある。義兄の鈴木喜三郎は政友会総裁であった。鳩山は東大英法科卒、妻は富豪の家からきており、物質的な苦労をしたことがなかった。

しかし、吉田反戦グループが降伏前の日本のエリート各層を集めた小宇宙を形成していたとすれば、鳩山は戦前の政党の金銭ずくのいやな面の多くと、その長所のわずかばかりを体現していた。彼の名誉のためにいえば、一九四〇（昭和一五）年三月、斎藤隆夫代議士の反軍演説事件のとき、政友会内部からの圧力があったにもかかわらず、鳩山は斎藤の除名に反対した。また彼は大政翼賛会への加盟を断り、戦前には予算を削って大政翼賛会を弱体化する試みに加わった。真珠湾攻撃の前に実際政治からの引退を声明、一九四二（昭和一七）年の翼賛選挙では無所属で出馬を決意し、あまりほめられない公約が横行しているなかで、選挙文書に立憲政治の擁護をうたった[*52]。

だが、彼の経歴には別の面もある。鳩山は、一九二〇年代には政友本党の党員として、普通選挙権は伝統的家族制度を乱すという理由から、これに反対した[*53]。彼は、吉田や殖田のように田中義一内閣のいわば同門であった。この内閣で、一九二七（昭和二）年四月から一九二九（昭和四）年七月まで書記官長をつとめ、その間、国体を変革することを目的とする主義を宣伝、研究した者を死刑または無期懲役に処するよう治安維持法を改正する決定に参加した。この治安維持法が緊急勅令によって改正されるにともない、陪審法が改正されて、この治安維持法によって起訴された者が陪審裁判を受ける権利が否定された（鳩山はかつて陪審法そのものの制度化に反対していた）。犬養内閣および斎藤内閣の文部大臣として一九三一（昭和六）年から三四（昭和九）年にかけて在任したあいだに、鳩山は一九三三年五月、京都大学の滝川幸辰教授の有名な追放事件に関係して大学教授連盟から排撃された。滝川教授は、犯罪については個々の犯罪者と同様、社会にも責任があるというトルストイの思想を擁護し、婦人を社会的、法的に劣った地位に置くことを批判したために、大学を追われたのである。鳩山の文相在任中はまた、小学校、師範学校の教員が「危険思想」の保持者として大量に追放された時期とかさなっていた。同じ時期に、国家主義思想の風潮に合わせて教科書の改訂が行なわれ、学生たちは、満州派遣兵士のために品物を集めたり、補充兵員の見送り、帰還兵の出迎え、国際連盟反対デモなどに動員された。鳩山は「収賄や売勲の疑いを受け、会計検査院から脱税を指摘されたり、自分と妻の株式所有名義を詐称したり」の疑いを受けたのち、文相を辞任した。

鳩山が吉田と近い関係を結んだのは一九三八（昭和一三）年、近衛首相の特使として世界旅行の途中ロンドンに立ち寄り、大使の吉田と意見が合ったといわれるころからである。旅行から帰った鳩山は『世界の顔』という著書を刊行したが、これが一九四六（昭和二一）年に塵を払って掘り出され、彼の政界追放に使われることになった。この本にはドイツ、イタリアのファシズムの効率性について好意的な論評が含まれ、なかでもドイツのナチズムと日本武士道の「著しい類似性」の発見が書かれており、階級対立を最小限に押さえるため、日本はヒトラーの労働統制、管理方法を研究するようにすすめている。もっとも鳩山は、ドイツのような権力主義の採用は理解できるけれども、それには限度がなければならないという条件つきながら、ヒトラー主義に賛成していた。鳩山による自由主義の定義は、戦後まもなくの選挙パンフレットに説明されているところでは、はなはだ簡明である。

「自由とは何か。私の信ずるところでは、つぎの言葉でいいつくすことができる。『君のなすべきことをし、なすべからざることをしない自由』である」

それより前の選挙パンフレット（一九四二〔昭和一七〕年四月）で、鳩山は、田中義一の外交政策は従来の対英米軟弱外交を清算したとたたえていた。「今日、田中内閣の起案した世界政策は着実に実現されつつある」と彼はつけ加えた。「今日」というのはミッドウェー海戦の二カ月前であった。これはただ戦争中の言い回しにすぎないとはいえない。なぜなら、鳩山は一九三一（昭和六）年の満州事変を支持して幣原外交を攻撃したことがあるからである。[*54] 犬養内閣の文相時代、鳩山は前内閣（幣原が外相であった）は日本軍の錦州進撃を妨げたと非難し、犬養内閣は外国の干渉なしに満州軍閥の張学良を錦州から追い出したとして称賛した。彼によれば、そこから学ぶことは「犬養内閣は独立の強力政府であり、幣原外交は屈従の軟弱政策である」というのであった。

戦後アメリカの調査員が見つけたところでは、鳩山は世界旅行中に「ドイツにはイギリスを駆逐したのち経済利益を与えることを約束し、イギリスには中国で利益を与える代償として中国の開発に借款を与えるよう興味をもたせた」。『世界の顔』によれば、鳩山は海外訪問中に日本軍が上海北停車場を占領したことを知り、感動して歌を詠んだ。喜びのあまり涙を流し「涙声で道路に向い森に向って勝利の歌を唱った……何というすばらしい日だろう」。鳩山が政治にたけていたことは、一九四二年の選挙に超国家主義の黒龍会頭領頭山満からも、「憲政の神様」として戦前日本で数少ない一貫した理想主義的政治家の一人とみなされる尾崎行雄からも、支持を取りつけたという事実から知ることができる。

日本の降伏後、鳩山は旧政友会を自由党という警戒心をとりのぞく名称のもとに再結集し、一九四六（昭和二一）年四月の総選挙で多数を獲得することができた。しかし、首相となる直前に追放を受け、吉田を後継者に選んだ。吉田はこの機会を利用して権力の基礎を固めたが、このときの吉田の台頭と同じく、その政治的終末にも鳩山がからんでいた。鳩山は一九五一（昭和二六）年追放解除につづいて党の支配権を取り戻すため激しい闘争をいどみ、一九五四（昭和二九）年一二月、吉田についで首相の地位についた。

舞台裏の政治工作――一九四二―四五年

一九四二（昭和一七）年の夏ごろには、吉田は日本の敗戦が迫っていることを確信するようになり、これを和平交渉推進の吉兆に変えようと努めた。[*55] 吉田グループが和平準備のために行なった最初の具体的行動は、その後まもなく、同年の一一月、一二月に始まった。主として吉田の働きかけによって、グループは宇垣一成に首相の座を狙わせることに決めた。牧野伸顕、原田熊雄、近衛文麿、岩淵辰雄がはじめからこの案に賛成し、近衛の考えによって、岩淵が一二月二〇日に宇垣に会い、宇垣内閣を実現する件を切り出した。一二月二〇日から三一日にかけて、岩淵、吉田、小畑敏四郎、真崎甚三郎がそれぞれ個別に宇垣に会った。古島一雄、小林躋造そしてたぶん鳩山も宇垣推進計画の相談に加わった。木戸幸一はグループが池田成彬とも接触したと記録している。

宇垣に示された大まかな計画には細目がはぶかれていたようである。それはまず、東条がすでに権力の地位から降ろされ、宇垣が後任に指命されたことを想定していた。宇垣は天皇に拝謁し、現役に復帰し、首相と陸相を兼任する。小畑も現役に復帰し、陸軍次官になる。一方、真崎は「実地に」動き、宇垣の背後に皇道派の支持者を結集し、陸軍部内の統制派分子の追放を遂行する。これが成就したところで、グループは和平の具体案にとりかかる、という計画であった。

この初期の宇垣を推す案は、あわただしい秘密の会合を、多くは吉田の自宅でかさねた結果、立てられたものであるが、あっというまに行きづまってしまった。宇垣は組閣には乗り気だったが、現役復帰や統制派の追放には気がすすまなかった。そればかりでなく、彼は陸相に、小畑や真崎など吉田グループの計画のなかで大きな比重を占めた皇道派将軍よりも、小磯国昭大将を選びたい意向を明らかにした。そこで最初からこの計画に加わっていた者の大半が、すぐに宇垣への期待をあきらめた。しかし、吉田はいつものねばりづよさでこの計画への希望を抱きつづけたが、一二月三一日にこの有名な「政治家将軍」宇垣を吉田反戦グループの方針に従わせられなかったことで、最初の舞台裏工作は実質上行きづまった。情勢は一見絶望的であったが、宇垣推戴案は、のちに吉田グループによってまた取りあげられることになった。[*56]

宇垣案が頓挫してから、グループはまた主として吉田の申し出によって、小林躋造海軍大将を中心に組閣する可能性に注意を向けた。小林は、一九二〇年代はじめのイギリス時代から吉田の知人であった。この案は宇垣案より長いあいだ温められたが、結局はやはり失敗に終った。近衛は一九四三（昭和一八）年三月ごろ小林支持にまわるよう説得され、岩淵その他と一緒に小林に話を切り出したが、この案も宇垣にもち込まれた案と実質的に同じ方針をとっており、立ち消えになったのまで同じであった。その目論見は、東条内閣は倒れ小林内閣がこれに代わり、小林首相は同時に海相になる。小林は天皇に拝謁し、小畑と真崎を現役に復帰させ、小畑を陸相に、真崎をできれば参謀総長にする。さらに小畑と真崎で陸軍の改革を指揮する。吉田は小林内閣の外相となり、軍部の体制が整ったところで和平の探求を進める、というものであった。

吉田から牧野にあてた「読後焼却」の書信は、宇垣から小林への切り換えの事情を説明している。それによると、殖田俊吉が問題の思想方面の責任を負い、吉田は実質的に外交面に全力をあげることになっていた。宇垣がぐらついているので、グループは小林に目をつけたのである。目下の最も緊急な仕事は、外交的働きかけに有利な戦局を導くことであるが、それにはアメリカ軍に痛撃を加えうるまでに海軍を増強することが必要だが、問題は陸軍の海軍に対する支持を取りつけることだ、というのがこの書信の趣旨で、「覚悟」が必要なことを暗示していた。[*57]

小林は近衛にせがまれて、この案に力添えすることに同意したが、一年後に小林を候補に推す機会がきたとき、近衛はこれをあくまで実現しようとしなかった。一九四四（昭和一九）年七月、東条がついに打倒されると、近衛は新首相を選ぶ七月一八日の重臣会議で小林の名前さえ出さなかった。首相の座は小磯国昭大将にまわり、小林案の火ははじめからつよく燃えあがらないまま消えてしまった。しかしながら、この小林案が噂されていた長い期間に、吉田グループは、皇道派を利用することが重要であると説明する文書をつくる必要があると決めたのである。吉田の牧野あて書信にあるように、殖田がその責任を割りあてられ、原稿を書き、それがのちに近衛上奏文の起草に利用されることになった。ふりかえってみて、吉田グループによるこの第二案の失敗が早期講和のためになんらかの意味をもったと結論することは困難である。小林はその後まもなく議員の戦争遂行団体である大日本政治会の総裁になり、この団体を反戦の立場に導くように努めるのではなく、団体の気持に賛成するように進んでいったからである。[*58]

吉田反戦グループの活動の第三段階は、一九四四年一〇月ごろ始まっているが、ここでもまた、献身的な和平実行者を選び出すうえでの吉田の巧妙さが浮かびあがってくる。近衛と吉田は、吉田の自宅で鈴木貫太郎（四〇年前、学習院での吉田の教師）に会い、彼らの立場に同調を求めようとしたが、たちまち反論に出会った。近衛が戦争は一日も早く終結に導かねばならないと論じると、鈴木はつぎのような所信を述べた。「戦争は最後まで戦ってみなくては結果は判らぬものなのだから、その途中においては軽々に和平を考えるべきではない。こちらが困っているときは、敵もまた困っているときであるから、結局、我慢したほうが勝利を収めることになる。我々は、かつて支那において元朝に対する軽率な和平をおこなって結局、宋朝の滅亡を招いた南宋の賈似道の二の舞を演じてはならない」

近衛はそれ以上骨を折らずに鈴木をあきらめるほうに傾いたが、吉田は自分でいく度も鈴木と会談をかさねた。吉田の説得の結果、鈴木が歩み寄ってきたという報告を受けて、近衛はもう一度鈴木と会談した。その会談の結果によって、鈴木と真崎が会うことも計画された。しかし、近衛は鈴木が頑として意見を変えないことを知り、鈴木のほうではその時点では吉田グループとの関係を断つことを適当と考えた。[*59] それからほぼ一年後、鈴木は首相となり、日本を降伏に導いたが、しかしそれは、賈似道のように早く和平をせずに、ようやく都市が荒廃し、原子爆弾が使われ、ソ連が宣戦してからのことであった。

近衛上奏文

鈴木内閣案の挫折は、一九四四（昭和一九）年末のレイテ敗戦とほとんど同時であった。この戦況に加えてマリアナ作戦により、連合軍は日本に直接脅威を与えることができるようになった。[*60] 切迫感、絶望感が吉田グループばかりでなく、当時和平を探求していたその他多くの日本人をとらえた。こういう活動はすべて別々に行なわれていて、効果がなく、この期に及んでも、広い基盤に立ち、足なみをそろえた平和運動を組織する試みはなんら行なわれなかった。[*61] 吉田グループの中心的な仲間は、一九四五（昭和二〇）年の最初の数週間、戦争終結に天皇の積極的な支持を請うための計画づくりに専心した。この計画はやがて二月一四日、近衛が天皇に近衛上奏文を提出することにつながっていった。近衛の上奏は、吉田反戦グループの工作の最大の成果であり、それは日本現代史にいつまでも残る一項目を書き加えることになった。

一九四五年のきびしい年が明けた元日と二日に、岩淵、小畑、吉田はこの有名な上奏文につながる一連の準備行動を開始した。三人は、時局の切迫によって天皇直々の介入が必要になったことを確認しあったのち、一月六日と一九日に箱根、湯河原に近衛を訪ね、直接この仕事に乗り出す必要があることを納得させた。最初の会合では結論が出なかった兆候がいくらかあるが、一月一九日の会合では、いずれにしても近衛はこの計画に乗り出すことを約束した。拝謁の機会をつくる任務は、大体、吉田の責任とされたようである。鈴木、原田、木戸、侍従長藤田尚徳海軍大将の仲介によって、二月七日から二六日のあいだに天皇が近衛ばかりでなく、重臣全員の意見を聞くことに決まった。[*62]

近衛の拝謁は二月一四日に予定されたが、それまでのあいだ、彼は切迫した危機感と徒労感にさいなまれた。危機感は、連合軍の日本侵攻の予想が高まっているところからきていた。一月末までに、近衛は、陸軍が六月に九州、九月に本州への侵攻が行なわれると予測していることを知っていた。もっとも高松宮などは本土侵攻はもっと早まると予想していた。[*63]徒労感は、天皇がはたして決定的な行動に出られるよう説明できるかどうかはっきりしないことからきていた。近衛の秘書官であった高村坂彦によれば、近衛は二月一一日に上奏文を起草したが、天皇の孤立と無力について、つぎのように暗い見方を語っていた。

今度は最後の御奉公のつもりで、思い切って申し上げたいと思う。しかし、陛下が如何なる思召で重臣の意見をお聞きになるかが問題である。陛下は、責任者以外は、重臣でも皇族でも、意見を聞くことを避けて居られる。これは西園寺公の御教育によるのであるが、平時、新聞等も自由に政治を批判しているときはそれでも良いが、新聞が統制されて、政府や統帥部の申し上ぐることを裏付けするようなことばかり報導している現状では、大変困ったことになる。陸下は蒸留水ばかり飲んで居られるようなものである。だからといって、自分が思い切ったことを申し上げると、かえって御気嫌を損するかも知れない。[*64]

近衛は拝謁の前日、東京の吉田邸に着き、持参した上奏文案について吉田と納得のいくまで相談したり補筆したりして、そこに一泊した。[*65] 二月一四日、近衛は吉田の車で送られて参内し、天皇の前で、革命的混乱が迫っていること、世界が赤化しつつあること、日本の帝政がぐらつき崩壊の淵にのぞんでいることなど、きわめて悲観的な予想を伝えた。この主張は吉田反戦グループの中核分子がいだいていた見解を最終的に総合したものであった。たしかに、それはグループが行なった最も体系的かつ分析的な試みであり、その天皇への提示は彼らの最高の政治行為を意味していた。

近衛がいつからこのような分析に同意するようになったか、正確なことはよくはわからないが、日本国内に「赤の運動」が行なわれているという観念にとりつかれていたことが目立ってくるのは、一九四三年はじめのガダルカナル敗退のころといわれる。それは東条内閣が戦時経済の統合を最終的に強行しはじめたときであるから、論理にかなっている。[*66] その年一月、近衛は当時病気だった東条の後継者をだれにするかについて木戸内大臣に手紙を書いて、そのなかで彼は、最近東条内閣で考究中の「革新政策案」なるものを見たが、これは満州事変以来の対外、国内問題の経緯にてらしてはじめて理解できるものであり、特に東条の革新案の出所は、一九三六―三七年に参謀本部のためにつくられた「生産拡充五カ年計画」であるが、これは「軍部の一角に残り、しかして次第に急激のものとなり、今日は明白にソ連と同型の共産主義と選ぶ所なきものになり居れり。しこうして……徐々に巧妙に小出しに着々実現の道程を進みつつあるがごとし」と述べていた。彼によれば、最初に革新案を代表した石原莞爾（関東軍のカリスマ的将軍で満州事変の計画者）などは、革新は日本が軍事の必要を満たすため「高度国防国家」の建設に不可欠とみていたことは疑いないが、少数ながらまったくこれと反対の思想をいだく者があり、国内革新を大陸における戦争遂行上必要とみるのでなく、国内の急激な革新そのものが目的であって、戦争は革新を実現するための手段であると考えている。これらの分子は最初から、一九三〇年代はじめまたなかばのテロ事件によって、「国内現状維持勢力」を覆して日本の国内革新をなしとげようと努めてきた。しかしこの勢力は「容易に抜くあたわず。……よってこの勢力を否応なしに引きずるほかなし。その手段はすなわち戦争なりとなす。赤の人々の覗《ねら》い所もここにあり。彼等に取りては戦争の勝敗の如きは問題外なり。否むしろ敗戦こそ望ましと考え居るに相違なし」。この理由から、破壊分子は第一次近衛内閣の時代には日中事変を拡大し、のちの近衛内閣時代には日米交渉を故意に挫折させた、と近衛は述べている。[*67]

一九四四年七月、東条内閣がまさに倒れようとしていたとき、近衛は、これもやはり木戸あての手紙で、同じ議論をくりかえしている。「左翼分子はあらゆる方面に潜在し、いずれも近く来るべき敗戦を機会に革命を煽動しつつあり。これに加うるに、いわゆる右翼にして最強硬に戦争完遂、英米撃滅を唱う者は、大部分左翼よりの転向者にして、その真意測り知るべからず。かかる輩が大混乱に乗じていかなる策動に出ずるや想像に難からず」。[*68] 一九四四年七月一八日の東条の後継者を選ぶ重臣会議で、近衛は新首相を選ぶにあたって、この点こそ考えねばならぬことと、つぎのように述べた。

わが国の今日は極端にいえば、左翼革命に進んでいるようだ。あらゆる情勢がそういう風に見える。敗戦はもちろん恐ろしいが、敗戦と同様もしくは、それ以上に怖ろしいのが左翼革命だ。敗戦は一時的で取り返すことも出来るが、左翼革命にいたっては、国体も何も吹っ飛ぶ。だから左翼革命については、最も深甚なる注意を要する。表面に起って運動している者ばかりが左翼ではない。右翼のような顔をしている軍人や官吏にも実は多いのだ。本人はそういうつもりでなくともすることはまったく赤だ、というのが非常に多い。これに向って大斧鉞《ふえつ》を振るう人が絶対に必要だということだ。

平沼元首相は「全く御同感である」と述べ、木戸と若槻元首相も同意を表わした。明らかに重臣のうち近衛の判断に異議を唱えた者は一人もいなかった。[*69]

一九四五年二月の拝謁のときまでに、近衛は共産主義の謀略と称するものの背景をかなり広げて解釈するようになっていた。おそらく英米陣営は例外として、その脅威は、彼が注意を向けてみるとほとんどあらゆる方面に潜伏していた。国際的には、それは、ソ連の世界共産化の陰謀の現実にみられた。この点に関し、近衛は外務省調査局長尾形昭二の報告によって、東西ヨーロッパで共産主義の計画がはじめて実を結びつつあること、延安で野坂参三が日本人解放連盟を指導していること、朝鮮と台湾に革命的抵抗運動が起こっていることをくわしく述べている[*70]（近衛が、中国と東南アジアでの反日感情と左翼民衆運動の急激な拡大との劇的な関係に触れようとしていないことは、彼が当然知っていただけに興味深い）。

国内情勢については、近衛は、殖田の社会左傾化論に依っていた。彼は民衆の厭戦と窮乏が革命の火口となることばかりでなく、軍の上層部、官僚内部、また国体の護持をとなえる右翼、皇族のなかにさえ、謀略的な無意識の共産主義的傾向があることを指摘している。邪悪な軍閥が日本の運命を操っているという岩淵の議論は、近衛上奏文のなかで広く取りあげられた。近衛は、自分はこれまで欺かれていたが、満州事変、日中事変、太平洋戦争は、共産主義の陰謀の一部としてみな軍の一味によって恒久化されたことがわかった、と天皇に報告しているのである。[*71]

近衛文麿上奏文

敗戦は遺憾ながら最早必至になりと存じ候。

以下この前提の下に申し述べ候。

敗戦はわが国体の瑕瑾たるべきも、英米の世論は今日までのところ、国体の変更とまでは進み居らず、(勿論一部には過激論あり、又将来いかに変化するやは測り知り難し)、したがって敗戦だけならば、国体上はさまで憂うる要なしと存じ候。国体護持の立前より最も憂うべきは、敗戦よりも、敗戦に伴うて起ることあるべき共産革命に候。

つらつら思うにわが国内外の情勢は、今や共産革命に向って急速度を進行しつつありと存じ候。すなわち国外に於ては、ソ連の異常なる進出に御座候。わが国民はソ連の意図は的確に把握し居らず、かの一九三五年人民戦線戦術、すなわち二段革命戦術採用以来、殊に最近コミンテルン解散以来、赤化の危険を軽視する傾向顕著なるが、これは皮相かつ容易なる見方と存じ候。ソ連は究極に於て世界赤化政策を捨てざることは、最近欧州諸国に対する露骨な策動により、明瞭となりつつある次第に御座候。

ソ連は欧州に於て、その周辺諸国にはソビエット的政権を、爾余の諸国に少くとも親ソ容共政権を樹立せんとし、着々その工作を進め、現に大部分成功を見つつある現状にこれ有り候。

ユーゴーのチトー政権は、その最も典型的なる具体表現に御座候。ポーランドに対しては、あらかじめソ連内に準備せるポーランド愛国者連盟を中心に新政府を樹立し、在英亡命政権を問題とせず押し切り候。

ルーマニア、ブルガリア、フィンランドに対する休戦条件を見るに、内政不干渉の原則に立ちつつも、ヒットラー支持団体の解散を要求し、実際上ソビエト政権にあらざれば、存在し得ざるごとく強要いたし候。

イランに対しては、石油利権の要求に応ぜざるの故をもって、内閣総辞職を強要いたし候。スウェーデンがソ連との国交開始を提議せるに対し、ソ連はスウェーデン政府をもって親枢軸的なりとて一蹴し、これがため外相の辞職を余儀なくせしめ候。

占領下のフランス、ベルギー、オランダに於ては、対独戦に利用せる武装蜂起団と、政府との間に深刻なる闘争続けられ、かつこれら諸国は、いずれも政治的危機に見舞われつつあり、しこうしてこれら武装団を指導しつつあるものは、主として共産系に御座候。ドイツに対してはポーランドに於けると同じく、すでに準備せる自由ドイツ委員会を中心に、新政権を樹立せんとする意図なるべく、これは英米に取り今日頭痛の種なりと存ぜられ候。

ソ連はかくのごとく、欧州諸国に対し、表面は内政不干渉の立場を取るも、事実に於ては極度の内政干渉をなし、国内政治を親ソ的方向に引きずらんといたし居り候。

ソ連のこの意図は、東亜に対してもまた同様にして、現に延安にはモスコーより来れる岡野[*72]を中心に、日本解放連盟組織せられ、朝鮮独立同盟、朝鮮義勇軍、台湾先鋒隊等と連絡、日本に呼びかけ居り候。

かくのごとき形勢より推して考うるに、ソ連はやがて日本の内政に、干渉し来る危険十分ありと存ぜられ候。（すなわち共産党公認、ドゴール政府、バドリオ政府に要求せしごとく、共産主義者の入閣、治安維持法および防共協定の廃止等々）。ひるがえって、国内を見るに、共産革命達成のあらゆる条件、日々具備せられ行く観これ有り候。すなわち生活の窮乏、労働者発言権の増大、英米に対する敵愾心昂揚の反面たる親ソ気分、軍部内一味の革新運動、これに便乗するいわゆる新官僚の運動、およびこれを背後により操りつつある左翼分子の暗躍等に御座候。

右の内特に憂慮すべきは、軍部内一味の革新運動にこれ有り候。少壮軍人の多数は、わが国体と共産主義は両立するものなりと信じ居るもののごとく、軍部内革新論の基調もまたここにありと存じ候。〔皇族方の中にも、この主張に耳を傾けらるる方ありと仄聞いたし候[*73]〕。職業軍人の大部分は、中以下の家庭出身者にして、その多くは共産的主張を受け入れやすき境遇にあり、又彼等の軍隊教育に於て、国体観念だけは徹底的に叩き込まれ居るをもって、共産分子は国体と共産主義の両立論をもって、彼等を引きずらんとしつつあるものに御座候。

そもそも満州事変、支那事変を起し、これを拡大してついに大東亜戦争にまで導き来れるは、これら軍部内一味の意識的計画なりしこと、今や明瞭なりと存じ候。満州事変当時、彼等が事変の目的は国内革新にありと公言せるは、有名なる事実に御座候。支那事変当時も、「事変永引くがよろしく、事変解決せば国内革新はできなくなる」と公言せしは、この一味の中心的人物に御座候。

これら軍部内一部の者の革新論の狙いは、かならずしも共産革命にあらずとするも、これを取巻く一部官僚および民間有志（これを右翼というも可、左翼というも可なり、いわゆる右翼は国体の衣を着けたる共産主義者なり）は、意識的に共産革命にまで引きずらんとする意図を包蔵しおり、無智単純なる軍人、これに躍らされたりと見て大過なしと存じ候。この事は過去五十年間、軍部、官僚、右翼、左翼の多方面にわたり交友を有せし不肖が、最近静かに反省して到達したる結論にして、この結論の鏡にかけて、過去十年間の動きを照らし見る時、そこに思い当るすこぶる多きを、感ずる次第に御座候。

不肖は、この間に二度まで組閣の大命を拝したるが[*74]、国内の相剋摩擦を避けんがため、できるだけこれら革新論者の主張を容れて、挙国一体の実を挙げんと焦慮せる結果、彼等の主張の背後に潜める意図を十分に看取するあたわざりしは、全く不明の致す所にして、何とも申訳これなく、深く責任を感ずる次第に御座候。

昨今戦局の危急を告ぐるとともに、一億玉砕を叫ぶ声、次第に勢を加えつつありと存じ候。かかる主張をなす者は、いわゆる右翼者流なるも、背後よりこれを煽動しつつあるは、これによりて国内を混乱に陥れ、ついに革命の目的を達せんとする共産分子なりと睨み居り候。一方に於て徹底的米英撃滅を唱う反面、親ソ的空気は次第に濃厚になりつつあるように御座候。軍部の一部には、いかなる犠牲を払いても、ソ連と手を握るべしとさえ論ずる者もあり、又延安との提携を考え居る者もありとのことに御座候。以上のごとく、国の内外を通じ共産革命に進むべき、あらゆる好条件が日一日と成長しつつあり、今後戦局益々不利ともならば、この形勢は急速に進展致すべくと存じ候。

戦局への前途につき、何らか一縷でも打開の望ありというならば格別なれど、敗戦必至の前提の下に論ずれば、勝利の見込なき戦争をこれ以上継続するは、全く共産党の手に乗るものと存じ候。したがって国体護持の立場よりすれば、一日もすみやかに戦争終結の方途を講ずべきものなりと確信つかまつり候。戦争終結に対する最大の障害は、満州事変以来今日の事態にまで時局を推進し来りし、軍部内のかの一味の存在なりと存じ候。彼等はすでに戦争遂行の自信を失いおるも、今までの面目上、飽くまで抵抗致すべき者と存ぜられ候。

もしこの一味を一掃せずして、早急に戦争終結の手を打つ時は、右翼左翼の民間有志、この一味と響応して国内に大混乱を惹起し、所期の目的を達成し難き恐れこれ有り候。したがって戦争を終結せんとすれば、まずその前提として、この一味の一掃が肝要に御座候。この一味さえ一掃せらるれば、便乗の官僚ならびに右翼左翼の民間分子も、影を潜むべく候。けだし彼等はいまだ大なる勢力を結成し居らず、軍部を利用して野望を達せんとするものに他ならざるがゆえに、その本を絶てば、枝葉は自ら枯るるものなりと存じ候。

尚これは少々希望的観測かは知れず候えども、もしこれら一味が一掃せらるる時は、軍部の相貌は一変し、米英および重慶の空気あるいは緩和するにあらざるか。元来米英および重慶の目標は、日本軍閥の打倒にありと申し居るも、軍部の性格が変り、その政策が改らば、彼等としても戦争の継続につき、考慮するようになりはせずやと思われ候。それはともかくとして、この一味を一掃し、軍部の建て直しを実行することは、共産革命より日本を救う前提先決条件なれば、非常の御勇断をこそ望ましく存じ奉り候。以上

天皇は近衛の分析の熱心さとその議論の中心的部分に驚いたと伝えられるが、同時に興味をひかれたらしく、公式の上奏が終ってから近衛に椅子を与えたうえ、質問をつづけた。近衛はこの会談の内容を岩淵にくわしく話し、岩淵は数年たってから、それをつぎのように再現している。天皇の質問のひとつは、それより五日前に梅津美治郎参謀総長が大本営の意見を奏上していたが、それは近衛の意見とは正反対であった。陸軍によれば、戦争を最後まで遂行し、国体を破壊し、日本を焦土にしなければやまないのがアメリカの方針で

ある。したがってアメリカとの講和は絶対に考えられない。それに反して日本が頼れるのはソ連だけであるから、日本本土を焦土にしても戦争をつづけなければならない、と梅津はいったがどうかという点であった（岩淵は、これを当時新聞に出ていた徹底抗戦の宣伝との関連で述べている。すなわち軍を中央山脈を中心にして展開し、国家総動員法によって全国民を武装して、いわゆる焦土戦術、竹槍戦術によってアメリカの上陸軍に抵抗し、最後には天皇をアジア大陸に移してソ連をバックとして徹底抗戦するというものであった）。

天皇にこのような考え方をどう思うかときかれて、近衛はつぎのように答えた。

私はアメリカと講和する以外に方法はないと思う。無条件降伏しても、アメリカならば、日本の国体を変革して皇室まで無くすようなことはしまいと思う。あるいは日本の領土は半分に減るかも知れないが、それでも国民を悲惨な戦禍から救うことが出来て、国体を維持し、皇室の安泰を計ることが出来るならば、われわれは無条件降伏も厭ってはならない。

これに対して、天皇は「朕もそう思う」といい、近衛はつづけて、いずれにしても第一に激化している陸軍内の過激派を押さえなければならないが、それには陛下の御英断が必要であると述べた。天皇が、それにはどうしたらいいかときいたので、近衛は文官では軍を押さえることはできないから、軍人をもってするほかなしと答え、ではだれがあるかと問われて、「宇垣一成か真崎甚三郎か、この二人以外にないと思う」と答えた。[*75] ここで天皇は何もいわなかったが、それは主として、わずか九年前に政権打倒を試みた皇道派分子の意図や力量について、天皇は吉田グループのように楽観的な評価をもたなかったからであろうといわれている。

近衛は拝謁から退出するとき、臣下として天皇には述べられるかぎりのことを述べたが、あまり効果はなかったと感じていた。天皇は吉田グループが望みを託していた皇道派幹部の復活に明らかに反対であったから、「日本は結局最後まで行くことになるかもしれない」と近衛は側近に語った。[*76]

投　獄

一九四五（昭和二〇）年四月一五日、吉田、殖田、岩淵は、近衛上奏文を起草する役割に関連して逮捕された。しかし、近衛の拝謁から彼らの逮捕までの二カ月間に、吉田グループは最後の計画に従事していたから、これに簡単に触れておこう。これらの工作が行なわれたときには、日本に対して残酷な破壊が加えられていた。海上からの経済の締めつけに加えて、空からの破壊という「二重制圧《ダブル・キル》」が一九四四年一一月から連合軍によって開始され、日本の都市に対するアメリカの空襲は定期的に、ほとんど抵抗を受けずに行なわれ、一九四五年三月一〇日にはB・29約一三〇機が推定一〇万の東京市民を殺し、この大都市の中心部四平方マイルを瓦礫と化して、恐怖は絶頂に達した。

対米恐怖感が強まってからの吉田の政治計画には、グループがその前二年半のあいだ支持して効果のなかった候補者たちを、もう一度呼び戻してくることが含まれていた。小磯内閣の崩壊（四月五日に総辞職）が迫っているのに対応して、吉田ははじめ小林躋造大将を首相に推すことにした。だがこの動きが、主として小林の反動傾向のために潰れると、吉田グループは、真崎が陸相になるという了解のもとに、宇垣首班説を再び唱えた。この運動には旧政友会のいろいろな党員から支持があったが、宇垣が前のように皇道派の真崎に反対し、山下奉文大将を陸相にしたい意向を表明したために、駄目になった。そこで、この二人のなかから選ぶ代わりに、吉田と近衛は吉田邸で鈴木貫太郎と会談し、近衛が第四次内閣を組織すべきだということに意見が決まったようである。近衛が同意したかどうかは議論の分かれている問題と思われる。いずれにしても、後継首相選任のため四月五日天皇臨席のもとに開かれた会議では、鈴木は近衛を指名することで口火を切ったが、この案は受け入れられず、結局この老提督鈴木自身にお鉢がまわってきた。[*77]

吉田にとっては、なすべきことがひとつだけ残っていた。鈴木の首相指名後まもなく、元外交官で吉田には遠縁にあたる秋月左都夫からの話で、吉田は海軍がだれかを潜水艦でイギリスへ送り、和平交渉にあたらせることを考えていると知らされた。秋月の意見ではそのような任務にあたるのには吉田が最適で、万一途中で死んだって、それよりいい死に方はないのだからいいではないか、というのであった。吉田にしてみればこれはただごとでないが、ともかく海軍当局を訪ねて調べてみたが、そのような計画を知っている者はだれもいなかった。そして、この件を追求してみる前に、吉田は逮捕されてしまった。[*78]またしても、彼の虹は地平線上にのぼらなかった。それは彼の戦前の業績においてほとんど首尾一貫していえることであった。

実のところ、吉田は逮捕前の六年間、監視されていた。憲兵隊はイギリス、アメリカの大使館に微妙な情報がもれることに関連して、一九三九（昭和一四）年にいわゆる英米派に対する探索を始め、まもなく重臣ならびに吉田、樺山愛輔、原田熊雄、池田成彬などに焦点をしぼった。一九四一（昭和一六）年までには吉田の東京の屋敷も大磯の別邸もきびしく査察されていた。[*79]太平洋戦争が勃発して英米の外交団が本国へ送還されると、情報のもれる心配はなくなったが、一九四三（昭和一八）年に入ると、英米派は国民の士気に害を及ぼすということから、憲兵隊の関心をひくようになった。一九四四（昭和一九）年一一月から東京憲兵隊のはなはだぶっきらぼうな隊長だった大谷敬二郎によると、「陸軍赤化」説は前からあったが、一九四五年のはじめには政界、実業界に広く流されており、すでに崩れやすくなっていた国民心理に非常な悪影響を及ぼすものとみられていた。そのうえ、こうした傾向は明らかに吉田・近衛グループと結びついていたから、憲兵隊としてはグループの主張や近衛上奏前の活動を鋭く査察していた。大谷は、ふりかえって「赤化」説を、アメリカのマッカーシズムとくらべているが、このような思想の嵐が吹いていたときであるから、正しくないばかりでなく士気を低下させる点で二重に有害であったという。軍事国家の強制執行機関はこのようなたくみな歪曲によって、吉田・近衛グループを士気の低下と国体の抹殺に導くものと考えた。しかしながら、このような有害な思想を徹底的に排除するとなると、その結果日本社会のまさに最上層部の人々まで逮捕することになるが、それ自体動揺のもとになる行為であるから、はなはだ重大な問題を引き起こす[*80]。そこで憲兵隊は、吉田・近衛一派の容疑者を、影響の大きさにしたがって三段階に分類し、そのうち第一の最も影響の少ない者として、吉田、岩淵、殖田を実際に逮捕したのである。この三人がほかの者への見せしめであったことは、明らかであろう[*81]。

大谷は、「逃げ出した自由主義者たち」が箱根や軽井沢などの安全な別荘地で快適な生活をしながら戦争の悲惨を嘆いているのをさげすんでいたが、彼の述べる吉田逮捕の様子は、日本の都市が直接に戦争の惨害を受けていたときでも、特権階級はひきつづき快適な暮しをしていたことを具体的に描き出している。四月一五日の早朝、大磯の吉田邸に到着した憲兵の一隊は、そこに桜の花が夢のように遠近の山々の緑を点々といろどり、潮の香を乗せてくる浜辺には漁舟も見られる「別世界」を見いだした[*82]。一行は使用人に招じ入れられ、吉田が自分で出てくるまで二〇分あまりも玄関で待たされた。あとでわかったことだが、そのあいだに吉田は大急ぎで書類を集め、内妻の小りんに帯のあいだに隠させた。小りんはいいつけどおり、のちにそれを焼いてしまった。それで、逮捕にきた一行が吉田を連行したあとで屋敷に入った憲兵には、参考または犯罪の証拠になるようなものはほとんど何ひとつ見つからなかった。しかし、前から吉田の家に使用人として入れておいたスパイを通して、軍は吉田が牧野その他に見せるためにつくった近衛上奏文の手書きの写しの写真版をすでに手に入れていたのであった。[*83]

吉田、殖田、岩淵はそれぞれ別に尋問され、五月二日、四つの容疑で軍法会議に書類送付された。その容疑のうち三つは陸軍刑法第九九条違反で、「戦時または事変に際し、軍に関し造言蜚語をなしたる者は、三年以上の禁錮に処す」にあたっていた。容疑事実は、(1)近衛上奏文の内容を流布した容疑、(2)陸軍はすでに戦争に自信を失い、士気沈滞しありとの反戦言動の流布、(3)関東軍は赤化し、陸軍中央部もまた赤の分子に動かされているとの中傷言動、である。第四の容疑は、軍機保護法第四条第一項「軍事上の秘密を探知しまたは収集したる者、これを他人に漏洩したるときは、無期または二年以上の懲役に処す」の違反とされた。この場合、三人は「関東軍の配置、兵備、行動などに関して知りえた情報を他人に知らせた」容疑を問われたものである。文民を軍法によって逮捕するのはきわめて異例であるが、近衛や東郷の抗議にかかわらず、憲兵隊は三人をすぐには釈放しようとしなかった。[*84]

六年にわたる監視のあいだに、憲兵は吉田の一面をなかなか鋭くとらえていた。彼は、幣原軟弱外交の支持者、拝英主義者で、一九三六（昭和一一）年陸軍に外相就任を阻まれて以来反軍感情をつのらせていた、と断定され、ないしは戯画化されていた。逮捕されてすぐ、吉田はグルーとの関係をきかれたが、それからは実質的または有害なものはなんら出てこなかった。軍事機密を流布した容疑というのは、おそらくグルーやクレーギーとの関係、ならびに各種の軍「赤化」計画を仲間うちで討議したことを指すものであったが、それは注意をそらす手であったと思われる。大谷がのちに述べているところでは、戦後に吉田は戦争を終結させるため大きな努力をしたようにいわれているが、話をしている以外にほとんど何もしていなかった。[*85]そこで取調べはもっぱら「造言蜚語」常習が中心になった。彼が樺山に送った手紙が、軍を敗北主義と中傷した証拠として使われたが、[*86]尋問の大半はなんといっても近衛上奏文に集中した。この点について憲兵隊は、この文書作成に果した吉田の役割だけでなく、むしろそれよりも、その内容を他にもらしたことを大きく問題にした。

大谷のかなり長い事件記述によれば、吉田ははじめ頑強で非協力的に、上奏文について一切知らぬ存ぜぬで通していたが、自分の筆写した写しを突きつけられてからは、前よりもすすんで話すようになった。そして、近衛が上奏の日の午後、吉田にその模様をくわしく語り、グルーはじめアメリカ有力者の影響でアメリカは国体を破壊することはないと自説を力説したこと、吉田は早速これを牧野（近衛のしたことを大変喜んだ）、殖田その他に伝えたこと、が明らかになった。[*87]

岩淵の経験からみても、軍の関心が主として近衛上奏文にあったことは確実である。憲兵隊は岩淵が本部に連行されると彼に写しを見せているし、尋問にあたった憲兵は、「近衛はバドリオだ。これを始末するんだ」としばしば放言していた（近衛は、一九四三年ムッソリーニ反対にまわり、連合国の支援を受けたイタリアの保守的王制主義者ピエトロ・バドリオと比較され、つねに上奏文をめぐる諸事件と結びつけられた。たとえば、俗に「日本のバドリオ事件」などといわれる。殖田自身が、この表題で事件のことを書いている）。岩淵はまた、逮捕の理由は陸軍が赤化していると考えている点にある、と軍法務官から聞かされたが、この考えこそ近衛上奏文の推力だったことは明らかで、軍はだれが近衛にそうした入れ知恵をしたかを知りたかったのである。[*88]

大谷は自ら獄中の殖田のところへ行き、赤化説を証拠立てる材料についてくわしい説明を要求した。彼は二〇分にわたり、関東軍、協和会、満州国開発政策、陸軍の重要産業五カ年計画、陸軍の諸計画全般の社会主義的傾向について、殖田のしゃべりつづけるのを聞かされた。大谷はこれに反論して、自分の分析を述べ、殖田のあげたような点はすべて時代遅れであるといった。協和会はもとは国家社会主義の「一国一党」思想に影響され、協和会のみならず満州国の初期の経済政策には直接に社会主義の影響があったが、一九三八（昭和一三）年には早くも探査、暴露、廃棄されている。だから殖田のいう「証拠」は過去のものにすぎない、と大谷は論じた。そして大谷のいうところでは、殖田はこの批判を受け入れ、ただちに軽率をわびたという。[*89]

大谷は決して公平な観察者とはいえず、したがって、逮捕事件に関する彼の回想録は、何ほどかの警戒をもって見なければならない。彼はほかのどこからも手に入らない吉田の尋問調書から二つの引用を提供している。そのひとつは本当らしく思われる。もうひとつは、吉田が最後まで頑強に立場を守り通したという通説に挑戦したものである。たとえば、まず吉田は取調べのある時点で、自身の立場をつぎのように簡潔に述べていたという引用である。

日本はだれがなんといおうとも、英米と仲よくしなければ絶対に繁栄する国ではない。だから、英米との戦争は、一日も早く止めなければならない。英米との戦争に敗けても、国体は絶対に滅びることはないが、国内が赤化されれば、ただ滅亡あるのみだ。[*90]

しかし、もうひとつ、最後の調書からの大谷の引用文をみると、吉田は殖田と同じく、認識を誤ったことを認め、こういう言葉で謝っている。

私の思慮の足らないために、軍を誹謗し、まことに申し訳ないことをしたと思う。この点お許しを願いたい。今後は心境を新たにし、この戦争遂行に、一国民として協力して行きたい。[*91]

この陳謝の言葉といわれるものをどう受けとめるにしても、訊問はきびしかったが、吉田の獄中の待遇はよかったと一般に認められている。吉田自身はこれを、東京でかつて近所に住んでいたことのある阿南惟幾陸相のとりなしによるものとしている。彼は外から食物の差入れを受けていた。そして吉田と同じグループの仲間二人の待遇は、社会階層の微妙な差が獄中まで浸透していたことを描き出している。三人の入獄者のなかで血統も社会的な関係もいちばんいい吉田は第一号の独房に、それより身分の低い殖田は第二号独房に、無位無官の平民、岩淵は小さな雑居房に入れられた。一説によると、吉田の食物に毒が入れられないように、黒崎中佐なる者が部下の兵を憲兵隊にやって調べさせたという。[*92]

吉田は憲兵隊本部に二週間留置されたのち、代々木の陸軍衛戍刑務所に移された。ところが五月二五日、この刑務所が空襲で直撃を受けたため、看守にたすけられて明治神宮に避難し、その夜は外苑で過ごした。そこからさらに目黒の刑務所に移されたが、ここもまた空襲にやられたので、近所の八雲小学校へ移された。そして五月三〇日、勾留四五日で吉田、殖田、岩淵は同時に釈放された。それから数週間して、吉田は最後に勾留されていた八雲小学校へ呼び出されて行ってみると、一人の中将（島田法務中将）から「閣下ほどの愛国者はいない」と話しかけられ、不起訴になったことを教えられた。[*93]

この逮捕事件は不愉快なエピソードではあったが、戦後の世界に入っていくには決定的に有利な経歴をひとつ加えることになった。それは吉田の「反戦」信任状にひとつの刻印を押した。ちょうど、共産主義者や「危険思想」の持ち主たちが戦前のはるかに長い年月にわたって入獄を経験したことから信望を得たのに似ていたが、彼らは解放されると戦後の時代における吉田の政治的敵対者になっていくのであった。（以下、下巻）

注

英文資料の略字と出所

FO――Foreign Office of Great Britain. ロンドン公記録館 Public Record Office 所蔵の外交記録。電信または覚書（報告）公文についての外務省の内部メモを取りあげる場合、その日付は、もとの電信または公文の日付である。

FRUS――*Foreign Relations of the United States*（U. S. Department of State series）.〔外交関係白書〕

JGP――Joseph Grew papers, Houghton Library, Harvard University.

YM――Yoshida Shigeru, *The Yoshida Memoirs*（Houghton Mifflin, 1962）. 吉田茂『回想十年』の主として吉田健一による抄訳。訳文は概して忠実、適切であるが、ときに意訳である。日本語原版にのっている降伏前の日本についての回想の大部分を省略し、節または章を圧縮して訳している箇所が多い。

第一章　明治の青年紳士

＊1　高坂正堯『宰相吉田茂』中央公論社、一九六八年、一八ページ。朝日新聞社編『吉田茂』

朝日新聞社、一九六七年、二二六ページ。藤原弘達『吉田茂――その人その政治』読売新聞社、一九六四年、二三一―三五ページ。阿部真之助『現代政治家論』文藝春秋新社、一九五四年、二〇七ページ。吉田の実母の名が「不詳」となっている戸籍謄本の写真が、「緊急特集、吉田茂の生涯」『アサヒグラフ』一九六七年一一月五日号、八二―八三ページに出ている。

＊2 加瀬俊一「吉田茂、その九十歳の年輪」『文藝春秋』一九六七年一一月号、一三六ページ。信夫清三郎『戦後日本政治史』Ⅰ 勁草書房 一九六五―六七年、三二三ページ。朝日新聞社編、前掲書、二二六ページ。阿部、前掲書、二〇五ページ。

吉田自身の著述としては、『世界と日本』番町書房、一九六二年、二四九ページ。「大磯の松籟」『中央公論』一九六五年一二月号、二〇三ページ。『大磯清談』（吉田健一と共著）文藝春秋新社、一九五六年、二五ページ。

政党運動と明治一〇年の西南戦争の関係については、以下の著書に拠る。Robert Scalapino, *Democracy and the Party Movement in Prewar Japan* (Univ. of California,1953),p. 61; およびPeter Duus, *Party Rivalry and Political Change in Taishō Japan* (Harvard, 1968), p. 74.

立志社事件の指導者は陸奥宗光と林有造であったが、竹内自身は片岡健吉、大江卓と密接に謀議していたようである。陸奥はのちに外務大臣になった。林は竹内の従兄で、昭和後期の有名な政治家、林譲治の父である。ほとんどの資料は竹内を自由党の幹部とし、ある資料は彼を党の「九人の有力幹事」の一人としている。すなわち *Contemporary Japan*, 14. 4 - 12 : 195 (April - December,1945)〔日本外事協会刊〕である。竹内綱と吉田健三はいずれも、いわゆる「志士」で、維新のドラマの行動的で魅力ある登場人物たちにかぞえられている。志士については、以下の著書にすぐれた記述がある。Marius B. Jansen, *Sakamoto Ryōma and the Meiji Restoration* (Princeton, 1961).

＊3　信夫、前掲書、三三三ページ。なお、吉田自身の『大磯清談』九八—九九ページ、および「父と母——生い立ちのことなど」『改造』一九五〇年一月号、一〇四ページと比較。

＊4　同右、三三三ページ。

＊5　板垣の証言は軽蔑的なばかりでなく、陰険といえるかもしれない。板垣があざけったのは、竹内が伊藤博文から板垣に使わせるようにと金を受け取ったときであった。

＊6　朝日新聞社編、前掲書、一二六ページ。当時高島炭鉱の労働者は、一説によれば「遠く各地から募集または誘拐され、まったく奴隷的な条件で働かされた」。Kōji Taira, *Economic Devel -opment and the Labor Market in Japan* (Columbia, 1970), p. 106. 面白いことに、吉田の娘、和子はのちに、九州の炭鉱主、麻生太賀吉に嫁いでいる。麻生は戦後吉田の資金後援者となった一人である。

＊7　信夫、前掲書、三三三ページ。

＊8　加瀬、前掲論文、一三六、一四二—一四三ページ。朝日新聞社編、前掲書、一二六ページ。美術出版社編『録音吉田茂』美術出版社、一九六八年、三三ページ。吉田『世界と日本』二四五—二四八ページ（滄浪閣について）、二四九—二五二、二五九ページ。

吉田の保安条例に関する考察は「父と母」一〇四—一〇五ページ。竹内が刀を進呈したことについて吉田の説明はやや異なっている。吉田「大磯の松籟」二〇四ページ。竹内は官僚の収賄と汚職を考えていた。山県有朋が尊敬する人物のなかに含まれていないことは注目されよう。しかし、政府の巨頭たちと竹内の属した初期政治反対派の違いを過大にみることは誤りであろう。いずれも、吉田が後年体現するようになった国家主義、尊皇主義の感情を強い動機としていたからである。

＊9　朝日新聞社編、前掲書、一二七ページ。この換算は、米価の比較にもとづいて柴田敏夫氏が行なったものである。

＊10　朝日新聞社編、前掲書、一二六ページ。高坂、前掲書、一八ページ。阿部、前掲書、二〇六ページ。

＊11　吉田「父と母」一〇六ページ。同『世界と日本』二五三―二五五ページ。

＊12　高坂、前掲書、一九ページ。吉田の長男、吉田健一は、吉田士子を「江戸っ子」といっている。朝日新聞社編、前掲書、七九ページ。

＊13　吉田『世界と日本』二五八―二五九ページ。

＊14　同右、二五六―二五九ページ。「父と母」一〇八ページ。「大磯の松籟」二〇三ページ。朝日新聞社編、前掲書、七九ページ。吉田を批判する者は、養子で一人っ子として育ったことが、他人への根本での、「冷たさ」の原因であるとしている。藤原、前掲書、二三一―二四ページ、阿部、前掲書、二〇七ページと比較。甘えについては土居健郎『甘えの構造』弘文堂、一九七一年。英語版は Takeo Doi, *The Anatomy of Dependence* (Kōdansha International, 1973).

＊15　吉田『世界と日本』二五七ページ。

佐藤一斎については、以下の各著を参照。Harry D. Harootunian, *Toward Restoration : The Growth of Political Consciousness in Tokugawa Japan* (California, 1970), pp. 124 - 125, 260, 330 ; および Tetsuo Najita, Ōshio Heihachiro, in Albert M. Craig and Donald H. Shively, eds., *Personality in Japanese History* (California, 1970), pp. 158 - 159. 日本の知的伝統にみられる偶像破壊については、Tetsuo Najita, *Japan* (Prentice-Hall, 1974).

*16 吉田の通ったいろいろの学校については、阿部、前掲書、二二一ページ。朝日新聞社編、前掲書、一二六ページ。高坂、前掲書、二二二ページ。中国思想については、吉田「父と母」一〇八ページ。

*17 加瀬 前掲論文、一四四ページ。阿部、前掲書、二〇八ページ。

*18 吉田『大磯清談』一〇九―一一五ページ。吉田は、当時神奈川県知事でのちに衆議院議長になった中島信行の援助で、藤沢の漢学塾に入った。同、九八―九九ページ。

*19 同右、一〇九―一一五ページ。吉田がこの作文を書いたのは、明治憲法の公布から第一回議会召集の、一八八九―九〇年ごろであろう。

*20 つぎの論文を参照。Earl Kinmonth, “The Self-Made Man in Meiji Japanese Thought,” Ph. D. dissertation, University of Wisconsin, Madison, 1975.

*21 『アサヒグラフ』一九六七年一一月五日号、一九三ページ。

*22 吉田茂『回想十年』第四巻、新潮社 一九五七―五八年、九〇ページ。ただしこの英語版 *The Yoshida Memoirs* (Houghton Mifflin, 1962) は、原著の青年時代の経歴や勤務の大部分を省いている。また、吉田「大磯の松籟」二〇四ページ。

＊23　明治中期および末期における強烈な国家主義、天皇崇拝、家族国家の神秘性が生れたことは、他の学問的論争とならんで、明治「絶対主義」、国家とイデオロギー、「伝統的文化価値」の単なる継続ではなく復活、という争点を提起する。新しい国家主義と国権主義は一枚岩の構造ではなく、当然ながら、国際的圧力や刺激、またモデル（特にドイツ）までも、民衆文化内部の複雑なダイナミックスとともに反映していた。しかし国家主義、国権主義は、いずれにしても、天皇中心の憲法（一八八九年）、教育勅語（一八九〇年）、その後の学校教育における道徳教育の強化（一九一〇年に絶頂に達する）、父権的、家族中心的民法改正（一八九八年）に代表される国家、強化された国家機構の各部分によって、たえず育成されていった。英語では以下の各著書が、この問題のいろいろな側面への入門書として役に立つ。Marlene Mayo, ed., *The Emergence of Imperial Japan: Self-Defense or Calculated Aggression?* (Heath, 1970); Masaaki Kōsaka, ed., *Japanese Thought in the Meiji Era*, vol. VIII of *Japanese Culture in the Meiji Era* (Toyo Bunko, 1958), 特に Part 5; Kenneth B. Pyle, *The New Generation in Meiji Japan: Problems of Cultural Identity, 1885-1895* (Stanford, 1969), 特に Chapter 9; Donald H. Shively, "The Japanization of the Middle Meiji," in Donald H. Shively, ed., *Tradition and Modernization in Japanese Culture* (Princeton, 1971), pp. 77-119; "A Symposium on Japanese Nationalism," *Journal of Asian Studies* 31. 1 : 5-62 (November 1971); Wilbur M Fridell, "Government Ethics Textbooks in Late Meiji Japan," *ibid.*, 29. 4 : 823-833 (August 1970); Joseph Pittau, *Political Thought in Early Meiji Japan, 1868-1889* (Harvard, 1967), 特に二二五ページの天皇に関する箇所。

＊24　初期の学習院の教科や教育目的については、David Anson Titus, *Palace and Politics in Prewar Japan* (Columbia, 1974), pp72-73.

近衛篤麿については、矢部貞治『近衛文麿』時事通信社、一九五八年、五ページ。『大百科事典』平凡社、一九三一—三五年、第一〇巻、七—八ページ。なお、比較のためには、Shumpei Okamoto, *The Japanese Oligarchy and the Russo-Japanese War* (Columbia, 1970), pp. 58ff. 82, 246 ; Marius B. Jansen, *The Japanese and Sun Yat-sen* (Harvard, 1954), p. e52.

＊25　『大百科事典』第二四巻、三六二ページ。F. Hilary Conroy, *The Japanese Seizure of Korea, 1868 - 1910 : A Study of Realism and Idealism in International Relations* (Pennsylvania, 1960), pp. 306 - 321. 吉田「大磯の松籟」二〇四ページ。閔妃殺害ののち三浦梧楼はじめ共謀者は、裁判の結果無罪になった。

＊26　阿部、前掲書、二二一—二二二ページ。吉田「父と母」一〇九ページ。

＊27　Robert M. Spaulding, *Imperial Japan's Higher Civil Service Exams* (Princeton, 1967), p.225. 広田もまたこのとき外務省に入った。朝日新聞社編、前掲書、一二七ページ。吉田の最初の任命は実は一九〇六年末で、勤務先は天津であったが、実際にこの地に赴任はしなかった。吉田『世界と日本』二五〇—二五一ページ。

＊28　吉田『回想十年』第四巻、一三〇—一三一ページ。

＊29　吉田の結婚についての記述は、吉田をよく知る人々との対談にもとづく。結婚の当時、彼は三〇歳、妻は一九歳であった。

＊30　比較のために、加瀬　前掲論文、一三九ページ。

＊31　一九〇六年四月、牧野伸顕は、青年の愛国心養成を求める演説を行なった。二カ月後、文部省は「学生の思想風紀の振粛について訓令」を出し、その後まもなく、学生の日露戦蹟見学旅行を後援した。*The Japan Weekly Chronicle,* June 12 and July 19, 1906; および伊藤武雄『満鉄に生きて』勁草書房、一九六四年、三八ページ。これら参考文献については、ハーバート・ビックスの一九七二年ハーヴァード大学博士論文 “Japanese Imperialism and Manchuria, 1890 - 1931” の第1章に負っている。

＊32　Scalapino, *op. cit.,* pp. 358-359. 本書第七章の注＊49—＊51を参照。

＊33　丸山真男『現代政治の思想と行動』上巻、未来社、一九五六年、一七ページ。英語版は Masao Maruyama, *Thought and Behavior in Modern Japanese Politics* (Oxford, 1963) , pp. 12 - 13.

第二章　「伝統外交」——一九〇六—二二年

＊1　吉田茂『回想十年』第四巻　新潮社、一九五七—五八年、九二—九三ページ。

＊2　住本利男『占領秘録』上巻、毎日新聞社、一九五二年、一一九ページ。

＊3　比較のためには、*FO* 371/20279 (December 17, 1936), pp. 244 - 247; *ibid* (December 4,1936), pp. 231 - 232; *FO* 371/20277 (July 30, 1936), p. 86. この点の議論については本書第四章で文献をくわしく紹介する。

＊4　吉田茂『大磯随想』(和文、英文を収める)、雪華社、一九六二年、和文では八八ページ、英訳では四八—四九ページ。

＊5　吉田茂『日本を決定した百年』日本経済新聞社、一九六七年、六四ページ。日本人が中国および満州に対していだいていた「特別な気持」を育てていたのは、なかでも、吉田の岳父であった。一九〇六年、牧野は文部大臣として中等学校生徒の満州および日露戦争の戦蹟見学旅行を後援した。本書第一章の注＊31。

＊6　比較のため、*YM*, p. 1; および吉田茂『大磯清談』文藝春秋新社、一九五六年、四五—四八、六三—六四ページ。

＊7　本書第四、第五章。

＊8　本章の注＊32、＊37、第三章の注＊52、第五章の注＊18、＊88、第六章の注＊23、＊30、第八章の注＊4、第十章の注＊75。

＊9　第十章。

＊10　吉田茂『世界と日本』番町書房、一九六二年、二五〇—二五一ページ。

＊11　同右、二五一ページ。吉田茂「大磯の松籟」『中央公論』一九六五年一二月号、二〇四ページ。田村幸策「若い日の吉田さんの追懐」『霞関会会報』二六一号（一九六七年一一月）九ページ。

＊12　安東における日本の地位は一九〇五年一二月の日清条約によって確立し、日本はこれにより奉天と安東をつなぐ軍事鉄道建設の権利を得た。John V. A. MacMurray, ed., *Treaties and Agreements With and Concerning China* (Carnegie Endowment for International Peace, 1921), I, p. 552.

寺内正毅については、Shumpei Okamoto, *The Japanese Oligarchy and the Russo-Japanese*

War (Columbia, 1970), pp. 73, 75; Marius Jansen, *Japan and China : From War to Peace* (Rand McNally, 1975), pp. 205, 219-222; および（痛烈な批判としては）Takayoshi Matsuo, "The Development of Democracy in Japan", *The Developing Economies*, 4. 4 : pp. 624 - 625 (December 1966).〔松尾尊兊、論文、アジア経済研究所英文誌〕

＊13　吉田『回想十年』第四巻、一三三―一三五ページ。

＊14　同右、第一巻、一〇九―一一〇ページ。第四巻、一三四―一三五ページ。*YM*, pp. 54 - 55.

　吉田と田中の関係は第三章、真崎および小畑との関係は第七章、ウィロビー集団との関係は第八章に述べる。

＊15　田村、前掲論文、八ページ。

＊16　比較のためには、吉田『世界と日本』一四八―一五二ページ。

＊17　田村　前掲論文、八ページ。

＊18　戦後、吉田は首相として、質問に立った議員を「バカヤロー」と呼び、国会は大騒ぎになった。旧知の一人によれば、吉田は生涯を通じて「馬鹿野郎」という言葉をだれにでも使った。三宅喜二郎「吉田さんを偲びて思うことども」（その二）『霞関会会報』二八五号（一九六九年一一月）、一二―一三ページ。

＊19　吉田茂書簡〔一九一六年？〕七月二七日付、二八九―二九七ページ〔後記のように、これは著者が整理の目的でつけたページ・ナンバーである〕。吉田の書いた多くの手紙が、国会図書館所蔵の牧野伸顕文書のなかに、ほとんど利用されずに収集されている。これらの書

簡は一九〇九年、吉田の牧野の娘との結婚後まもなくから一九四七年ごろまで、ほぼ四〇年にわたっている。書簡の大多数は吉田から牧野にあてた個人的通信であるが、吉田から当局の有力者にあてた重要な書簡の手書きの写しも含まれている。書簡の多くは筆書きで、かなりの部分が、日本の教育ある平均的な人にも判読しにくい。これを読みやすい字に直すうえで、京都大学の藤井譲治氏に助けていただいた。吉田茂書簡は全部で約四五〇通あり、国会図書館のマイクロフィルムで読むことができる。書簡は年代順に整理されていないし、たいてい月日は記されているが、ほとんど書かれた年次を欠いている。したがって、年次は内容から判断するほかはない。マイクロフィルムで読む場合には、本書でしたように、書簡に正確なページ・ナンバーを付けることは不可能に近い。一部の書簡は一巻に巻いてあり、マイクロフィルムのコマでは内容がかなり重複している。以下、本書でこれら書簡の引用に対しては、「吉田茂書簡」の表示を用いる。ページ・ナンバーは、マイクロフィルムからつくった研究用コピーにもとづく便宜上のページである。書かれた年次はカッコでくくり、それが内部の証拠による推定年次であることを示した。疑問符をつけた場合は、年次について特に問題があることを示す。特に断わらないかぎり、引用する書簡はすべて吉田から牧野にあてたものである。

＊20　田村、前掲論文、八ページ。三宅、前掲論文、一二ページ。

＊21　吉田茂書簡〔一九一六年、月日不明〕八四―九四ページ。

＊22　吉田は『回想十年』第四巻、九四ページで、二十一カ条要求に反対したことにざっと触れており、日本語の二次資料はたいていこのあいまいな言及に拠っているように思われる。

たとえば、高坂正堯『宰相吉田茂』中央公論社、一九六八年、九ページ。朝日新聞社編『吉田茂』朝日新聞社、一九六七年、一二七ページ。加瀬俊一「吉田茂、その九十歳の年輪」『文藝春秋』一九六七年一一月号、一三七ページと比較。吉田は一九三三年にジョーゼフ・グルー大使に対しこの事件について言及しているが、この場合も、一般的に触れているにとどまる。*JGP*, vol. 65, p. 792 (November 27, 1933). 吉田の二十一カ条反対は日本国内の政治状態に影響されていたとも考えられる。中国に二十一カ条をつきつけた大隈重信首相と加藤高明外相、他方それに反対した原敬や山県有朋の率いる元老とのあいだの衝突に際して、牧野は原と元老の側に近かった。吉田の反対論はひとつにはこうした個人的関係にもとづいていたとも考えられる。しかし、一般論として、吉田の反対は根本的には実利的、戦術的であった。中国の繁栄について「人道的」ないし「自由主義的」関心にもとづく立場をとることは、吉田の方式ではなかったし、この時代の特徴をなした日本帝国主義の精神に合致してもいなかったろう。のみならず、吉田が忠実に弁護したアジア大陸での日本の「権利」の多くは、この二十一カ条要求に由来するものであった。

比較のためには、Paul Clyde, *The Far East* (Prentice-Hall, 1948), p. 385.「第二号の満州に関する要求は、関東州、大連、旅順、満鉄付属地、安奉線（安東―奉天鉄道）、吉林―長春鉄道の日本による永久管理を意図していた……」。一九二七年の東方会議で、吉田は二十一カ条要求の戦術的過ちに言及している。日本外務省文書の標準的マイクロフィルム記録の、PVM41、三四三―三五四ページ参照。のちに第五章で論じるように、一九三六年、三七年に吉田はまた、中国をめぐる日英協定の推進を試みて、要求の第五号の悪評高い「希求」の一部を、本質において復活させた。二十一カ条要求についての吉田の後年の短い評言としては、本章の注＊37、吉田『回想十年』第一巻、二七―二八ページ、*YM*, p. 5. 同『日本を決定した百年』六〇ページ、その英語版 *Japan's Decisive Century* (Praeger, 1967), p. 36. 同「大磯の松籟」二〇五ページ。

＊23　支那浪人についての牧野あて手紙としては、吉田茂書簡〔一九一六年〕一月一五日付、三四八―三五七ページ、および同〔一九一六年、月日不明〕八四―九四ページ参照。寺内の考えに関する手紙は、同〔一九一六年?〕六月六日付、三八二―三九〇ページ。この問題についての、一九一六年三月一六日付外務大臣あて覚書が、栗原健の手短ながら啓蒙的な背景説明をつけて、『霞関会会報』三〇〇号（一九七一年二月）、一九ページに再録されている。

＊24　吉田「大磯の松籟」二〇五ページ。

＊25　吉田『回想十年』第四巻、九四ページ。

＊26　吉田「大磯の松籟」二〇五ページ。『回想十年』第四巻、一四八―一四九ページ。吉田は、努力家の幣原が若いころロンドン勤務となって、『タイムズ』紙の社説をまず日本語に翻訳し、つぎにはそれを自分の英文で書いてみて、『タイムズ』の原文と対照して研究するというように、英語の練磨に努めたことをたくみに描いている。同『回想十年』一一一―一一二ページ。

＊27　吉田茂書簡〔一九一八年〕一〇月三〇日付、九五―九八ページ。

＊28　吉田『回想十年』第四巻、一〇八ページ。ヴェルサイユ派遣の日本全権団のなかに面白い「若いトルコ人《ヤング・ターク》」運動があったが、吉田はそれに積極的には加わらなかったらしい。堀内

謙介「ベルサイユ講和会議の回想」『キング』一九五一年一月号、七八―九一ページ。

＊29 同右、九六―九八ページ。

＊30 Yoshida, *Japan's Decisive Century*, pp. 31 - 32. 日本語版は英語版のあとで刊行されたが、この一文は省いている。吉田『日本を決定した百年』五六―五七ページ。

＊31 同右。

＊32 外務省文書、PVM41（一九二七年六月一〇日）三九ページ。なお、高坂、前掲書、一五ページと比較。入江昭は、牧野をウィルソン「新外交」の主要なスポークスマンと考えている。Akira Irie, "The Failure of Economic Expansion : 1918 - 1931," in Bernard S. Silberman and H. D. Harootunian, eds., *Japan in Crisis : Essays on Taishō Democracy* (Princeton, 1974), pp. 237 - 269. 一九二〇年代における日本外務省内の「新」「旧」外交提唱者間の分裂については James B. Crowley, *Japan's Quest for Autonomy* (Princeton, 1968), p. 110.

＊33 吉田『回想十年』第四巻、九五―九六ページ。

＊34 近衛は、吉田と同じく個人的なつながり（西園寺）を利用して、パリ講和会議日本全権団の一員となった。近衛が、早くから、戦争と戦後処理は欧米帝国主義の拡大のもうひとつの段階にすぎないとした、冷笑的でほとんど予言的な見解については、矢部貞治『近衛文麿』時事通信社、一九五八年、一六―二二ページ。

＊35 パリ講和会議の当時、ダレスは三一歳、吉田は四一歳であった。第二次世界大戦後、比較的寛大な対日講和を主張するうえで、この二人はヴェルサイユ条約の否定的な先例を根拠とした。この点は、Dulles Oral History Project at Princeton University の転写本の多くで指

摘されている。たとえば、ウィリアム・J・シーボルド、サー・パーシー・スペンダー、C・スタントン・バブコックとのインタヴュー記録類がそれである。第二次世界大戦前には、ダレスがヴェルサイユの「教訓」に大した関心を示さず、ドイツの失地回復論にきわめて頑固に反対していたことに注目してもよいだろう。参照文献としては、Norman Graebner, ed., *An Uncertain Tradition : American Secretaries of State in the Twentieth Century* (McGraw-Hill, 1961) のなかのハンス・モーゲンソーの論文。吉田がのちにきびしい対独処理を、帝国主義者の対中国政策の肯定的モデルとして引き出した実例としては、第三章の注＊55。「ヴェルサイユの教訓」についてはクラウリー教授が概論を書いている。James B. Crowley, ed., *Modern East Asia : Essays in Interpretation* (Harcourt, Brace & World,1970), pp. 238 - 240.

＊36 田村、前掲論文、九ページ。

＊37 M. Soko, "Japan's Far Eastern Policy," *The Fortnightly Review*, New Series, 109 : pp. 267 - 270 (February 1, 1921). 吉田はこの論文を自分が書いたことを牧野あての手紙で知らせている。吉田茂書簡〔一九二一年〕六月一〇日付、三二一―三二九ページ。

＊38 田村、前掲論文、九ページ。

＊39 Osanaga Kanroji, *Hirohito : An Intimate Portrait of the Japanese Emperor* (Gateway, 1975), pp. 79 - 88, 特に pp. 79 - 84.

＊40 比較として、Harry D. Harootunian, "Introduction," in Silberman and Harootunian, *op. cit.*, pp. 6 - 8.

＊41 吉田茂書簡〔一九二一年〕六月一〇日付、三二一―三二九ページ。

＊42　吉田の「狂喜至極」が皇太子の落ち着いた態度を誇張させたのか、皇太子自身が後年に内気になったのかは決めがたい。一九二九年、田中義一前首相の明らかな（しかしうまく隠された）自殺について、天皇自身少なくとも一半の責任があったのではないかといわれている。天皇はその少し前、張作霖暗殺事件の処理について田中を叱責していたからである。天皇の受けたショックはこの意味で深刻であった。このことを示唆している文献は、三宅、前掲論文『霞関会会報』二九〇号（一九七〇年四月）八―一一ページ。吉田の牧野あて報告と同様に、皇太子の訪英についての当時の報告としては小林躋造の書簡があり、前出のKanroji, pp. 85 - 87. に引用されている。

＊43　本書第九章の注＊143参照。「曲学阿世」という軽蔑的字句の出典は『史記』で、これにはバートン・ワトソンによる英訳がある。Burton Watson, *Records of the Grand Historian of China* (Columbia, 1961). 吉田の世代の漢学の素養のある者ならたいがい知っていた字句であるが、吉田は一九二一年の手紙では「曲学阿民」と間違って書いている。

第三章　帝国の経営――一九二二―三〇年

＊1　吉田茂書簡（一九二三年なかばころ）二七二―二八一ページ。

＊2　同右（一九二三年）一月三日付、五〇―六九ページ。

＊3　同右（一九二三年なかばころ）二七二―二八一ページ。

＊4　吉田茂「大磯の松籟」『中央公論』一九六五年一二月号、二〇五ページ。

＊5　この個性への魅了、吉田の特異な性格と、型にはまらない発言や行動を本心から喜ぶ気持は、霞関会が企画し、会報にのった多くの追想記に強く表われている。この個性に重点を置いた長い記述の例としては、加瀬俊一『吉田茂の遺言』読売新聞社、一九六七年、今日出海『吉田茂』講談社、一九六七年。

＊6　吉田茂『回想十年』第四巻、新潮社、一九五七—五八年、一〇一ページ。

＊7　奉天で吉田の直面した一般問題については、森島守人『陰謀・暗殺・軍刀——一外交官の回想』岩波新書、一九五〇年、一四—一八ページ。一九二〇年代の東三省における日本の政策の英語で書かれた最もくわしい研究は Gavan McCormack, *Chang Tsolin in Northeast China, 1911 - 1928 : China, Japan, and the Manchurian Idea* (Stanford, 1977). マコーマックは欧米および日本でしばしば使われる「満州」という言葉は、中国東北各省が分離していることを強調する傾きがあるという点で、「強い帝国主義的な意味」が含まれていると強調する。東三省における領袖間の勢力配置について、トマス・エンゲルハートの未刊論文を参照した。

＊8　森島、前掲書、一八ページ。児玉秀雄は、長州閥の将軍で台湾総督、数度の内閣で陸軍大臣、文部大臣、日露戦争の満州派遣軍参謀長などの重要地位を歴任して一九〇六年に死んだ児玉源太郎の長男である。吉田は、一九二七年九月三〇日の本省あて報告で「二重三重外交」の言葉を使っている。外務省文書、ＰＶＭ23、五四三、五四四ページ。また「三重四重外交」と使われることもある。『霞関会会報』二六六号、二—四ページ参照。

＊9　外務省文書、ＰＶＭ41（一九二七年六月一〇日）三三、三四ページ。

*10　張作霖に言及した著書としては以下の各書がある。Allen S. Whiting, *Soviet Policies in China, 1917 - 1924* (Stanford University edition,1968); および Stuart Schram, *Mao Tse-tung* (Penguine, 1966).

*11　Akira Irie, *After Imperialism : The Search for a New Order in the Far East, 1921 - 1931* (Harvard, 1965), p. 162.

*12　日本側が張作霖に長城以南での活動をやめさせようとしたもうひとつの理由は、その北方への撤退が実現すれば、蔣介石が当時まだ共産主義者を党内にかかえていた国民党の急進派を弾圧するのに都合がいいと考えたことである。*Ibid.*, pp. 144, 164.

*13　吉田『回想十年』第四巻、一四七ページ。

*14　森島、前掲書、一五―一六ページ。日本人経営者、主筆の名はそれぞれ佐原篤介、菊地貞二である。

*15　同右、一六―一七ページ。吉田は、譲歩と組み合わせの借款という古びた帝国主義的戦術を提唱するについて、外務省と呼吸が合っていた。Irie, *op. cit.*, p. 113. 参照。

*16　この点は吉田の報告のいたるところに見られる。外務省文書、ＰＶＭ23（一九二七年四月二一日）、二二―二四ページ。マコーマックは、これらの問題をかなりくわしく扱っている。

*17　マコーマックと入江のほかに Nobuya Bamba, *Japanese Diplomacy in a Dilemma : New Light on Japan's China Policy, 1924 - 1929* (British Columbia, 1973).

*18　*FO 371/13167*（1928), p. 54.

*19　外務省文書、ＰＶＭ23（一九二七年四月二一日）二二ページ参照。

＊20 同右、二二一—二二四ページ。
＊21 吉田茂書簡〔一九二七年?〕五月九日付、一七七—一八三ページ。
＊22 外務省文書、ＰＶＭ41、三五一—三五四ページ。
＊23 吉田茂書簡〔一九二六年〕七月二日付、四一七—四三一ページ。
＊24 Irie, *op. cit.*, p. 154.
＊25 *Ibid.*, pp. 110, 114.
＊26 外務省文書、ＰＶＭ23（一九二七年八月三日）一六二ページ。
＊27 同右（同六月一二日）三四ページ。
＊28 同右（同八月三日）一六〇ページ。
＊29 同右（一九二八年四月二七日）七二四ページ。
＊30 同右（一九二七年六月一二日）三六ページ。
＊31 同右、三四ページ。
＊32 同右（同八月三日）一六〇ページ。
＊33 同右（同六月一二日）三四ページ。
＊34 同右（同八月五日）一九五ページ。
＊35 同右（同七月二六日）一三〇ページ。
＊36 同右（同七月二三日）一一三ページ。
＊37 *Contemporary Japan*, 14. 4 - 12 : 196 (April - December 1945).
＊38 外務省文書、ＰＶＭ23、二二一—二二四ページ。McCormack, *op. cit.*, p. 233.

＊39　マコーマックは四月二一日の吉田覚書の第一節が広範囲にわたる点を強調し、この提案は「文武官を問わず、日本の上級当事者が行なった華北の実質的奪取のための最初の真剣な進言であったと思われる」と述べている。*Ibid.*, pp. 233, 307（n. 151).

＊40　外務省文書、ＰＶＭ41（一九二七年六月九日、一〇日）二九―三〇、三三―三四ページ。

＊41　同右、ＰＶＭ23（一九二七年八月一日）一四四―一四五ページ。

＊42　同右（同八月四日）一七五ページ。

＊43　同右（同八月六日）二〇九―二一〇ページ。

＊44　Irie, *op.cit.*, p. 178.

＊45　外務省文書、ＰＶＭ23（一九二八年一月一日）六六五ページ。

＊46　特に田中の一九二七年七月二〇日付の電信。Irie, *op. cit.*, p p. 173-174. 参照。

＊47　外務省文書、ＰＶＭ23（一九二七年八月四日）一七一―一七四ページ。

＊48　同右（一九二七年八月一日）一八二―一八六ページ、および（同八月一二日）三一〇―三一二ページ。

＊49　同右（同八月五日）一九一ページ。

＊50　同右（同八月五日）一九一―一九七ページ。（一九二八年一月一日）六六四ページ。

＊51　Irie, *op. cit.*, pp. 118, 184. 参照。

＊52　外務省文書、ＰＶＭ41（一九二七年六月一〇日）三九ページ。

＊53　同右（同六月九日、一〇日）二七―三九ページ。吉田茂書簡〔一九二七年？〕五月九日付、一七七―一八三ページ。同〔同年？〕九月一七日付、一六九―一七二ページを参照。

*54　外務省文書、ＰＶＭ41（一九二七年六月一〇日）三五―三七ページ。

*55　同右、三八ページ。ラインラントの占領については、A. J. P. Taylor, *The Origins of the Second World War* (Fawcett/Premier, 1963), pp. 27 - 28, 31, 48. 参照。

*56　*FO* 371/13167 (1928), pp. 54 - 56; pp. 76 - 78. 参照。

*57　牧野あて「九月一七日」付の手紙で、吉田は、「満州経営」についての意見書を同封、これはその夏中に起草、おなじく大臣公使等に差し出したものだといっている。一九二八年四月二七日の覚書がこの意見書を最終的に完成したものだったことはありうる。これを証明する方法はないが、四月の文書は日常事務の覚書などとは違い、注意深く考えた構成になっている。吉田茂書簡〔一九二七年？〕九月一七日付、一六九―一七二ページ。

*58　外務省文書、ＰＶＭ23（一九二八年四月二七日）七一三―七二七ページ。

*59　たとえば、Bamba, *op. cit.*

*60　吉田『回想十年』第四巻、一五二―一五三ページ。

*61　太平洋戦争が終局に入るにともない、オウェン・ラティモアはこの一般的な議論をきっぱりと、また辛辣に伝えた。Owen Lattimore, *Solution in Asia* (Little, Brown, 1945), 特に pp. 5, 45 - 48, 190 - 191. 参照。

*62　三宅喜二郎「吉田さんを偲びて思うことども」『霞関会会報』二八九号（一九七〇年三月）一一ページ。

*63　筒井潔「森恪の性格」『霞関会会報』二八九号（一九七〇年三月）七―一〇ページ、特に九ページ。また筒井「森恪とはどんな人」『霞関会会報』二八八号（一九七〇年二月）八

一一〇ページ。

＊64　吉田茂書簡〔一九二八年？〕一月一二日付、三〇一―三〇九ページ。

＊65　筒井「森恪の性格」九ページ。吉田が直接地位を求めたのは、外交官経歴を通じてこれが二回目であった。一回目は、パリ講和会議全権団に加えてもらった（ついでロンドン勤務になった）ときである。吉田は田中に直接訴えて、自分こそその職に最適格の人間であると断言、もし自分が外務大臣なら大陸に対してこれこれの政策をとると即席演説をやってのけた。吉田『回想十年』第四巻、一四五ページ。

＊66　筒井「森恪の性格」九ページ。三宅、前掲論文、一二ページ。

＊67　三宅、前掲論文、一二ページ。

＊68　田中内閣の崩壊については、David Anson Titus, *Palace and Politics in Prewar Japan* (Columbia, 1974), pp. 144‐147. 筒井はこれらの事件がついに田中の自殺の原因になったと説明している。筒井潔「何が田中大将を自殺に追い込んだか」『霞関会会報』二九〇号（一九七〇年四月）八―一一ページ。

＊69　吉田『回想十年』第四巻、一四三―一四六ページ。牧野は明らかに田中の首相任命にも排除にも重要な役割を演じたことを、ついでながら、注意してもよいであろう。田中の運命の変転については、それぞれ Peter Duus, *Party Rivalry and Political Change in Taishō Japan* (Harvard, 1968), p. 232; および Titus, *op. cit.*, p. 147. 参照。

＊70　田中の首相就任前また在任中の見解と活動については、Bamba, *op. cit.*, Chapters 3 and 7.

＊71　治安維持法については、一般資料として以下のものがある。Richard H. Mitchell, *Thought Control in Prewar Japan* (Cornell, 1976). 特集「治安維持法体制——その実体と動態」『季刊現代史』第七号（一九七六年六月）。田中発言の引用は、*Trans-Pacific*, April 21, 1928. これの引用は Donald Trowbridge Roden, "The Pre-war Japanese Student Movement : Some Observations and Comparisons," M. A. thesis, University of Wisconsin, Madison, 1969, p. 41.

＊72　これらの問題は、第七章、第九章で論じる。

＊73　小林躋造は、吉田が一等書記官としてロンドン在勤中の一九二〇年代のはじめに、ロンドン大使館付海軍駐在武官であった。

＊74　吉田『回想十年』第四巻、一三五—一三七ページ。

＊75　原田熊雄『西園寺公と政局』第一巻、岩波書店、一九五一—五二年、二三五—二三七ページ。この事件は万宝山事件としても知られる。

＊76　同右、第二巻、四〇四ページ。

第四章　新帝国主義の説明——一九三一—三七年

＊1　吉田茂『回想十年』第四巻、新潮社、一九五七—五八年、一〇三ページ。真崎立「故吉田茂さんを偲ぶ」『霞関会会報』二七一号（一九六八年九月）一三ページ。同「吉田さんを偲ぶ」（続その二）『霞関会会報』二七六号（一九六九年二月）一一ページ。

＊2 沢田節蔵「吉田さんの想い出」『霞関会会報』二七四号（一九六八年一一月）一五ページ。

＊3 吉田茂書簡〔一九三二年〕三月二二日付、一六二―一六八ページ。〔一九三二年〕六月七日付、二二五―二三三ページ。〔一九三二年〕八月二日付、三四〇―三四一ページ参照。

＊4 *FO* 371/16163 (April 9, 1932), p. 179.

＊5 真崎「故吉田茂さんを偲ぶ」一四ページ。

＊6 *FO* 371/13167 (April 2, 1928), p. 56.

＊7 *FO* 371/16163 (April 9, 1932), p. 179.

＊8 *FO* 371/20279 (November 6, 1936), p. 145〔sub-page 3〕.

＊9 吉田茂書簡〔一九三二年〕三月二二日付、一六二―一六八ページ。

＊10 同右〔一九三二年〕六月七日付、二二五―二三三ページ。

＊11 同右〔一九三二年〕六月七日付、二二五―二三三ページ。〔一九二七―二八年？〕牧野あて日付なしの書簡、二七二―二八一ページ参照。

＊12 同右〔一九三二年〕三月二二日付、一六二―一六八ページ。

＊13 同右〔一九三二年〕六月七日付、二二五―二三三ページ。

＊14 William Roger Louis, *British Strategy in the Far East, 1919 - 1939* (Oxford, 1972), Chapter 6, 特に pp. 185-188.

＊15 吉田茂書簡〔一九三二年〕八月二日付、三四〇―三四二ページ。その前にイギリスとアメリカを経由する帰国許可を申請していた。

＊16 吉田『回想十年』第四巻、一二九―一三〇ページ。

＊17　原田熊雄『西園寺公と政局』第二巻、岩波書店、一九五一―五二年、三六五―三六六ページ。約九年後、一九四一年五月一四日、松岡と対談したあとで、グルーも松岡は精神的に病気だという結論に達した。*JGP*, "Personal Notes, 1941," pp. 5097‐5098.

吉田の回想によれば、松岡がジュネーヴに出発する前、もう一度松岡に会い、連盟脱退に反対意見を述べたところ、松岡はまったく同感だといった。ジュネーヴからの新聞報道が、日本は脱退のほうへ動いていると伝えたとき、吉田は西園寺を訪ね、その阻止に尽力を要請したところ、この高齢の元老からは謎めいた答えがはね返ってきた。西園寺は、吉田の意見を黙ってきいていたが、「貴君のお説には抽象的には賛成であるが、具体的には反対である」と述べた。吉田がその意味を理解できないことを示すと、西園寺は急に厳格な口調になって「かかる国家の重大事を論ずるにおいては、一身を抛つだけの決意なかるべからず、貴君にその決意ありや」といった。事実上、吉田にはその決意が少しもなかったことを、吉田は回想録のなかで記しているにひとしい。吉田『回想十年』第四巻、一二九―一三〇ページ。なお高坂正堯『宰相吉田茂』中央公論社、一九六八年、五二―五三ページ参照。

＊18　原田、前掲書　第三巻、二〇―二六ページ。

＊19　吉田茂書簡〔一九三二年〕八月二日付、三四〇―三四二ページ。

＊20　原田、前掲書、第二巻、三四一、三七四―三七五ページ。加瀬俊一「吉田茂、その九十歳の年輪」『文藝春秋』一九六七年一一月号、一三六ページ。アメリカ駐在大使を断わったのは、この権威ある地位に関心がなかったからではない。たとえば一年ばかりのちの一九三三年一二月にグルーは、吉田は級友だった広田が外相になったとき、アメリカ大使に任命さ

れなかったので、落胆しているようにみえた、と記した。*JGP* 65 : 821.

＊21 Howard Schonberger, "The Japanese Lobby in American Diplomacy, 1947-1952," *Pacific Historical Review,* 46. 3 : 327 - 359 (August 1977).

＊22 日本占領に関するコロンビア大学オーラル・ヒストリー事業のユージン・ドゥーマンのインタヴュー記録、七九―八〇ページ。

ウィリアム・カースルはもと駐日アメリカ大使で、牧野の個人的な友人であり、最後まで対日宥和を説いた。William Castle, "A Monroe Doctrine for Japan," *The Atlantic Monthly,* (October 1940), pp. 445 - 452. 一九四五年以後、カースルは非公式の「日本ロビー」であり、当初の占領改革が広範にわたることに反対するアメリカン・カウンシル・オン・ジャパンに属した（本章の注＊21参照）。

吉田にとって、この旅行中の最も忘れがたい事件のひとつは、エドワード・ハウス大佐との対談であった。ハウスは日本が危険な道を歩いていると警告し、これを第一次世界大戦をもたらしたドイツの事態と比較した。吉田はこの対談から非常な感銘を受け、二〇年後に、四巻の回想記を書いてハウスの忠告に触れている。吉田『回想十年』第一巻、二二一―二二四ページ。*YM,* pp. 1-2.

＊23 吉田『回想十年』第四巻、一〇三ページ。高坂、前掲書、一七ページ。*JGF* 59 : 281; 65 : 824; 72 : 2010; "Conversations I," pp. 145 - 146; *FO* 371/18195 (December 20, 1934), pp. 373 - 376. この旅行の日程には中東が含まれていた。北沢直吉「北沢直吉追憶談」『霞関会会報』二六七号（一九六八年五月）、九ページ。また *FRUS,* 1934, I, 306 - 307, 309 - 311.

参照。

＊24　原田、前掲書　第四巻、九四ページ。

＊25　*JGP* 72 : 2010, 2013 - 2015, 2021 - 2022.

＊26　*FRUS*, 1935, III, 840 - 841, 854.

＊27　*JGP* 79 : 2799, 2801 - 2802; *FRUS*, 1936, IV, 222.

＊28　*FRUS*, 1935, III, 853 - 854; *JGP* 75 : 2275.

＊29　吉田茂書簡〔一九三四年?〕三月二九日付、九九―一〇六ページ。

＊30　*JGP*, "Conversations I," pp. 71 - 72.

＊31　*JGP* 65 : 716; および同じ巻のページのついていない "Conversation No. 1" (October 2, 1933).

＊32　*FRUS*, 1934, I, 310.

＊33　*JGP* 65 : 826.

＊34　*JGP* 65 : 550; 58 : 281 - 284, 296. 参照。また Waldo H. Heinrichs, Jr., *American Ambassador : Joseph C. Grew and the Development of the United States Diplomatic Tradition* (Little, Brown, 1966) でも論じられている。

＊35　*JGP* 72 : end matter. グルーは、一九三九年五月から一〇月にかけての休暇中に巡回講演旅行に出て、標準的な演説を行ない、そのなかで彼および妻の知人である日本人たちが重要であることに間接に触れていた。「かつてスタンリー・ホーンベックあてに書いたことがあるように、もしわれわれが東京にいて、礼儀正しいことは別としてもこのうえなく立派な

資質をもち、しかも今日中国で進行していることを自ら遺憾に思っている日本人にとり囲まれていないとしたら、現在の任地にとどまることをはなはだ困難と思うでしょう」。*JGP* 94 : 4082.

＊36 *JGP* 65 : 820; 71 : 1192 - 1194; 75 : 2435. 参照。

＊37 *JGP*, "Personal Notes, 1941," pp. 5830 - 5831. 吉田の妻雪子が教養ある繊細な心の持主だったことは、死ぬ数年前に英語で出版した小冊子に現われている。*Whispering Leaves in Grosvenor Square, 1936 - 37* (Longmans, Green, 1938). この本で彼女は名前を短く「ユキ」と書いている。

＊38 *JGP* 79 : 2689; 65 : 716.

＊39 *JGP* 65 : 761.

＊40 *JGP* 79 : 2802. 吉田の英語能力の問題はいくぶん興味をそそる。すでに一九二八年に東京のイギリス大使館員セシル・ドーマーは「吉田氏はすぐれた英語を話す」と報告していた。*FO* 371/13167 (April 2, 1928), p. 56. しかし、グルーは吉田の英語がたどたどしいことに一度ならず言及しているし、一九三六―三八年のロンドン駐在大使としての吉田の活動に関するイギリス外務省の記録には、このことが何度も暗示されている。三宅喜二郎は、吉田の英語について、会話はいいが、正式の演説となると貧弱だったと主張している。三宅「吉田さんを偲びて思うことども」『霞関会会報』二八七号（一九七〇年一月）一四ページ。吉田の大使時代ロンドンの日本大使館に勤務した加瀬俊一は、会話がやっかいなときになるとよく引き受けたと語っている。加瀬俊一「〈講演〉吉田茂を語る」『霞関会会報』二八一号（一九

六九年八月）一二ページ。また加瀬『吉田茂の遺言』読売新聞社、一九六七年、一五、二七ページ。明らかに吉田が自分で書いた英語の手紙類を見ると、ときどき文法的な誤りはあるが、十分な語学力をもっていたことがわかる。

＊41 *JGP* 75 : 2435 - 2436.

＊42 *JGP* 71 : 1018; 75 : 2493. 参照。

＊43 グルーは日本の降伏前に天皇についてアメリカの支配層と行なった論議を、著書でかなり長く要約している。Joseph Grew, *Turbulent Era : A Diplomatic Record of Forty Years, 1904 - 1945* (Houghton Mifflin, 1952), II, pp. 1406 - 1442. 吉田のような日本人が、この重大な天皇の問題についてグルーの影響力を信頼していたことは、吉田『回想十年』第一巻、五三ページ。YM, p 21. また、本書第七章の注＊75、＊87、＊90参照。

＊44 原田、前掲書　第五巻、一六―一八ページ。当時とまたのちに軍国主義者が牧野と吉田に向けた非難のひとつは、二人が「カースル事件」に関係したといわれた点である。この事件は、一九三〇年の海軍論争にさかのぼり、当時、ロンドン海軍軍縮会議の直前にウィリアム・カースルが東京を訪れ、アメリカの提案した巡洋艦比率一〇対六について牧野の賛成を得ているという印象を与えたことであった。同右、第八巻、三〇四―三〇五ページ。吉田『回想十年』第一巻、四〇―四一ページ。YM, p. 13. 朝日新聞社編『吉田茂』朝日新聞社、一九六七年、一二八ページ。Robert Scalapino, *Democracy and the Party Movement in Prewar Japan* (Univ. of California, 1953), p. 384.

＊45 林茂『太平洋戦争』（日本の歴史25）中央公論社、一九六七年、一一―一四ページ。吉

田『回想十年』第一巻、四〇—四一ページ。*YM*, pp. 13-14. 高坂、前掲書、一七ページ。

＊46 重光葵『昭和之動乱』上巻、中央公論社、一九五二年、一〇三ページ。Mamoru Shigemitsu, *Japan and Her Destiny : My Struggle for Peace* (Dutton, 1958), p. 108.

＊47 加瀬「吉田茂、その九十歳の年輪」一三六ページ。

＊48 *JGP* 79 : 2688 - 2690; Joseph Grew, *Ten Years in Japan* (Simon & Schuster, 1944), pp. 178 - 179.

＊49 *JGP* 79 : 2729.

＊50 *JGP* 79 : 2768.

＊51 原田、前掲書 第五巻、一六—一八ページ参照。Masao Maruyama, *Thoughts and Behavior in Modern Japanese Politics* (Oxford, 1963), pp. 66-67. 丸山真男『現代政治の思想と行動』未来社 一九五六—五七年。

＊52 吉田『回想十年』第一巻、四一ページ。*YM*, p. 14.

＊53 原田、前掲書、第五巻、三二—三三ページ。

＊54 *FO* 371/20287 (November 23, 1936), p. 283.

＊55 〔 〕で囲んだ文は、グルーの会談記録に入っているが、ホーンベックは自分の要約をつくるにあたり、これを除いている。これ以外は、ホーンベックの要約はグルーの記録に忠実かつ完全に従っている。*JGP* 79 : 2768 - 2770, 2798 - 2802; "Conversations I," pp. 217 - 223.

＊56 *FRUS*, 1936, IV, 220 - 222.

＊57　ハルの吉田との対談記録は以下に出ている。*FRUS, Japan 1931 - 1941*, I, pp. 241 - 244; および U. S. Department of State, *Peace and War : United States Foreign Policy, 1931 - 1941*, pp. 40 - 41, 319 - 322. また Dorothy Borg, *The United States and the Far Eastern Crisis of 1933 - 1938* (Harvard, 1964), pp. 180, 243, 529. 参照。

＊58　*FRUS*, 1936, IV, 222-223.

＊59　吉田『回想十年』第四巻、一〇五—一〇六ページ。*Contemporary Japan*, 15. 5 - 8 : 167 (May-August 1946). 加瀬「〈講演〉吉田茂を語る」一七ページ。

＊60　吉田『回想十年』第一巻、四四—四六ページ。これは吉田の回想記に収録された辰巳の文章である。

＊61　原田、前掲書、第八巻、三二八ページ。

＊62　本書第七章、三一八—三二一ページ。対独接近に反対したのは吉田だけではなかった。外務省内に、枢軸同盟に反対する意見が最後までかなりあった。また実業界をはじめ、海軍や宮中方面にも同じ気持があった。吉田自身はこの反対論を本質的に多数意見と考えていた。たとえば、吉田『回想十年』第一巻、二九ページ。重光、前掲書、上巻、一九一ページ。Shigemitsu, *op. cit.*, p. 168; Heinrichs, *op. cit.*, p. 297; *JGP* 101 : 4530, 4564, 4715, 4865 - 4866.

同時に、吉田のヨーロッパ軍事情勢判断は、ドイツの勝利を予想していた軍首脳部の判断より正確だったようにみえよう。Jerome B. Cohen, *Japan's Economy in War and Reconstruction* (Minnesota, 1949), p. 50n.〔大内兵衛訳『戦時戦後の日本経済』上巻、岩波書店、一九五〇年、六六―六七ページ〕。一九三六年の防共協定も一九四〇年の枢軸同盟も、グルーや日本の「振り子」論者が大きな希望を託した穏健派、広田、近衛の首相時代に実現したことに注意しなければならない。

第七章に示すように、近衛は、日本のジレンマを解決する者として吉田が希望をかけた一人でありつづけた。近衛の枢軸同盟推進の興味ある理由説明が、極東国際軍事裁判のために一九四六年に翻訳された『手記』のはじめの数節に出ている。〔近衛文麿手記『平和への努力』日本電報通信社、一九四六年、一七―二八ページ〕

＊63　真崎「故吉田茂さんを偲ぶ」一四ページ。

＊64　*FO* 371/20285 (November 16, 1936), p. 380.

＊65　*JGP*, "Conversations I," p. 257; *FRUS*, 1937, III, 976.

＊66　原田、前掲書、第五巻、一九三ページ。

＊67　*FO* 371/20279 (May 21, 1936), pp. 65-66.

＊68　*Ibid.* (September 23, 1936), pp. 111-112.

＊69　*FO* 371/20281 (November 17, 1936), pp. 246-249.

＊70　*FO* 371/21029 (January 21, 1937), pp. 4-7; *ibid.* (January 27, 1937), pp. 23-25.

＊71　*Ibid.* (February 5, 1937), p. 35.

＊72　*Ibid.* (March 15, 1937), p. 58.

＊73　カドガンからノーマン・デイヴィスあての報告。*FRUS*, 1937, III, 975-976.

＊74　*FO* 371/16163 (April 9, 1932), pp. 178-180.

＊75 *FO* 371/20279 (April 30, 1936), p. 55.

＊76 *Ibid.*, pp. 66, 95, 113.

＊77 *Ibid.* (November 6, 1936), pp. 177 - 187. ピゴットは、日本語を話し、ながく他所で勤務したのち東京へ再赴任したばかりであった。彼は自伝のなかで、一九三六年の「順風」について述べている。自伝は日本側軍部の接触先についてある程度くわしく述べている。F. S. G. Piggot, *Broken Thread : An Autobiography* (Gale & Polden, 1950), Chapter 10, 特に pp. 263 - 272.〔長谷川才次訳『断たれたきずな』時事通信社、一九五九年〕

＊78 *FO* 371/20279 (November 6, 1936), pp. 168 - 176.

＊79 *Ibid.*, pp. 188 - 189. サンソムの評言の日は九月二二日。

＊80 *Ibid.* (April 30, 1936), p. 53.

＊81 *Ibid.* (July 17, 1936), p. 95; *ibid.* (September 23, 1936), p. 113; *ibid.* (December 4, 1936), p. 233.

＊82 *FO* 371/22054 (April 29, 1938), p. 213; *ibid.* (May 6, 1938), p. 204; *ibid.* (July 28, 1938), p. 271.

＊83 *FO* 371/22181 (September 10, 1938), pp. 266 - 267.

＊84 *FO* 371/20279 (December 4, 1936), p. 229.

＊85 *Ibid.* (December 17, 1936), p. 243.

＊86 *FO* 371/20254 (April 5, 1938), p. 1∽13.

＊87 *FO* 371/20279 (December 17, 1936), pp. 244 - 247. 一二月四日、サー・ロバート・クレ

ーギーも同様のやり方で、吉田との会談を記録している。「彼はそれから話を進めて、日英同盟終結以来の日中、日英関係に起きた主要な事件をひととおり列挙した。そこから彼が引き出したらしい主な結論は、日英同盟が消滅するとともに、日本外交は従来の方向性を失い、ありていにいえば、いかなる方向性もまったく欠いている、ということであった。日本にはもう友邦がないから、軍備をぎりぎりの限度まで増強する必要があるという論拠に立って、軍部は着実に政策支配を広げてきている。この方針をさらに正当化するためには、敵をもつことが必要であった。この役割は、ソ連の極東における力がまだ比較的弱いときにあたって、ソ連に振り当てられた。この方針の結果は、ソ連の極東防備を、現在のように完全に不敗の態勢をととのえるまでに強化させたばかりであった。もうひとつ重大な結果は、日本の貿易が政治的ボイコットによって中国からだんだんと切り離され、その補償をイギリス自治領および植民地への輸出増加に求めるようになったことである。このことはやがてイギリス帝国との通商論争にはねかえった。日本人の目からみると、日英関係が次第に衰退してきたについては、われわれイギリスの政策も責任がなくはない。なぜならわれわれは中日関係の悪化によって、すぐにも利益を得ようと身構えているように見えるからである。いいかえれば、イギリスは情勢を利用して有利な立場を占めようとはかっている、と感じる一部の者が日本にはいる、というのであった（この議論に対して、私は無論抗議し、問題を正しく見させるように努めた）」。*Ibid.* (December 4, 1936), pp. 231 - 232. *FO* 371/20277 (July 30, 1936), p. 86. 参照。

*88　*FO* 371/22054 (April 29, 1938), p. 212.

＊89　本章の注＊87。
＊90　*FO* 371/20277 (July 30, 1936), p. 86〔sub - page 2〕.
＊91　*Ibid.* (August 7, 1936), pp. 110 - 111.
＊92　*Ibid.* (October 7, 1936), p. 118. 吉田がイギリス外務省に提出した広田外相の一九三八年一月二二日の演説を参照。*FO* 371/22107 (February 4, 1938), pp. 155ff.
＊93　*FO* 371/20279 (January 22, 1936), p. 23.
＊94　*Ibid.* (April 30, 1936), p. 53.
＊95　*Ibid. FO* 371/21029 (January 15, 1937), p. 258. 参照。
＊96　*FO* 371/20277 (August 7, 1936), p. 106.
＊97　*FO* 371/20279 (October 26, 1936), p. 125. *Ibid.* (December 11, 1936), p. 251; *FO* 371/20277 (October 7, 1936), p. 121. 参照。
＊98　*FO* 371/20279 (December 8, 1936), p. 198. *Ibid.* (December 11, 1936), p.251 ; *FO* 371/21029 (June 2, 1937), p.150. 参照。
＊99　*FO* 371/20279 (December 4, 1936), p. 233.
＊100　*FO* 371/20288 (August 7, 1936), pp. 50ff. サンソムの報告は一九三六年六月現在の日本の経済情勢を取りあげていた。
＊101　*FO* 371/20297 (November 6, 1936), p. 190. サンソムの論評は実は九月二二日にピゴットの覚書（本章の注＊77）への反論として書かれた。サンソムはこのような悲観的、ほとんど宿命論的な意見を早くから表明しはじめ、当然ながらのちまでつづけた。Louis（本章の注＊

14）および Peter Lowe, *Great Britain and the Origins of the Pacific War : A Study of British Policy in East Asia, 1937 - 1941* (Oxford, 1977). 参照。

サンソムは今でこそ二〇世紀以前の日本についてすぐれた社会文化史家として有名であるが、日中戦争、太平洋戦争前の数十年間には、日本の経済事情について欧米で最も経験もあり尊敬もされた専門家であった。この重大な時期にわたるサンソムのイギリス外務省あての主要な報告書の一部を収集し、注意深く編集し、解説をつけるなら、今でも学問的に啓発し、貢献するところが多いであろう。

第五章　吉田・イーデン秘密計画――一九三六―三七年

＊1　吉田茂『回想十年』第四巻、新潮社　一九五七―五八年、一〇四ページ。

＊2　*FO* 371/20287 (February 17, 1936), p. 215〔sub-page 38〕. 第四章の注＊40参照。

＊3　*FO* 371/20277 (August 7, 1936), p. 108.

＊4　*FO* 371/10179 (May 21, 1936), p. 67; *FO* 371/20277 (August 7, 1936), p. 109.

＊5　*FO* 371/20279 (January 22, 1936), p. 22. 両大戦間のイギリス極東政策の一般研究としては、以下の各著がある。William Roger Louis, *British Strategy in the Far East, 1919 - 1939* (Oxford, 1972); Peter Lowe, *Great Britain and the Origins of the Pacific War* (Oxford, 1977); Ann Trotter, *Britain and East Asia, 1933 - 1937* (Cambridge, 1975); Stephen Lyon Endicott, *Diplomacy and Enterprise : British China Policy, 1933 - 1937* (British Columbia,

1975); Nicholas Clifford, *Retreat from China : British Policy in the Far East, 1937 - 1941* (Washington, 1967); Bradford A. Lee, *Britain and the Sina - Japanese War, 1937 - 1939 : A Study in the Dilemmas of British Decline* (Stanford and Oxford, 1973); Malcolm Kennedy, *The Estrangement of Great Britain and Japan, 1917 - 35* (California, 1969).

*6 Kennedy, *op. cit.*, p. 334.

*7 吉田茂書簡〔一九三六年〕八月七日付、三三〇—三三九ページ参照。このころ、ロンドン駐在大使夫妻として送った社交生活や交際の様子は、吉田雪子の短いが印象的な「回想」に出ている。*Whispering Leaves in Grosvenor Square, 1936 - 37* (Longmans, Green, 1938).

*8 たとえば一九三六年に、イギリス帝国全体とアメリカとで合わせて日本の輸入の七〇パーセントを供給し、輸出の六五パーセントを輸入していた。*FO* 371/22054 (April 13, 1938), pp. 158 - 159. なお、吉田の帰国後一九三九年七月の吉田あて書簡の草案が以下に収められている。*FO* 371/23459, pp. 317 - 319.

*9 本章の注*82、*86、*87参照。

*10 *FO* 371/20232 (November 10, 1936), p. 489.

*11 *Ibid.*, pp 49. ff.

*12 本章の注*92参照。

*13 原田熊雄『西園寺公と政局』第五巻、岩波書店、一九五一—五二年、一七六ページ。同、第四巻、三一七—三一八ページ。加瀬俊一「吉田茂、その九十歳の年輪」『文藝春秋』一九六七年一一月号、一三九ページ。朝日新聞社編『吉田茂』朝日新聞社、一九六七年、一二八

ページ。チェンバレンの極東政策については、Clifford, *op. cit.*, pp. 2, 12, 26, 33, 78. 特に p.89.

＊14 *FO* 371/20279, pp. 19ff. *FO* 371/21029 (March 10, 1937), p. 61. 参照。

＊15 吉田茂書簡〔一九三六年〕八月七日付、三三〇―三三九ページ。

＊16 同右〔一九三七年〕四月一〇日付、二六〇―二六四ページ。本章の注＊91。

＊17 本書第四章の注＊93―＊95。

＊18 本書第三章の注＊52、本章の注＊88参照。

＊19 本章最終節の「ホーンベック覚書」の議論。

＊20 *FO* 371/20279 (May 22, 1936), pp. 70 - 78.

＊21 *FRUS*, 1937, III, 291.

＊22 E. L. Woodward and Rohan Butler, eds., *Documents on British Foreign Policy, 1919 - 1939*, Third Series (London, 1955), IX, pp. 509 - 510, 522. 吉田の独自行動を取り扱った記述としては Trotter, *op. cit.*, Chapter 11, および Endicott, *op. cit.*, 特に pp. 145 - 149.

＊23 *FO* 371/20277 (July 30. 1936), pp. 85 - 86, 93 - 105, 特に p. 99.

＊24 *FO* 371/20279 (October 26, 1936), p. 120b; *ibid.* (November 6, 1936), p. 145b.

＊25 *FO* 371/20279 (September 23, 1936), p. 112; *ibid.* (November 6, 1936), p. 145; *FO* 371/20277 (July 30, 1936), p. 86; *FO* 371/20279 (November 3, 1936), p. 139. 参照。

＊26 *FO* 371/20277 (October 7, 1936), pp. 120 - 121; *FO* 371/20279 (October 26, 1936), p. 125. 参照。

＊27 *FO* 371/20279 (December 4, 1936), p. 229; *ibid.* (October 26, 1936), pp. 122b, 123b; *FO*

371/20286 (December 4, 1936), p. 87. 参照。

*28 *FO* 371/20279 (October 26, 1936), p. 129〔sub-pages 1 - 3〕.

*29 *FO* 371/20279 (October 26, 1936), p. 120; *ibid.* (November 3, 1936), pp. 137 - 142.

*30 *FO* 371/20279 (October 26, 1936), pp. 122b, 125.

*31 *FO* 371/20279 (December 4, 1936), p. 229; *FO* 371/20286 (December 17), 1936, p. 115. 参照。

*32 *FO* 371/20279 (November 3, 1936), p. 143.

*33 *Ibid.* (December 11, 1936), p. 248b.

*34 *Ibid.* (December 24, 1936), p. 270.

*35 *Ibid.* (October 26, 1936), pp. 123, 125; *FO* 371/21029 (March 13, 1937), p. 62; *ibid.* (June 2, 1937), pp. 145b, 146.

*36 *FO* 371/20279 (October 26, 1936), p. 125; *ibid.* (November 27, 1936), p. 163b; *ibid.* (December 11, 1936), pp. 248 - 249. 参照。

*37 *FO* 371/20277 (July 30, 1936), p. 93.

*38 *FO* 371/20279 ((October 26, 1936), p. 120b.

*39 *Ibid.* (November 24, 1936), p. 163.

*40 *Ibid.* (October 26, 1936), pp. 123, 124b.

*41 *Ibid.*, p. 124b.

*42 *FO* 371/22181 (July 27, 1938), pp. 231 - 232.

＊43　ジョージ・サンソムの論評参照。*FO* 371/20279 (November 6, 1936), p. 190.

＊44　*FO* 371/20279 (October 26, 1936), pp. 121, 123.

＊45　二五四—二六一ページ参照

＊46　*FO* 371/20279 (November 6, 1936), pp. 145ff.

＊47　*Ibid.* (October 26, 1936), pp. 120b, 121b, 124b; *FO* 371/21029 (January 23, 1937), p. 253.

＊48　*FO* 371/20279 (November 27, 1936), p. 163; *ibid.* (December 11, 1936), pp. 248 - 249.

＊49　*Ibid.* (November 27, 1936), pp. 162 - 163.

＊50　*Ibid.* (December 8, 1936), p. 198.

＊51　*FO* 371/20232; 一九三六年一〇月二九日から一二月一一日の各記事（四七〇—五二四ページ）を参照。

＊52　*Ibid.*, pp. 480, 522; *FO* 371/20281 (November 17, 1936), p. 248.

＊53　*FO* 371/20286 (December 4, 1936), pp. 86 - 90.

＊54　*FO* 371/20279 (December 21, 1936), pp. 261 - 265.

＊55　*FO* 371/21029 (January 7, 1937), pp. 241 - 248.

＊56　*Ibid.* (January 13 and 15, 1937), pp. 252 - 259, 267 - 274.

＊57　*Ibid.* (January 15, 1937), p. 258.

＊58　*FO* 371/21029 (January 15, 1937), p. 270〔sub-pages 1 - 10〕, pp. 273 - 274. イギリス側会談備忘録《エード・メモワール》の目立った草案および説明文としては、本文に取りあげたものが、イギリス外務省公文書館所蔵の吉田あて最終案に最も近いと思われる。これより早い草案は、*ibid.*

(January 7, 1937), pp. 241-248 に出ている。吉田あてのイギリス側回答手交の記録は *ibid.* (January 18, 1937), pp. 1-3. にある。項目fに対する回答文はつぎのとおりである。「イギリス政府は、日本輸出品のため公正な市場を確保することの重要性ならびに、実現可能ならば、両国にとって相互に満足な協定に達することが望ましいことを承知している。イギリス政府としては、日本輸出品に不公正な制限を加えようと望んだことはかつてなく、植民地を含む帝国内において、特定の繊維品に対し輸出割当を課したことから、かりにも悪感情が起こったとすれば、遺憾である。イギリス政府は、当時生じていた過度で無規制な競争がイギリスの産業に与える影響を防止するため、このような方法をとることを余儀なくされ、両国産業同士の交渉が成果を得られなかったのちに、はじめて行動をとったのである。これら交渉が決裂したのは、日本の産業代表がイギリス本国およびイギリス植民地に対する輸出の制限だけを議論しようとしたに反し、イギリス代表はそのような限られた協定がなんらかの実質的価値をもつとは考えず、その希望は、両国の産業間一般に市場分配の合意を求めることにあったからである。イギリス政府は、もし大使の提案が日本の輸出をイギリス本国および植民地にのみ限るものであるならば、そのような提案がイギリス製造業にとって一九三四年当時にくらべて現在より大きな魅力をもつとは考えられないであろう。また、日本輸出品の受け入れ許容量（すなわち一九三五年水準の二〇パーセント減）に関する正確な提案につき確定的な見解を表明する以前に、イギリス政府は、⑴提案に取りあげられる繊維品の等級はどれであるか、⑵日本政府はその輸出貿易の有効な管理によって、かりにも協定に実効を与える意志があるかどうか、知りたいと考える。これらの点について、さらに情報を受けたうえで、イギリス政府は、「これを基礎とする交渉の可能性に関し、イギリス本国産業の意向を確かめる用意がある。しかしイギリス政府は日本政府があらゆる市場に対する両国それぞれの輸出配分の合意を得るため交渉することが両国の生産者の最善の利益となるかどうかを考慮するように、かさねて主張するものである」。*Ibid.* (January 15, 1937), p. 27〔sub-pages 7-8〕.「共産主義の脅威」の問題については *FO* 371/20279 (December 11, 1936), p. 254. 参照。

＊59 *FO* 371/21029 (January 21, 1937), pp. 5, 6.

＊60 *Ibid.*, pp. 4-10. 加瀬俊一は、ロンドン在勤中、言葉の点でひどく難しくなると、途中で話・を引・き受けたと書いているが、重大な会談でそういうことがなかったのは明らかである。加瀬俊一「〈講演〉吉田茂を語る」『霞関会会報』二八二号（一九六九年八月）一二ページ。

＊61 *Ibid.* (January 23, 1937), pp. 13-19.

＊62 *Ibid.* (January 25, 1937), pp. 20-22.

＊63 *Ibid.* (January 27, 1937), pp. 23-25. クライヴ駐日イギリス大使の電文にいう重大な「失策」の部分は以下のとおりである。「吉田氏は日本であまり重く見られていないのではないかと思う。彼がひきつづいて帰国を希望していることは理解に苦しむところで、何をやりとげようというのかも私にはわからない。彼がロンドンへ送られたのは、軍部が吉田をいま辞職した内閣の外務大臣にするのを拒否したとき、面目を立ててやるためであった。彼は二つの失策をやり、それは宮中をいたく悩ました。(1)彼は出発前、新聞記者に、信任状のほかに国王《キング》あての手紙をもっていくと語った。議会でこの手紙について質問が行なわれることになった。(2)彼は天皇からの個人的メッセージを持っていなかった。……彼は、天皇が、イギリ

スの憲法上の危機について情勢の前例ない難しさに深く同情され、この問題について十分事情に通じていたいと希望しただけの訓令を読み間違えていたのであった。松平氏がこのことを自分で私に語ってくれた」

＊64 *Ibid.*, pp. 23, 23b.

＊65 *FO* 371/21029 (January 28, 1937), pp. 26 - 32. カドガンはその日記のなかで、そのとき吉田が要求していたのは一枚の紙切れで、「私たちはキスして友達になりたい、というのだ。お安い御用だが、何の役にも立たない」と書いていた。カドガンが吉田の一月二八日声明の実質的執筆者であったことを明らかにするのは、この日記である。「あの馬鹿げた吉田が彼の備忘録（それを彼は私の口述で書いたのだ）を私に回してきた。私がわれわれのと同様に彼の意見表明文も書かなくてはならないという、この交渉過程は骨が折れるばかりかやっかいで、何の実も結ばない公算が大きい」。Endicott, *op. cit.*, p. 147. に引用されている。

＊66 *FO* 371/21029 (February 5, 1937), pp. 33 - 35.

＊67 *FO* 371/20279 (December 11, 1936), p. 252. 参照。

＊68 *FO* 371/21029 (June 2, 1937), p. 148. しかし *ibid.* (June 3, 1937), p. 141. 参照。

＊69 *Ibid.* (June 3, 1937), p. 144.

＊70 *Ibid.* (April 23, 1937), p. 90; *ibid.* (June 19, 1937), pp. 143 - 144. 参照。

＊71 *Parliamentary Debates, House of Commons*, Fifth Series, 323 : 253.

＊72 *FRUS*, 1937, III, 82 - 83.

＊73 *Ibid.*, 83, 95 - 96; *FO* 371/21029 (April 23, 1937), pp. 92 - 93.

＊74　*FRUS*, 1937, IV, 602 - 603.

＊75　*FO* 371/21029 (February 17, 1937), p. 43; *ibid.* (March 3, 1937), p. 61; *ibid.* (April 23, 1937), p. 90.

＊76　*Ibid.* (June 2, 1937), p. 146b.

＊77　*Ibid.*, pp. 150 - 155. 外務省の批評は pp. 145 - 149. にある。

＊78　*FRUS*, 1937, III, 115-116.

＊79　*Ibid.*, 126.

＊80　*FO* 371/20279 (December 11, 1936), p. 252.

＊81　原田、前掲書、第五巻、二三八ページ。

＊82　外務省文書、ＰＶＭ32、五八九―六〇〇ページ。

＊83　同右、五九七―六〇〇ページ。

＊84　西安事件については Lyman P. Van Slyke, ed., *The Chinese Communist Movement : A Report of the United States War Department, July 1945* (Stanford, 1968), pp. 39 - 44; Immanuel C. Y. Hsu, *The Rise of Modern China* (Oxford 1970), pp. 661 - 663; および Stuart Schram, *Mao Tse tung* (Penguin, 1966), pp. 198 - 199.

＊85　Paul Clyde, *The Far East* (Prentice-Hall, 1948), p. 263. 参照。

＊86　外務省文書、ＰＶＭ32、六〇一―六〇七ページ。この重大な一〇年間に、中国の国内情勢、また日本のそれへのあるべき対応についての吉田の印象の推移を伝える文献資料はほとんどない。しかし、同時に、どんな戦術的調整を吉田が採用していたとしても、中国はなに

よりも日本が行動し、しかも指揮者の役割で行動する舞台として存在するという基本的態度から、吉田は決して離れなかった。

＊87　同右、六〇二―六〇四ページ。

＊88　同右、六〇七ページ。

＊89　同右、六〇八―六二一ページ。佐藤尚武のこの点についてのはなはだぼんやりした回想を伝えているものとしては、『霞関会会報』二六五号（一九六八年三月）、二一―三ページ。

＊90　外務省文書、ＰＶＭ32、六〇八―六〇九ページ。

＊91　同右、六一〇ページ。

＊92　同右、六一一―六一二ページ。

＊93　同右、六一三―六一四ページ。

＊94　同右、六一四―六一六ページ。

＊95　同右、六一七―六一九ページ。

＊96　同右、六一九―六二一ページ。

＊97　同右、六五四―六六一ページ。

＊98　同右、六五四―六五五ページ。

＊99　同右、六五六―六五八ページ。

＊100　同右、六五八―六六〇ページ。

＊101　*FO* 371/22053 (January 5, 1938), pp. 22 - 30.

＊102　*Ibid.*, pp. 25 - 29.

＊103 *Ibid.*, p. 30〔sub-pages 1 - 9〕.

＊104 *Ibid.*, (February 14, 1938), pp. 33 - 39.

＊105 *Ibid.*, p. 30〔sub-pages 1-2〕. 参照。プラットは、日本の広東攻略と傀儡政権樹立は「香港をイギリス植民地として無価値にするかもしれない」と観測した。

＊106 *FO* 371/22054 (April 13, 1938), pp. 163 - 165〔sub-pages 1 - 26〕. 外務省の長い批評は pp. 156 - 162. にある。

＊107 *Ibid.*, p. 156.

＊108 *Ibid.*, pp. 157b, 156b.

＊109 *Ibid.*, pp. 157, 156b.

＊110 *Ibid.*, p. 160b.

第六章　虹を追って——一九三七—四一年

＊1 *FRUS*, 1937, IV, 128. *FRUS*, 1937, III, 976. 参照。

＊2 *FRUS*, 1937, IV, 134. *JGP*, "Conversations IV," pp. 235 - 236. 参照。

＊3 *FO* 371/22054 (May 7, 1938), p. 207 - A. 一九三八年一〇月二六日、ハリファックスも同様に吉田について「本国の事態の進展におくれている」と述べた。E. L. Woodward and Rohan Butler, eds., *Documents on British Foreign Policy, 1919 - 1939* (H. M. Stationery Office, 1955), VII, pp. 163 - 164.

＊4 Woodward and Butler, *op. cit.*, VI, pp. 528 - 529.

＊5　*JGP* 94 : 4056.

＊6　*JGP* 100 : 4368 - 4369.

＊7　*JGP*, "Personal Notes, 1941," pp. 5863 - 5864.

＊8　*Ibid.*, p. 6145.

＊9　Nicholas Clifford, *Retreat from China : British Policy in the Far East, 1937 - 1941* (Washington, 1967), p. 30.

＊10　加瀬俊一「吉田茂、その九十歳の年輪」『文藝春秋』一九六七年二月号、一三九ページ。

＊11　*FO* 371/20249 (July 12, 1937), pp. 81 - 83; *FO* 371/21029 (July 18, 1937), p. 167.

＊12　吉田茂書簡〔一九三七年〕九月二一日付、三一〇―三二〇ページ。

＊13　本章の注＊11。

＊14　*FRUS*, 1937, IV, 126 - 129.

＊15　ハーバート・ファイズの見解と対比すること。Herbert Feis, *The Road to Pearl Harbor* (Princeton, 1950), pp. 15 - 16.〔大窪愿二訳『真珠湾への道』みすず書房、一九五六年〕。ファイズは、欧米諸国が日中事変ののち確固とした立場をとらなかったため、アジアにおける平和の「最後の好機」が失われたと説明し、つぎのように結論している。「中国における戦争をかならず終結させうる唯一の手段は、確固とした集団行動だけであるが、この集団行動は、平和への誘因を日本に与えるもの、しかも強制したら拒絶される性質のものでなければならなかった」〔訳書、一九ページ〕

＊16　*FRUS*, 1937, IV, 126 - 129.

＊17 Woodward and Butler, *op. cit.*, VIII, pp. 528-529. 一九三七年八月現在、新任の駐日英大使クレーギーは、吉田の見解にいちじるしく似かよった見解を表明していた。東京で新任務につく途中カナダを経由していたクレーギーは、日本の「穏健」分子が「着実に前進」していることに言及し、中国派兵によって課税が増大して、そのため日本軍部に対し好ましくない反応が起こるだろうと指摘した。クレーギーのこういう見解がどこまで吉田から聞いた意見にもとづいていたかは明らかでないが、吉田はクレーギーの日本向け出発前に直接彼と交渉をもつ機会があった。Dorothy Borg, *The United States and the Far Eastern Crisis of 1933-1938* (Harvard 1964), p. 451; Clifford, *op. cit.*, pp. 27-28; Joseph Grew, *Turbulent Era: A Diplomatic Record of Forty Years, 1904-1945* (Houghton Mifflin, 1952) II, p. 1019. 本書第四章の注＊81および本章の注＊61、＊65を参照。

＊18 Borg, *op. cit.*, pp. 452-453.

＊19 Grew, *op. cit.*, II, p. 1186.

＊20 *FRUS*, 1937, IV, 134-135; Grew, *op. cit.*, II, pp. 1187-1189.

＊21 Clifford, *op. cit.*, p. 40.

＊22 *FRUS*, 1937, III, 687-689, 699-701.

＊23 *FO* 371/22107 (February 4, 1938), pp. 143-146. *FRUS*, 1938, III, 139-140; および *FRUS, Japan 1931-1941*, I, pp. 463-464. 参照。

＊24 *FO* 371/22107 (February 4, 1938), pp. 155ff; *ibid.* (February 16, 1938), p. 221.

＊25 *FO* 371/22053 (February 9, 1938), pp. 67-68; *ibid.* (February 16, 1938), pp. 74-75;

ibid. (February 23, 1938), pp. 79 - 80.

＊26 *FO* 371/22053 (February 15, 1938), pp. 69 - 72.

＊27 *Ibid.* (February 16, 1938), pp. 73 - 75; *ibid.* (February 22, 1938), pp. 76, 78.

＊28 *Ibid.* (February 22, 1938), pp. 76 - 78.

＊29 *FO* 371/22054 (February 25, 1938), pp. 88-92.

＊30 吉田のハンキーとの会談は、イギリス外務省内にそれへの反応として長ったらしい論議を引き起こした。そのなかには、日本がイギリスに対して申し立てた苦情を批判した草案も入っていた。*FO* 371/22054 (April 5, 1938), pp. 125 - 134. 四月二六日、吉田はカドガンとともに、日ソ関係に論及し、「国境に若干の事件はあったが、日本政府は全般的にソ連との関係改善に賛成するだろう」と述べた。*FO* 371/22188 (April 26, 1938), pp. 442 - 444. イギリス自治領相に対して、吉田はまもなく「双方とも戦争に飽きるだろう」という論拠で、イギリスの仲介を求めた。*FO* 371/22054 (April 29, 1938), pp. 211 - 213. クライヴはブリュッセルで吉田と会見したことを報告しているが、吉田はそのとき「蔣介石と関係を絶ったことは大きな誤りだったとまわりくどい言い方で認め、蔣介石が一時下野して他の中国政治家に対日和平をさせれば、それが戦争の終りになるだろう。蔣介石はその後、もっと〔一語意味不明〕政界復帰してまた権力を握ることができる」と述べた。*Ibid.*(May 1, 1938), pp. 196 - 198. イギリス陸相ホア＝ベリシャは、吉田が「われわれイギリスはいつもアメリカのことを持ち出す傾きがあるようだが、今はアメリカなしでやっていけるいい機会が来ているといい、もしイギリスが調停しないなら、ドイツかどこかほかの国がするだろう、とつけ加えた」と不平

を述べたと報告している。ホア＝ベリシャはさらに、吉田は「状況がはたしてどうなっているか地図で説明し、事態処理がどれほど容易かを示してもいいかとたずねた」と記した。*Ibid.* (May 6, 1938), pp. 203 - 206.

＊31　*FO* 371/22054 (May 6, 1938), p. 204.

＊32　*Ibid.*, pp. 207 - 208.

＊33　*Ibid.* (May 30, 1938), pp. 217 - 221.

＊34　吉田の大使離任に関するイギリス外務省の資料は、以下に引用されている。Great Britain, Foreign Office, *Index to General Correspondence, 1938*, IV (S-Z), p.538. このなかに、「任命終了に際してのイギリス勲章授与の件——反対に決定」という記事がある。しかし、これら公文書は、公記録館には保存されていないから、廃棄処分になったことは明らかである。

＊35　*FO* 371/22054 (April 7, 1938), pp. 128 - 131.

＊36　原田熊雄『西園寺公と政局』第六巻、岩波書店、一九五一—五二年、三一七—三一八ページ。

＊37　同右。

＊38　*Parliamentary Debates, House of Commons*, Fifth Series, 337 : 905 - 906; *North China Herald*, June 29, 1938 (cited in Clifford, *op. cit.*, p. 78).

＊39　Borg, *op. cit.*, p. 446. この議論は同上書の第一五章で長々と展開されている。また、Waldo H. Heinrichs Jr., *American Ambassador : Joseph C. Grew and the Development of the United States Diplomatic Tradition* (Little, Brown, 1966), pp. 248 - 254, 354. も参照。

＊40　原田、前掲書　第六巻、二三〇、二四五ページ。Borg, *op. cit.*, pp. 456ff.

＊41　James Crowley, *Japan's Quest for Autonomy : National Security and Foreign Policy, 1930 - 1938* (Princeton, 1968), p. 367. この著書の第六章は、日中事変開始直後の時期の政策決定過程について入手できる最も興味ある資料の若干を収録している。日本語では、「原田日記」（『西園寺公と政局』）が内部事情に関するすぐれた資料である。

＊42　Crowley, *op. cit.*, pp. 338, 340 - 341.

＊43　*Ibid.*, p. 353.

＊44　*Ibid.*, p. 357.

＊45　原田、前掲書、第六巻、一九二―一九三ページ。Crowley, *op. cit.*, pp. 372 - 376.

＊46　同右、一九二ページ。Crowley, *op. cit.*, pp. 357, 366, 393.

＊47　同右、二〇八、二〇三ページ。Crowley, *op. cit.*, p. 374. 参照。

＊48　丸山真男教授は、近衛の「政治的生涯はたしかに、重大な時期に際し、性格的弱さがいかに致命的な作用をするかの豊かな実例を提供する」と観察し、さらに、この性格的「弱さ」が日本の多くの戦時指導者の特徴であったと述べている。Masao Maruyama, *Thought and Behavior in Modern Japanese Politics* (Oxford, 1963), pp. 97 - 98. イアン・ニッシュは近衛について、この解釈を最近の著書でくりかえしている。「彼は弾力性があり、心が広かったが、弱く決断に乏しいことを示していた」。Ian Nish, *Japanese Foreign Policy, 1869 - 1942 : Kasumigaseki to Miyakezaka* (Routledge & Kegan Paul, 1977), p. 219. クラウリーと最近のゴードン・M・バーガーとでは、近衛の評価がまったく違う。バーガーの意見では、「近衛自

身と歴史家たちがあとでしばしば嘆いたように、近衛が陸軍の対外軍事政策の支持を強制されたとか、知らぬまに軍部の利益のロボットにされたとかいうことを思わせる証拠は何もない」。Gordon M Berger, *Parties Out of Power in Japan, 1931 - 1941* (Princeton, 1977), pp. 269 - 270.

＊49　Crowley, *op. cit.*, p. 349; *FRUS, Japan 1931 - 1941*, I, pp. 392 - 393, 398.

＊50　*FO*　371/22107 (February 4, 1938), pp. 155ff.

＊51　原田、前掲書、第六巻、一九二—一九四、二〇一ページ脚注。Crowley, *op. cit.*, p. 353.

＊52　同右、二〇八—二〇九ページ。

＊53　同右、六七ページ。

＊54　*FO*　371/22054 (May 1, 1938), pp. 196 - 198. 本章の注＊30参照。

＊55　*FO*　371/22054 (May 30, 1938), pp. 217 - 221. 参照。

＊56　*FO*　371/22181 (July 27, 1938), pp. 231 - 232.

＊57　*FO*　371/23459 (July, 1939), pp. 317 - 320. 吉田のウィルソンあての書簡原文は入手できないから、回答が実際に吉田に送られたかどうか明らかでない。

＊58　*FO*　371/22181 (September 9, 1938), pp. 261 - 267; Woodward and Butler, *op. cit.*, VIII, pp. 78,79. 83.

＊59　加瀬、前掲論文、一三八—一三九ページ。Woodward and Butler, *op. cit.*, IX, pp. 509 - 510.

＊60　*JGP* 94 : 3996 - 3997.

*61 Woodward and Butler, *op. cit.*, VIII, pp. 528 - 529.

*62 *JGP* 94 : 4043, 4056. 吉田の英語については本書第四章の注*40参照。

*63 *JGP* 94 : 4118, 4240.

*64 *JGP* 94 : 4178, 4181, 4240.

*65 *JGP* 100 : 4368 - 4369.

*66 *JGP* 100 : 4381 - 4385.

*67 *JGP* 100 : 4430 - 4439.

*68 *JGP*, "Personal Notes, 1941," pp. 5863-5864.

*69 *Ibid.*, p. 5865.

*70 吉田茂書簡、明らかに一九四一年中と思われる以下の日付の書簡を参照。九月六日（三四三―三四七ページ）、一一月一日（二二一―二二八ページ）、一一月一四日（二六―三二一ページ）、一一月二二日（二一九―二二四ページ）、一二月一日（四四七―四五〇ページ）。ハル・野村会談の進行について、木戸幸一は間違いなく吉田の重要な情報源のひとつであった。木戸幸一『木戸幸一日記』下巻　東京大学出版会　一九六六年、九二〇―九二一ページ（一九四一年一〇月三一日、一一月一日、二日の記事）。

*71 Nobutaka　Ike　ed. and trans., *Japan's Decision for War : Records of the 1941 Policy Conferences* (Stanford, 1967), pp. 129 - 163.

*72 吉田茂書簡〔一九四一年〕九月六日付、三四三―三四七ページ。吉田はさらに、陸軍「少壮派」はもはや望みがないから、座してこのまま待つよりは、一か八か国運を賭けて一

戦すべしと主張、内相は国内右派の動向に懸念し、とかく親米工作に難色を示している、戦争に向かうこの勢いを逆転するには、わずかに蔵相の後援に望みをつなぐばかり、と述べている。

＊73 吉田茂書簡〔一九四一年〕九月一七日付、四五九―四六四ページ。これは近衛あて書簡の写しで、牧野のために写したものである。その添付状については吉田茂書簡〔一九四一年〕九月二〇日付、四六五―四六六ページ参照。

＊74 Ike, *op. cit.*, pp. 196 - 199.

＊75 *Ibid.*, pp. 199 - 207.

＊76 吉田茂書簡〔一九四一年〕一一月一日付、二一二―二一八ページ。同一一月二日付、四二―四九ページ。

＊77 林茂『太平洋戦争』（日本の歴史25）中央公論社、一九六七年、二五五ページ。吉田茂『回想十年』第一巻、新潮社、一九五七―五八年、四七ページ。

＊78 Ike, *op. cit.*, p. 267.

＊79 *Ibid.*, p. 204.

＊80 *Ibid.*, pp. 204 - 207.

＊81 *Ibid.*, pp. 205, 210.

＊82 Feis, *op. cit.*, p. 309.〔前掲訳書、二七八ページ〕。乙案の最終案については、Ike, *op. cit.*, pp. 210 - 211. 参照。野村大使から一一月二〇日ハルに手交された乙案の正式英文については、*FRUS, Japan 1931 - 1941*, II, p. 755.〔外交関係白書、日本篇〕、およびRoberta

Wohlstetter, *Pearl Harbor : Warning and Decision* (Stanford, 1962), pp. 233 - 234. 参照。

＊83 日本国際政治学会『太平洋戦争への道』第七巻、一九六三年、三二〇ページ。Ike, *op. cit.*, p. 208. に引用。

＊84 Ike, *op. cit.*, pp. 207 - 227.

＊85 *Ibid.*, pp. 214, 231 - 232, 240, 245.

＊86 *FRUS, Japan 1931 - 1941*, II, pp. 753 - 757; Cordel Hull, *The Memoirs of Cordell Hull* (Macmillan, 1948), II, pp. 1069 - 1071.

＊87 Wohlstetter, *op. cit.*, pp. 233 - 235.

＊88 日米交渉におけるハルの役割の批判的評価としては、Paul Schroeder, *The Axis Alliance and Japanese - American Relations* (Cornell, 1958).

＊89 Heinrichs, *op. cit.*, pp. 355 - 356. 一一月七日、グルーはある氏名不詳の日本人と会談した。これは吉田だったかもしれない。彼のその日のカレンダーには、ただ「吉田」とだけ記してある。同じ日にあたる日記の項には吉田と会ったことは書いてないが、それとは別に、一一月七日の「会談」記録のところに、「指導的日本人で信頼できる情報提供者」との対談について三ページの覚書を入れている。この情報提供者が言明した意見はこうであった。ワシントン会談が継続することが肝要である。自分の意見では日本の情勢は我慢できないし、日本政府はアメリカの見解に同調しなければならなくなるかもしれない。日本軍部は「おびえて」きているから、アメリカは日本人を大人ではなく子どもとして扱うのが適当かもしれない。グルーはこの対談を意義があると考えたが、のちにはその正確さを疑うようになった。

JGP, "Personal Notes, 1941," pp. 5989 - 5991, 6009. しかし、アメリカ側の確固とした立場の強調は、吉田が英米側の協調と妥協を一般的に強調したのと一致していない。

＊90　吉田『回想十年』第一巻、四八ページ。*YM*, p. 17.

＊91　吉田茂書簡〔一九四一年〕一一月一四日付、二六―三二ページ。同一一月二二日付、二一九―二二四ページ。

＊92　吉田『回想十年』第一巻、四九ページ。*YM*, p. 18.

＊93　同右、五〇―五二ページ。*YM*, pp. 18-20.

＊94　Ike, *op. cit.*, pp. 264 - 271. たとえば、ロバータ・ウォールステッターの真珠湾奇襲に発展した事件の記述は、英語記録の研究として最も権威あるもののひとつと考えられているが、彼は「(ハル・ノート) の調子や内容は全体として、はなはだきびしいものだったから、この文書を日本側がただちに最後通告と受け取ったわけは容易に理解できる」と述べている。Wohlstetter *op. cit.*, p. 245.

＊95　吉田『回想十年』第一巻、五二ページ。*YM*, p. 20.

＊96　同右、五〇―五一ページ。*YM*, pp. 18 - 19.

＊97　同右、五〇、五二ページ。*YM*, pp. 18, 20. なお吉田茂書簡〔一九四一年〕一二月一日付、四四七―四五〇ページ参照。

＊98　*JGP*, "Personal Notes, 1941," p. 6145. この手紙にはいかにも吉田らしい個人的な感触があり、グルーがこのとき重光から受け取った手紙が洗練された正確なものだったのと面白い対照をなしている。

第七章 「吉田反戦グループ」と近衛上奏文——一九四二—四五年

＊1 吉田茂書簡〔戦時〕一二月八日付、二五七—二五九ページ。
＊2 この点はのちに詳論するが、吉田茂書簡〔一九四三年?、月日不明〕三七五—三八二ページ参照。
＊3 阿部真之助『現代政治家論』文藝春秋新社、一九五四年、二二一ページ。畠山清行『陸軍中野学校』1（諜報戦史）番町書房、一九七一年、二〇三—二五三ページ。この通俗的な諜報活動史は、戦時中の吉田について、噂話めいたことを数章にわたって書いている。
＊4 向山寛夫「民間における終戦工作」日本外交学会編『太平洋戦争終結論』東京大学出版会、一九五八年、一〇〇ページ。吉田グループを扱った向山論文（第三章、一〇〇—一一七ページ）は、このグループの活動について日本で入手できる最良かつ率直な記述である。しかし向山は、殖田俊吉がこのグループの活動の底流となった「赤の陰謀」論を打ち出すうえに果した役割の重大さを、ほかの筆者より重視しない傾きがある。
＊5 吉田茂『回想十年』第一巻、新潮社、一九五七—五八年、六一ページ。*YM*, p. 27. 加瀬俊一「吉田茂、その九十歳の年輪」『文藝春秋』一九六七年一一月号、一四〇ページ。*JGP*, "Personal Notes, 1941," p. 6145.
＊6 吉田『回想十年』第一巻、五四—五五ページ。*YM*, p. 22. 林茂他『日本終戦史』中巻、読売新聞社、一九六二年、一三ページ。
＊7 信夫清三郎『戦後日本政治史』I、勁草書房、一九六五—六七年、二三ページ参照。

＊8　吉田『回想十年』第一巻、五五—五六ページ。*YM*, pp. 22‐23.

＊9　木戸幸一『木戸幸一日記』下巻、東京大学出版会、一九六六年、九六七—九六八ページ。

＊10　向山、前掲論文、一〇二ページ。林茂他、前掲書、中巻、六〇ページ。吉田『回想十年』第一巻、五六ページ。*YM*, pp. 22‐23. Robert J. C. Butow, *Japan's Decision to Surrender* (Stanford, 1954), pp. 14‐15.〔大井篤訳『終戦外交——無条件降伏までの経緯』時事通信社一九五八年〕

＊11　たとえば、Butow, *op. cit.*, p. 18. また、近衛が「自由主義的」日本人に人気があったことは、以下の著書に出ている。Chalmers Johnson, *An Instance of Treason : Ozaki Hotsumi and the Sorge Spy Ring* (Stanford, 1964).〔萩原実訳『尾崎・ゾルゲ事件』弘文堂、一九六六年〕。なお、本書第八章の注＊29参照。

＊12　向山、前掲論文、一〇〇ページ。大谷敬二郎『憲兵秘録』原書房、一九六五年、一二一—一四、二九、三七ページ。この記事は大谷の前著『憎まれ憲兵』日本週報社、一三一—七三ページの再録である。また、木戸、前掲書、下巻、九九二、一〇〇五ページ。外務省編『終戦史録』新聞月刊社、一九五二年、一二二—一二三ページ。阿部、前掲書、二二五—二二八ページ。高坂正堯『宰相吉田茂』中央公論社、一九六八年、二二ページ。林茂『太平洋戦争』（日本の歴史25）中央公論社、一九六七年、四一九ページ。吉田内閣刊行会編『吉田内閣』一九五四年、四—五ページ。

＊13　阿部、前掲書、二二一ページ。

＊14　向山、前掲論文、一一〇ページ。

＊15　細川護貞『情報天皇に達せず』下巻、磯部書房、一九五三年、二九二―二九三ページ。この貴重な資料については本書第八章の注＊31で説明する。
＊16　岩淵辰雄「近衛公の上奏文」『世界文化』一九四八年八月一日号。向山、前掲論文、一一〇ページ。吉田『回想十年』第一巻、五九ページ。*YM*, p. 26.
＊17　たとえば、近衛の戦前の論文「元老、重臣と余」の再録。矢部貞治『近衛文麿』時事通信社、一九五八年、四八―五六ページ。この旧版上下巻、弘文堂、一九五二年、二二〇ページの注。
＊18　細川、前掲書　上巻、一六二―一六三、一七三―一七四ページ。
＊19　矢部、前掲書（一九五八年版）、一六八―一六九ページ。
＊20　細川、前掲書、上巻、一八七ページ。近衛はこれを高木惣吉海軍少将に語った。高木はいろいろな和平工作に関係していて、吉田グループが皇道派を利用するのを間違った考えとした。向山　前掲論文、一一一ページ参照。降伏後の時期に、高木はまた吉田と政策問題で反目した。本書第一〇章の注＊47。
＊21　たとえば、近衛上奏文の終後のパラグラフ。本書三六二ページ。
＊22　本章の注＊42。
＊23　細川、前掲書　上巻、一五〇、一六二―一六三、二二二―二二五、二七九―二八三ページ。向山、前掲論文、一一一ページ。
＊24　細川、前掲書、下巻、三三九―三四一ページ。
＊25　Mamoru Shigemitsu, *Japan and Her Destiny : My Struggle for Peace* (Dutton, 1958), pp.

146 - 147, 199; James Crowley, *Japan's Quest for Autonomy* (Princeton, 1968), pp. 203 - 206, 275, 393. 林茂他、前掲書、中巻、二〇ページ。阿部、前掲書、二二〇ページ。Butow, *op. cit.*, p. 50. 近衛と小畑の関係は、一九三一年、近衛が森恪に軍部のだれか「好い人物」を推薦してくれと頼み、顔の広い森が小畑を紹介したときに始まった。矢部、前掲書（一九五八年版）、三二ページ。

＊26 Crowley, *op. cit.*, p. 248. に引用。原文は近衛文麿『失はれし政治』朝日新聞社 一九四六年。

＊27 本章の注＊17に引用の近衛の論文、およびゴードン・バーガーの近衛公の人物描写。Gordon Berger, *Parties Out of Power* (Princeton, 1977); および "Japan's Young Prince : Konoe Fumimaro's Early Political Career, 1916 - 1931," *Monumenta Nipponica*, 29. 4 : 451 - 475 (Winter 1974).

＊28 向山、前掲論文、一〇三ページ。

＊29 原田熊雄『西園寺公と政局』第四巻、岩波書店、一九五一―五二年、四一八―四二〇ページ。

＊30 Crowley, *op. cit.*, pp. 258 - 259, 260ff. 牧野と、おそらく吉田も美濃部達吉の憲法論の支持者として知られていた。David Anson Titus, *Palace and Politics in Prewar Japan* (Columbia, 1974), pp. 111 - 112.

＊31 原田、前掲書、第三巻、二一一―二一四ページ。本書第四章の注＊18。

＊32 Crowley, *op. cit.*, pp. 183 - 184, 204 - 205.

＊33 Crowley, *op. cit.*, pp. 30, 87, 90; Robert Scalapino, *Democracy and the Party Movement in Prewar Japan* (Univ. of California, 1953), pp. 371, 378, 386; Nicholas Clifford, *Retreat from China* (Washington, 1967), pp. 83 - 85 参照。

＊34 Crowley, *op. cit.*, pp. 87, 89, 97ff.

＊35 Akira Irie, *After Imperialism* (Harvard, 1965), pp. 51, 66.

＊36 *JGP* 100 : 4314.

＊37 Crowley, *op. cit.*, p. 88.

＊38 外務省編、前掲書、一二二一―一二二二ページ。

＊39 向山、前掲論文、一〇二―一〇三ページ。三宅喜二郎によれば、吉田は東条ぎらいを強いて隠そうとしなかった。三宅「吉田さんを偲びて思うことども」『霞関会会報』二九三号（一九七〇年七月）、一四ページ。

＊40 向山、前掲論文、一〇一―一〇二、一一二ページ。

＊41 殖田俊吉「昭和デモクラシーの挫折」『自由』一九六〇年一〇月号、一一月号。殖田はこの二回連載記事の公表直前に死んだ。その第一回分は「満州事変前後」（一〇月号、八一―九四ページ）、第二回分は「軍部、革新派、官僚の日本共産化プラン」（一一月号、八九―九九ページ）がそれぞれ副題となっている。この最初の論文で、殖田は彼がこの陰謀に気づいたことをかなりくわしく述べ、日満経済財政研究会という調査団体の活動に注目しているが、二〇人あまりの会員の半数は共産主義の「転向者」であると主張している。このグループの背後の黒幕は、殖田によれば、ソ連事情にくわしく、ロシア語（それに、ドイツ語、英

語、フランス語）に通じた宮崎正義であった。この宮崎を通して、殖田は鮎川の日産、満鉄、石原莞爾、関東軍、内閣企画院の高官をまきこむ複雑な網の目をたどっていった。（おそらく一九三六年末ごろ）鮎川から手に入れた計画書は、戦争中に空襲で焼けたといわれている。阿部、前掲書、二一五ページの注を参照。『自由』の記事の写しは松尾尊兊教授から提供していただいた。殖田を驚かした陰謀計画の背景については、Berger, *op. cit.*; および Mark R. Peattie, *Ishiwara Kanji and Japan's Confrontation with the West* (Princeton, 1975) 参照。

＊42　殖田俊吉「日本バドリオ事件顚末」『文藝春秋』一九四九年一二月号、四二―五五ページ。向山、前掲論文、一一三ページ。外務省編、前掲書、一二二―一二二ページ。殖田がみせたこの「秘密計画」に対する元首相若槻の回答は、外務省にある若槻の回想から再録されている。外務省編、前掲書、一二五―一二六ページ。二・二六事件の背後、在満日本軍の内部にある「共産主義的」陰謀について、吉田がイギリス側に早い時期に語った言葉は、本書第四章の注＊90、＊91に引用した。

一九四五年一二月、E・ハーバート・ノーマンは主として殖田から得た情報にもとづき、総司令部対敵諜報部あてに報告をまとめた。ノーマンは殖田について書いている。「殖田俊吉はもと拓務省の官吏で、台湾総督府および大蔵省に勤務した。一九二九年に死んだ田中大将の秘書官であった。その政治家に関する知識から、彼は貴重な情報源であるが、彼の政治的判断はかならずしも無批判に受け入れるに及ばない。彼は、政治的に保守であるが、まったく本物の非軍国主義であって、日本人としてはめずらしいタイプといえよう。ボズウェルのような強い好奇心と探求心をもっていて、政治上層部に対しても、小気味よいほど客観的でかつ遠慮がない」。E. H. Norman, "A Japanese Eminence Grise : Izawa Takio." この報告は一九四六年一月七日にジョージ・アチソン二世のカバリング・レターを付けて、アメリカ国務省に送られた。一九七四年三月請求により機密解除。File 740. 00119/1-746.〔日本語では、大窪愿二編訳『ハーバート・ノーマン全集』第二巻、岩波書店　一九七七—七八年、三五三—三六六ページ。殖田俊吉については、三五四ページ〕

＊43　Peter Duus, *Party Rivalry and Political Change in Taishō Japan* (Harvard, 1968), pp. 205 - 206; Richard Mitchell, *Thought Control in Prewar Japan* (Cornell 1976), pp. 56-68. 参照。

＊44　Butow, *op. cit.*, p. 46.

＊45　Masao Maruyama, *Thought and Behavior in Modern Japanese Politics* (Oxford, 1963), pp. 92, 301.

＊46　Scalapino, *op. cit.*, p. 360. 池田についてティードマンの有益な研究がある。Arthur Tiedemann,"Big Business and Politics in Prewar Japan," in James Morley, ed., *Dilemmas of Growth in Prewar Japan* (Princeton 1971), pp. 267 - 316.

＊47　山形清「吉田さんの思い出」『霞関会会報』二七二号（一九六八年一〇月）九ページ。信夫、前掲書、五五、六一ページ。

＊48　吉田『回想十年』第四巻、一三〇—一三二ページ。

＊49　Scalapino, pp. 358 - 359. 木戸、前掲書、下巻、一〇五七ページ参照。

＊50　原田、前掲書、第二巻、一一四ページ。

＊51　同右　第三巻、五、二一三―二一四、二三八、三〇四―三〇五ページ。Waldo Heinrichs, *American Ambassador* (Little, Brown, 1966), pp. 194 - 195. 参照。

＊52　鳩山に関する記述は、主として総司令部の鳩山関係ファイルにもとづく。Washington National Records Center (at Suitland, Maryland) 所蔵の総司令部文書 RG 331. 総司令部の調査によって鳩山は最後の瞬間に劇的な追放にあい、吉田が党機構のなかで鳩山の後継者として政治的影響力を握る道を開いた。内外政策についての鳩山の全般的な記録からみて、総司令部民政局の当事者には、「愚民政治、反動、軍国主義の勢力を助け」、その民政主義への関与は「口先」だけにすぎず、その政治手腕は「舞台裏の政治取引き者」の手腕であり、その政治思想は「うすいベニヤ板の自由主義」以外の何ものも反映しない、と考えられた。鳩山とその追放については、欧米の観察者によるいくつかの評価がある。Mark Gayn, *Japan Diary* (Sloan, 1948).〔井本威夫訳『ニッポン日記』筑摩書房、一九五一年〕。W. MacMahon Ball, *Japan : Enemy or Ally ?*, revised edition (John Day, 1949).〔中山立平、内山健吉訳『日本、敵か味方か』筑摩書房、一九五三年〕。Emerson Wildes, *Typhoon in Tokyo : The Occupation and its Aftermath* (Macmillan, 1954).〔井上勇訳『東京旋風』時事通信社、一九五一年〕。マーク・ゲインは、鳩山の調査と追放の煽動に直接関係した。総司令部の役人で、その欠陥を描くことに熱心なワイルズは、この追放事件で総司令部がとった行動にもう少し批判的な見方をしている。鳩山と吉田の性格、背景、生い立ちなどを手短に比較したものとして、阿部、前掲書、二〇〇ページ。

＊53　鳩山は普通選挙権は「危険思想の口火」になる恐れがあり、階級対立と「労働問題」を

激化させると考えた。当時の鳩山の演説からの引用は、信夫清三郎『大正政治史』河出書房、一九五四年、特に九一九ページ。またマリウス・ジャンセンによる同上書の書評、*Far Eastern Quarterly*, 14, 1 : 74, 79 (November 1954).

＊54　細川、前掲書、下巻、四四二ページ参照。

＊55　一説によれば、そのとき吉田は、冬来たりなば春遠からじ、と希望的に見るように努めていた。三宅、前掲論文『霞関会会報』二九二号（一九七〇年六月）一七ページ。

＊56　木戸、前掲書　下巻、九九二―九九三ページ（一九四二年一一月七日）一〇〇五ページ（一九四三年一月六日）。向山　前掲論文、一〇三―一〇四ページ。吉田グループの進めた各種の「計画」についての向山の所論が、本書のこの部分の主な資料となっている。もしそのすぐれた説明になんらかの批判がなされるとすれば、吉田グループ、その思想、その活動の進行を、実際にそうであったよりも整然としたものとして述べている点であるかもしれない。吉田反戦グループはきわめてルーズな組織であり、活動といっても主として話をするだけで、あるとき、ある人間を首相候補として推すにあたっても、ほかの候補者がそれで考慮から除かれるのでもなかったことを銘記すべきである。立野信之による大部の「小説化された」近衛伝は、この点についてもほかの挿話についても、くわしく生き生きと描いているが、残念ながら信頼はできない。立野『太陽はまた昇る――公爵近衛文麿』第三巻、六興出版、一九五二年、二八一―三八ページ。

＊57　吉田茂書簡〔一九四三年？〕三月二日付、四四一―四四六ページ。

＊58　向山　前掲論文、一〇四―一〇五ページ。細川、前掲書　上巻、一五三―一五四、一九

五―一九六ページ。このときの活動はほとんど、近衛、宇垣、鳩山の住んでいた軽井沢で行なわれた。軽井沢でのこのようなあわただしい反東条運動について、林茂は鳩山、吉田、殖田、岩淵に加えて、宇垣なり小林なりの擁立計画に「走りまわって」いたなかに、富田健治、酒井鎬次、中野正剛がいたと記している。林茂他、前掲書　中巻、一九―二〇ページ。

＊59　向山、前掲論文、一〇五―一〇六ページ。

＊60　小磯内閣はかつて、連合軍がレイテに達すれば、それが太平洋戦争の天王山だという意味のことを声明したことがある。外務省編、前掲書、一九八ページ。

＊61　戦争に反対し、また少なくともなんらかの消極的抵抗を試みた日本の各人また集団の簡明な記述として、家永三郎『太平洋戦争』岩波書店、一九六八年、第一二章。および日本外交学会編、前掲書（本章の注＊4）。

＊62　向山、前掲論文、一〇六―一〇七ページ。

＊63　高村坂彦『真実の上に立ちて――戦争と占領時代』白文堂、一九五四年、七九ページ。

＊64　同右、八〇ページ。

＊65　「私は公〔近衛〕のこれら意見にはまったく賛成であったので、二人して内奏文の補校に努め」た、と吉田はこの会合の様子を回想に記している。吉田『回想十年』第一巻、五八ページ。*YM*, p. 25.

＊66　本書第八章、特に注＊36の引用。

＊67　木戸幸一研究会編『木戸幸一関係文書』東京大学出版会、一九六六年、五九　―五九三ページ。赤の陰謀に関する近衛のいろいろな発言が要約されているものとして、岡義武『近

衛文麿』岩波新書、一九七二年、二〇〇―二〇九ページ。

＊68　近衛文麿『近衛日記』共同通信社、一九六八年、三六―三七ページ。

＊69　同右、九二―九三ページ。また木戸幸一研究会編、前掲書、一一二五ページ。木戸、前掲書　下巻、一一二五ページ（一九四四年七月一八日）。外務省編、前掲書、一一三五―一一四〇ページ（特に一一三八ページ）。Butow, *op. cit.*, p. 31.

＊70　向山　前掲論文、一一一―一一二ページ。資料のほとんどすべてが尾形の報告を重視するが、近衛と吉田グループは世界情勢の情報を多くの方面から引き出していたことに注意しなければならない。吉田は短波放送の報道を知るつてがあったことはすでに見た。たとえば、細川護貞の日記によれば、国際情勢の判断材料はいろいろの人間から得られたが、なかには伊藤述史（近衛内閣の情報局総裁）、加瀬俊一、重光葵、矢部貞治などがいた。細川、前掲書、一八―一九、四一、一七三―一七四、二九二―二九三、三一二―三一三、三二三―三二五ページ。この点は、特に尾形の報告と関連して、以下の第八章で論じる。

＊71　近衛上奏文は、いろいろな資料に出ているが、岩淵、前掲論文、三三―三五ページ。外務省編、前掲書、一九五―一九八ページ。日本外交学会編、前掲書、一〇七―一一〇ページ。矢部前掲書（一九五二年版）下巻、五二九―五三三ページ。大谷敬二郎『軍閥―二・二六事件から敗戦まで』図書出版社、一九七一年、序文。上奏文の大部分の英訳は、Butow, *op. cit.*, pp. 47 - 50. またこれの再録は Arthur Tiedemann, *Modern Japan : A Brief History*, revised edition (Van Nostrand, 1955), pp. 152 - 156. 上奏文の最初の草案は近衛が自分で筆をとったことにほとんど疑いない。細川、前掲書　下巻、三四二―三四四ページ。高村、前掲

書、七九—八〇ページを参照。

＊72　野坂参三の党での名。

＊73　この一文は、一般に標準的原文として使われている上奏文の岩淵版には入っていない。しかし向山はこれを入れている。ビュートウもこれを入れている。ビュートウは近衛側近の助力者の一人、牛場友彦がもっていた英訳を手に入れることができた。Butow, *op. cit.*, pp. 47, 48.「天皇共産主義」の問題は、それ自体別個に研究する価値がある。簡単にいえば、それは日本の伝統社会における「共産主義」の社会学的評価と、また天皇制、ないし国体、イデオロギーに暗黙に含まれている社会主義的理想の認識にかかわる問題だからである。このような思想の系譜は、たとえば北一輝のような右翼イデオローグの著作のみならず、特定の共産主義転向者の言説にも見てとることができる。転向者たちは、社会主義革命（事実上、日本版「一国社会主義」）は天皇のもとで最もよく実現できることを悟るにいたった、という論拠に立って、彼らの主張放棄を弁明した。共産党幹部佐野学、鍋山貞親の有名な転向声明は、以下に引用されている。George M. Beckmann, "The Radical Left and The Failure of Communism," in J. Morley, ed., *Dilemmas of Growth in Prewar Japan* (Princeton, 1971), p. 167.

太平洋戦争の最終段階に、高松宮はこの問題をくりかえし熟考して、世間でいわれるように「一切が御上のものだ」という考え方は「徹底した共産主義」になってしまうと述べ、つづけて、実際のところ、「神ながらの道も共産主義も少しも変わらんではないか」といった。細川、前掲書、上巻、一九六—一九七ページ。一九四四年六月、近衛はそのような考え方が危険な誤りであることをぜひとも高松宮に進講しなければならぬと思った。細川、前掲書、上巻、二二三ページ。これとほぼ同じ考えから、原田熊雄は、東久邇宮がソ連の組織と経済統制の技術に肯定的であることに憂慮を表わした。原田、前掲書　第五巻、一一五ページ。

＊74　近衛は形のうえで三次にわたって内閣を組織した。ただし、その第三次内閣は、実際には、松岡洋右外相を辞めさせるため第二次内閣を改造したものであった。近衛「上奏文」を総司令部が翻訳したメリーランド州スートランドの総司令部文書 RG 331, pp. 38-41. 参照。

＊75　岩淵、前掲論文、三六―三八ページ。外務省編（前掲書、二〇〇ページ）も向山（前掲論文、一一〇ページ）も岩淵の説明に従って、近衛は宇垣と真崎だけを推したと述べている。ビュートウは、ほかの資料によって、近衛は少なくとも他の六人の軍人の名を挙げたという。すなわち、石原、香月、小畑、阿南、山下、南である。Butow, *op. cit.*, p. 50n. 細川護貞はまた別の説を伝えている。その一九四五年二月一六日の日記で、近衛は宇垣、小畑、石原、阿南を推したと記録しているのである。細川、前掲書　下巻、三四二―三四四ページ。当時の東京憲兵隊長大谷敬二郎は細川説に従っている。大谷『憲兵秘録』一六ページ。

アメリカは日本の国体を破壊する行動には出ないだろうという印象は、近衛の情報提供者の多数がかねて数カ月いいつづけてきたことであった。一九四四年四月、伊藤述史は、アメリカは現天皇を退位させる以上のことはしないだろうという意見を表明した。一九四四年八月、外交官加瀬俊一は、アメリカの世論は天皇にきわめて好意的だと述べた。近衛自身、この点のアメリカの意図について、楽観的な見方をしていたが、その根拠として、かなりの程度まで前アメリカ大使グルーのいだいている意見を知っていることを明らかにした。細川、前掲書、上巻、一七三―一七四、二九二―二九三、三四二―三四四ページ。大谷、前掲書、七ページ。

＊76　向山　前掲論文、一一一ページ。岩淵、前掲論文、三八ページ。岡、前掲書、二〇九ページ。

＊77　外務省編、前掲書、一二一―一二二ページ。阿部、前掲書、二一九―一二〇ページ。Butow, *op. cit.,* pp. 60ff. 一九四五年一月一〇日に早くも、細川は、吉田と小畑が近衛を首相に推していることを記録している。二カ月半たった三月三〇日、細川はまた、小磯が内閣を改造し、吉田を近衛路線を代表する外相にしたがっているという事実にひそかに触れていた。細川、前掲書　下巻、三三一―三六三ページ。大谷、前掲書、三七ページ。

＊78　吉田『回想十年』第一巻、五七ページ。*YM,* p. 24. 吉田を使節に任命することを適当とする点で、秋月は高松宮より楽観的であった。一九四四年七月一〇日広田は、吉田をスイスに派遣し、できればイギリス代表と和平交渉にあたらせてはと提案した。高松宮は、吉田の手法はあまりにぶっきらぼうだという理由で、この考えを退けた。細川、前掲書　下巻、二六一―二六二ページ。

＊79　大谷、前掲書、八―一一ページ。大谷は、吉田、原田、樺山、池田成彬はみな大磯に屋敷をもっていて、憲兵隊には「大磯グループ」の名で知られていたと書いている。同、四〇―四一ページ。畠山清行『陸軍中野学校』は、一九四〇年から吉田グループの監視が始まったと述べている。二三七―二三八ページ。吉田からグルーとクレーギーへの「情報洩れ」については、加瀬俊一『吉田茂の遺言』読売新聞社、一九六七年、三六ページ。畠山の著書の

大部分は、実際の諜報戦を取り扱ったものである。

＊80　大谷、前掲書、二一三、一一一二三ページ。

＊81　同右、二八一二九ページ。検挙予定の第二次グループは、小畑、原田、樺山、柳川平助、酒井鎬次であった。酒井は近衛と（また皇道派と）関係のある予備陸軍中将で、一九四四年にクレマンソー回想録の翻訳をしたことから憲兵隊の注意を引くようになった。この翻訳は、中級将校のなかでかなりの人気を集めたが、クレマンソーが第一次世界大戦中にフランス軍部の粛正を行なった箇所があるので、危険を含んだものとみられた。同、一二一一三ページ。小畑、原田、樺山は四月末近く、簡単な訊問を受け、在宅のまま監視下に置かれた。同、五一一五二ページ。近衛と牧野は第三次の最も微妙な容疑グループをなしていたが、逮捕されたり接近されたりしなかった。

＊82　同右、二一一二四ページ。

＊83　同右、三一四、二八、三九ページ。大谷の説は首尾一貫しない。あるところ（二八ページ）で、上奏文の吉田のもとの写しの一部は大磯から入手したというかと思うと、別のところ（三九ページ）では、それは見つからなかったという。上奏文の内容を憲兵隊に通報したのは、実は木戸ではなかったかという点について、当時も戦争直後もいくらか論争があった。木戸は拝謁のあいだその場にいたし、日本のたいていの資料では、親軍的だったとしてきびしく扱われている。しかし、吉田はその回想のなかで、上奏文は彼の家に住み込んでいたスパイの手を通じて憲兵の手に入ったと説明しているだけである。加瀬俊一は、この後者の説明に、古くなった吉田物語に属するひとつの挿話で、入念な仕上げを行なっている。それに

よれば、この「スパイ」は吉田邸にパートタイムでつとめていた学生が、憲兵隊に買収されたのだったという。戦争が終ってから、この青年は前の雇主、つまり吉田からの推薦状が必要になって、しかも立派なものを貰った。彼は与えられた任務を勤勉に徹底的に遂行した青年である、と吉田は書いてやったといわれる。向山、前掲論文、一一三ページ参照。岩淵前掲論文、三九―四〇ページ。吉田『回想十年』第一巻、六〇ページ。加瀬、前掲書、一四一ページ。畠山、前掲書、二四一―二四三ページ。

＊84　向山、前掲論文、九三―九七、一一三―一一五ページ。大谷、前掲書、三〇ページ。ビュートウはこの時期には、はるかに広範な逮捕が行なわれたが、吉田反戦グループは、いずれにしても特別な問題として取り扱われたことを示唆している。Butow, *op. cit.*, p. 75.

＊85　大谷、前掲書、三五―三七ページ。

＊86　同右、四一ページ。大谷が引用している問題の一句は「陸軍は、もはやこの戦争遂行に自信を失い、士気の沈滞蔽うべくもなく、敗戦必至と存じ候」である。

＊87　同右、三七―四〇ページ。

＊88　岩淵、前掲論文、四〇ページ。殖田　前掲論文（本章の注＊42）。吉田『回想十年』第一巻、六〇―六一ページ。近衛とバドリオのあいだに認められる類似は興味深い。ピエトロ・バドリオはかつてムッソリーニを支持し、エチオピア征服軍の司令官であった。彼はファシストや王制派と緊密に結びついていたが、戦争は敗けだと思った者たちを結集する中心になり、一九四三年七月二五日にムッソリーニを罷免した。また、共産主義の妖怪を利用して、保守に対する支持を獲得した。バドリオ政権は成立直後に、連合国と講和を交渉する密

使を派遣した。密使はチャーチルに伝言を伝え、チャーチルは八月五日にそれをルーズヴェルトに中継した。その言葉は「国王ならびにそのまわりに結集した愛国者たちと……横行するボルシェヴィズムとのあいだには何の関係もない」というものであった。だが、バドリオの経歴、王制派とのつながりも、またイタリア反ファシストたちの希望も、この情勢のもとでは、イギリス、アメリカの指導者の関知するところではなかった。すでに七月三一日に、チャーチルがルーズヴェルトに明らかにしていたように、「私の立場は、一旦ムッソリーニとファシストたちがいなくなれば、私は約束を果すことのできるどんなイタリア当局とでも交渉する、というものです。……こういう目的の妨げになるのは、たしかに混乱とか共産化とか内乱でしょう。……現時点において、私は民族自決の言辞に不賛成を唱えなくてはなりません」。この引用は以下による。Gabriel Kolko, *The Politics of War* (Random House, 1968), p. 45.

日本人がある程度までイタリアの情勢を知り近衛に結びつく運動との類似性を認識していたことは、ほかの点はともかく、近衛と吉田グループが連合国とかなり寛大な講和を取り決める見込みがあると希望をもったらしい原因であった。彼らもまた「バドリオ事件のような計画を遂行して」、「混乱や、共産化や内乱」を阻止するうえで日本の最善の希望であると自ら名乗り出ることによって、天皇制度を救いたいと望んだのではないのか。そしてまさしく、近衛はバドリオの先例に従うことはできなかったにしても、天皇制度は戦勝国によって、残存され、混乱と革命的動乱に対する防壁としての存在理由をもって飾られたのである。イタリアと日本の戦争、占領経験の類似（と、もちろん相違も）は、一九四〇年代の政治と地政学に関する研究に未開拓の領域を提供している。

＊89　大谷、前掲書、四六―四七ページ。大谷の議論では、社会主義の影響は主として二人の有名な社会主義者、浅原健三と宮崎正義を通して及んでいた。この二人は石原莞爾を中心とする関東軍内部のグループに浸透していた。この社会主義の影響は、一九三八年の「浅原事件」で打破された。また大谷の吉田グループの主張に対する批判と、その軍閥についての長い反論として、同、一七ページを参照。宮崎については本章の注＊41参照。協和会の分析としては、平野健一郎「満州国協和会の政治的展開」日本政治学会編　日本政治学会年報『近衛新体制の研究』岩波書店、一九七二年、二三一―二八三ページ参照。

＊90　大谷、前掲書、三六ページ。

＊91　同右、三二ページ。

＊92　阿部、前掲書、二二一ページ。大谷、前掲書、三三ページ参照。吉田の訊問の記述は、同、四二―四五、四九―五〇ページ。

＊93　吉田『回想十年』第一巻、六二―六三ページ。*YM*, pp. 28-29.

『吉田茂とその時代』上　1981年８月　ティビーエス・ブリタニカ刊

Empire and Aftermath
Yoshida Shigeru and the Japanese Experience 1878-1954
by John W. Dower

This edition published by arrangement with
Harvard University, Council on East Asian Studies,
Cambridge, Massachusetts, USA
through Tuttle-Mori Agency Inc., Tokyo

中公文庫

吉田茂《よしだしげる》とその時代《じだい》(上《じょう》)

1991年 8 月10日　初版発行
2014年10月25日　改版発行

著　者　ジョン・ダワー
訳　者　大《おお》窪《くぼ》愿《げん》二《じ》
発行者　大橋善光
発行所　中央公論新社
〒104-8320　東京都中央区京橋2-8-7
電話　販売 03-3563-1431　編集 03-3563-2039
URL http://www.chuko.co.jp/

DTP　嵐下英治
印　刷　三晃印刷
製　本　小泉製本

Published by CHUOKORON-SHINSHA, INC.
Printed in Japan　ISBN978-4-12-206021-0 C1121

中公文庫既刊より

各書目の下段の数字はISBNコードです。978−4−12が省略してあります。

ケ-5-1
ケネディ演説集
高村暢児 編
上院議員時代と大統領就任から暗殺直前まで、冷戦下にあって平和のための戦略の必要性を訴えた最重要演説18編を網羅。『ケネディ登場』を改題。
205940-5

ケ-6-1
13日間 キューバ危機回顧録
ロバート・ケネディ
毎日新聞社外信部 訳
互いに膨大な核兵器を抱えた米ソが対立する冷戦の時代。勃発した第三次大戦の危機を食い止めた両国首脳ケネディとフルシチョフの理性と英知の物語。
205942-9

ロ-6-2
砂漠の反乱
T・E・ロレンス
小林元 訳
第一次世界大戦の最中、ドイツと同盟するトルコ帝国を揺さぶるべく、アラビアの地に送り込まれた青年ロレンスが自らの戦いを詳細に記した回想録。
205953-5

い-40-10
城の中
入江相政
すぐれた随筆家としても知られる著者が、侍従生活二十幾年の感慨を、皇居内の四季の折節に寄せて、巧まぬユーモアで綴る珠玉随筆集。〈解説〉小田部雄次
205951-1

や-20-2
蒐集物語
柳宗悦
民芸運動を創始し、「日本民藝館」を創立した著者が、蒐集に対する心構えとその要諦を、豊富なエピソードとともに解き明かす名エッセイ。〈解説〉柳宗理
205952-8

う-3-16
私の文学的回想記
宇野千代
波乱の人生を送った宇野千代。ときに穏やかな友情を結び、またあるときは激しい情念を燃やした文壇人との交流のあり方が生き生きと綴られた一冊。〈解説〉斎藤美奈子
205972-6

こ-21-7
馬込文学地図
近藤富枝
ダンス、麻雀、断髪に離婚旋風。宇野千代・尾崎士郎をはじめ数多くの作家・芸術家たちの奔放な交流——馬込にくりひろげられた文士たちの青春。〈解説〉梯久美子
205971-9

マ-13-1
マッカーサー大戦回顧録
マッカーサー
津島一夫 訳

日米開戦、屈辱的なフィリピン撤退、反攻、そして日本占領へ。「青い目の将軍」として君臨した一軍人が回想する「日本」と戦った十年間。〈解説〉増田 弘

205977-1

す-10-2
占領秘録
住本利男

日本史上空前の被占領、激動の日々を現場責任者たちが語る。天皇制、復員、東京裁判、アジア諸国からの亡命者たちなど興味津々の三十話。〈解説〉増田 弘

205979-5

は-54-3
戦 線
林 芙美子

内閣情報部ペン部隊の記者として従軍した林が最前線の日々を書き記す、『北岸部隊』に先駆けて発表されたルポ。「凍える大地」を併録。〈解説〉佐藤卓己

206001-2

し-31-5
海軍随筆
獅子文六

海軍兵学校や予科練などを訪れ、生徒や士官の人柄に触れ、共感をこめて歴史を繙く「海軍」秘話の数々。小説『海軍』につづく渾身の随筆集。〈解説〉川村 湊

206000-5

さ-4-2
回顧七十年
斎藤隆夫

陸軍を中心とする革新派が台頭する昭和十年代、「粛軍演説」等で「現状維持」を訴え、除名されても信念を曲げなかった議会政治家の自伝。〈解説〉伊藤 隆

か-83-1
新幹線開発物語
角本《かくもと》良平

高度成長を象徴する国家事業、東海道新幹線建設はどのように進められたのか。技術革新、安全思想から土地買収まで、「夢の超特急」誕生のすべて。〈解説〉老川慶喜

900円

あ-3-4
石原莞爾
青江舜二郎

満州事変の首謀者、世界最終戦争の予言者、東条の弾劾者。熱烈な法華信仰に生き世界史の行く末を見据えた一理想主義者の生涯。〈解説〉村松 剛

201920-1

い-61-2
最終戦争論
石原莞爾

戦争術発達の極点に絶対平和が到来する。戦史研究と日蓮信仰を背景にした石原莞爾の特異な予見は、日本を満州事変へと駆り立てた。〈解説〉松本健一

203898-1

各書目の下段の数字はISBNコードです。978 - 4 - 12が省略してあります。

い-61-3
戦争史大観
石原莞爾
使命感過多なナショナリストの魂と冷徹なリアリストの眼をもつ石原莞爾。真骨頂を示す軍事学論・戦争史観・思索史的自叙伝を収録。〈解説〉佐高 信
204013-7

い-108-1
昭和16年夏の敗戦
猪瀬直樹
開戦直前の夏、若手エリートで構成された模擬内閣が出した結論は〈日本必敗〉だった。だが……。知られざる秘話から日本の意思決定のあり様を探る。
205330-4

い-108-2
黒船の世紀(上)あの頃、アメリカは仮想敵国だった
猪瀬直樹
日露戦争に勝利した日本は、太平洋を挟んでアメリカと対峙する。戦争の幻想は「日米未来戦記」という形でふくれあがり、やがて歴史を動かしていく。
205493-6

い-108-3
黒船の世紀(下)あの頃、アメリカは仮想敵国だった
猪瀬直樹
戦前の日本でアメリカで、そして英国でも夥しく書かれた「日米未来戦記」。その源流となった黒船幻想。日本人の精神史をダイナミックに描いた傑作。
205494-3

い-108-4
天皇の影法師
猪瀬直樹
天皇崩御そして代替わり。その時何が起こるのか。天皇という日本独自のシステムを〈元号〉を突破口に徹底取材。著者の処女作、待望の復刊。〈解説〉網野善彦
205631-2

い-108-5
唱歌誕生 ふるさとを創った男
猪瀬直樹
「故郷」「春の小川」「朧月夜」等多くの文部省唱歌を生み出した高野辰之と岡野貞一を軸に、明治時代の「夢」を浮き彫りにした傑作ノンフィクション。
205796-8

ほ-1-1
陸軍省軍務局と日米開戦
保阪正康
選択は一つ——大陸撤兵か対米英戦争か。東条内閣成立から開戦に至る二カ月間を、陸軍の政治的中枢である軍務局首脳の動向を通して克明に追求する。
201625-5

ほ-1-2
秩父宮 昭和天皇弟宮の生涯
保阪正康
近代天皇制のもとで弟宮という微妙な立場で激動の昭和史に立ち向かい、栄光と苦悩のなかに生きた秩父宮。その生の真実に迫る名著。〈解説〉半藤一利
203730-4

ほ-1-4
吉田茂という逆説
保阪正康
空白の時代に強烈な指導力を発揮した戦後最大の政治家・吉田の虚実。様々な資料を読み解きながら、吉田の本質に鋭く迫る著者渾身の書。〈解説〉庄司潤一郎
204207-0

ほ-1-7
昭和の戦争を読み解く 戦争観なき平和論
保阪正康
戦後に刻印された我々の記憶は本当に正しい二十世紀像を結んでいるのであろうか。「昭和史」を訪ねて関係者三千人にあった著者が導かれた結論とは。〈解説〉半藤一利
204713-6

ほ-1-8
六〇年安保闘争の真実 あの闘争は何だったのか
保阪正康
それは、戦後の日本がいちどは通過しなければならない儀式だった――昭和史のなかで最も多くの人々を突き動かした闘争の発端から終焉までをつぶさに検証する。
204833-1

ほ-1-9
昭和天皇（上）
保阪正康
その誕生から終戦まで、昭和天皇の足跡を丹念に辿りながら、「昭和の意味」を浮き彫りにし、日本という国、天皇という存在の意味を改めて問う。
205090-7

ほ-1-10
昭和天皇（下）
保阪正康
戦後は「象徴天皇」として歩んだ昭和天皇の生涯を様々な資料から浮き彫りにしつつ、昭和という時代の意味をも問う、著者渾身の労作！〈解説〉長門保明
205091-4

ほ-1-11
新編 後藤田正晴 異色官僚政治家の軌跡
保阪正康
旧内務省官僚、警察官僚を経て、政治家として自民・非自民の双方から敬意を集めた後藤田正晴。律儀に真摯に、大胆に生きた氏の歴史的普遍性に迫る。
205099-0

ほ-1-12
五・一五事件 橘孝三郎と愛郷塾の軌跡
保阪正康
人道主義の系列にあった橘孝三郎と愛郷塾は、なぜ五・一五事件と結びついたのか。橘氏本人への取材を基に、歴史的事件の真相に新たな光をあてる。
205181-2

ほ-1-13
１９８９年の因果 昭和から平成へ時代はどう変わったか
保阪正康
天皇崩御、与党の大敗、消費税導入、東西ドイツ統一、天安門事件……世界的な激動の年であった平成元年当時の記録を、いまの視点からあらためて問い直す。
205469-1

各書目の下段の数字はISBNコードです。978－4－12が省略してあります。

ほ-1-14
昭和史の大河を往く1 「靖国」という悩み
保阪正康
政治や外交の思惑もからみ、複雑化する靖国問題の本質とは。首相の発言と参拝、様々な立場の歴史解釈、昭和天皇の思いなど、資料と取材から多面的に迫る。
205785-2

ほ-1-15
昭和史の大河を往く2 国会が死んだ日
保阪正康
議会はどう「死んでいった」のか、首相官邸に身を置いた政治家はどんな心境になったか。二つの権力空間から見る昭和史。長年の取材の成果を随所に盛り込む。
205822-4

ほ-1-16
昭和史の大河を往く3 昭和天皇、敗戦からの戦い
保阪正康
敗戦の一ヵ月後、昭和天皇の新たな戦いが始まった。マッカーサーとの心理戦や弟宮との関係を丹念に追い、いま歴史へと移行する昭和天皇像を問い直す第三集。
205848-4

ほ-1-17
昭和史の大河を往く4 帝都・東京が震えた日 二・二六事件、東京大空襲
保阪正康
昭和史を転換させた二・二六事件と、いまも傷跡が残る三月十日の大空襲。東京を震撼させた二つの悲劇を中心に「歴史の現場」を訪ねながら考える第四集。
205918-4

ほ-1-18
昭和史の大河を往く5 最強師団の宿命
保阪正康
屯田兵を母体とし、日露戦争から太平洋戦争まで、常に危険な地域へ派兵されてきた旭川第七師団の歴史を俯瞰し、大本営参謀本部の戦略の欠如を明らかにする。
205994-8

S-23-1
昭和史の天皇 1 空襲と特攻隊
読売新聞社編
特攻隊の戦果に対し天皇は「そのようにまでせねばならなかったか」と呟いた……。延べ一万人・六千時間に及ぶ証言で構成する歴史ドキュメント。
205556-8

S-23-2
昭和史の天皇 2 和平工作の始まり
読売新聞社編
鈴木貫太郎新首相はソ連を仲介とした和平工作に踏み出す。空襲は激化し皇居正殿が炎上。松代大本営の建設が始まった……。証言で綴る歴史巨編第二巻。
205583-4

S-23-3
昭和史の天皇 3 本土決戦とポツダム宣言
読売新聞社編
銃器が十分に配備できず、竹槍や弓までが武器として想定されていた本土決戦の内幕、東京ローズの悲劇を生んだ日米宣伝合戦、そしてポツダム宣言の衝撃。
205609-1

番号	タイトル	サブタイトル	著者	内容	ISBN
S-23-4	昭和史の天皇 4	玉音放送まで	読売新聞社 編	原爆、そしてソ連参戦。鈴木内閣はポツダム宣言受諾を決意する。それに対する陸海軍そして外務省の動きは？ 玉音放送に至る様々なドラマを活写。	205634-3
S-24-1	日本の近代1	開国・維新 1853～1871	松本 健一	太平の眠りから目覚めさせられた日本は巨応なしに開国、そして近代国家への道を踏み出していく。黒船来航に始まる十五年の動乱、勇気と英知の物語。	205661-9
S-24-2	日本の近代2	明治国家の建設 1871～1890	坂本多加雄	近代化に踏み出した明治政府を待ち受けていたのは、一揆、士族反乱、そして自由民権運動といった試練であった。廃藩置県から憲法制定までを描く。	205702-9
S-24-3	日本の近代3	明治国家の完成 1890～1905	御厨 貴	明治憲法制定・帝国議会開設と近代国家へのスタートを切った日本は、内に議会と藩閥の抗争、外には日清・日露の両戦争と、多くの試練にさらされる。	205740-1
S-24-4	日本の近代4	「国際化」の中の帝国日本 1905～1924	有馬 学	「日露戦後」の時代。偉大な明治が去り、関東大震災がおき、帝国日本は模索しながらどこへむかおうとしたのか。大正デモクラシーの出発点をさぐる。	205776-0
S-24-5	日本の近代5	政党から軍部へ 1924～1941	北岡 伸一	政治の腐敗、軍部の擡頭。時代は非常時から戦時へと移っていく。しかし、社会が育んだ自由な精神文化は戦後復興の礎となった。昭和戦前史の決定版。	205807-1
S-24-6	日本の近代6	戦争・占領・講和 1941～1955	五百旗頭 真	日本はなぜ対米戦争に踏み切り、敗戦をどう受け入れたのか。国内政治の弱さを内包したまま戦後再生し、冷戦下で経済大国となった日本の政治の有様は。	205844-6
S-24-7	日本の近代7	経済成長の果実 1955～1972	猪木 武徳	一九五五年、日本は「経済大国」への軌道を走り出す。日本人は何を得、何を失ったのか。高度経済成長期を現在の視点から遠近感をつけて立体的に再構成する。	205886-6

各書目の下段の数字はISBNコードです。978－4－12が省略してあります。

S-24-8
日本の近代8 大国日本の揺らぎ 1972～
渡邉昭夫
沖縄の本土復帰で「戦後」を終わらせた日本だが、石油危機、狂乱物価、日米貿易摩擦など、内外の試練をうけ続ける。経済大国の地位を築いた日本の行方。
205915-3

S-25-1
シリーズ日本の近代 **逆説の軍隊**
戸部良一
近代国家においてもっとも合理的・機能的な組織であるはずの軍隊が、日本ではなぜ〈反近代の権化〉となったのか。その変容過程を解明する。
205672-5

S-25-2
シリーズ日本の近代 **都市へ**
鈴木博之
西欧文明との出会いは、日本の佇まいに何をもたらしたか。文明開化、大震災、戦災、高度経済成長――変容する都市の風貌から、日本人のアイデンティティの軌跡を検証する。
205715-9

S-25-3
シリーズ日本の近代 **企業家たちの挑戦**
宮本又郎
三井、三菱など財閥から松下幸之助や本田宗一郎ら消費者本位の実業家まで、資本主義社会の光と影を担った彼らの手腕と発想はどのように培われたのか。
205753-1

S-25-4
シリーズ日本の近代 **官僚の風貌**
水谷三公
この国を動かしてきた顔の見えない人々――政党勃興、戦時体制、敗戦など社会情勢の変動が、行政機構に与えた影響を探る、ユニークな日本官僚史。
205786-9

S-25-5
シリーズ日本の近代 **メディアと権力**
佐々木隆
「社会の木鐸」「不偏不党」「公正中立」その実態は？　知られざる新聞の歴史を豊富な史料で描き、現在のメディアが抱える問題点を根源に遡って検証。
205824-8

S-25-6
シリーズ日本の近代 **新技術の社会誌**
鈴木淳
洋式小銃の導入は兵制を変え軍隊の近代化を急がせた。洗濯機の登場は主婦に家事以外の時間を与えた。新技術の導入は日本社会の何を変えたのだろうか。
205858-3

S-25-7
シリーズ日本の近代 **日本の内と外**
伊藤隆
開国した日本が、日清・日露の戦を勝ち抜いて迎えた二十世紀。世界は、社会主義によって大きく揺すぶられる。二部構成で描く近代日本の歩み。
205899-6